圖解八字格神大解密

曾富雄◎著

自序

八字格局與用神（簡稱為格神）是判斷八字的基本要素，也是命理最重要的一環。不可諱言，八字說難而不難，說不難也很難，原因在於八字排列組合變化多端，自修或拜師甚至開業，離開了書本或講義後，遇到新的八字，腦筋忽然迷惘，一時失去方向，眼茫茫，心慌慌，八字如何推敲自己都無法信服，更遑論替人批八字，甚而啟齒間就誤判了格局，其結果就不言而喻了。

人有人格，八字也有不同之命格，格局之良窳，關係命造之禍福窮通，若辨識不出八字格局，遇八字合會沖剋，或制化而影響格局之變化，則無法確切掌握命理源頭，也就是喜忌用神連帶誤置，由壞八字看成了好八字，好的八字變成了壞八字，豈不令人齷齪與難堪，愚鑑於此，也為此格神問題下過苦功探究一段時日，竟然發覺格神不是那麼神秘，也不是張三李四各自表述，而論述分道揚鑣，毫無交集的把戲，甚至打出某派第幾世傳人名號，有天機不可洩漏的江湖味道，把命理之學推向獨門道學領域，可是命理仍然是個正理而無歪理，所以膽敢寫這本書名為《圖解八字格神大解密》。讓諸多不同排列組合的八字，解析出它原始的面貌，揭開這一層面紗後，八字格神就如同探囊之物了。

其實八字格局略分為專旺格與一般正格兩大類，如依五行所涵蓋之十神，專旺格又分五類：（一）比星專旺格。（二）食傷星專旺格。（三）財星專旺格。（四）官煞星專旺格。（五）印星專旺格。各類專旺格又分從強勢格與合化格，甚而產生兩勢同心相生格、兩勢對峙交戰格，或偏枯偏旺之孤貧夭命格，故於不同之格局，行使不同之用神取捨，則格局與用神雖雜而不亂，繁而不混，格局或由普通格轉化為專旺格，或由專旺格，因臨門缺一腳而被歸位為一般格，或於行運中，由忌神變喜神，或由喜神變忌神者無所不有，命理之道，使吉凶禍福無所遁形，此關係著格神是否被正用與否。

審之命式專旺格局，喜用神取捨較為固定，也因形成專旺格之條件嚴苛，於八字排列組合稍有偏失，就會成為多數人的一般格，但一般格變化較大，用神取捨也較難拿捏，或為扶抑用神、通關用神、調候用神、病藥用神，順勢、逆勢都與專旺格用神不盡相同，本書為敘明專旺格與一般正格之用神分野，亦將各種專旺格形態與破格後成為一般格者併例解說，冀使讀者便於對照分辨格神之差異性，對讀者而言是提供了辨識格神的能力，更是本人研習八字多年的心得分享。

明·劉伯溫《滴天髓》通神頌云：欲識三元萬法宗，先觀地載與神功。此書開宗明義就讚頌格局與用神之功能重要性（筆者按：帝載指日主得月令與否，是判斷格局與用神之首要）；清．沈孝瞻《子平真詮》論用神亦云：八字用神，專求月令，以日干配月令地支，而生剋不同，格局分焉。此亦強調格局與用神之相關性；《窮通寶鑑》一書，論述重點亦放在四季五行不同之喜忌用神上；《三命通會》精微論更云：凡看人命，專論六格，逢官看財，見財而富貴，逢煞看印，遇印以榮華，逢印看官而遇官，十有七貴，逢財忌煞而有煞，十有九貧。以上八字古籍，已約略把格局與用神間的喜忌，做了輪廓性或抽象性的指引。

對於八字格局與用神，迄至目前，仍是無人做系統而具體性的分類與比較，或是將形成格局的要件及喜忌取用神法則，做過明確的指示，而坊間書本在格神敘述時，以似是而非之態度愚弄惑眾，致使後習者學習難度提高，為求通達命理，其癥結就在於格神取捨無法突破，然而經本人多年不斷探討，發現格局有一定的型態，用神原則也很一致，尤其專旺格局，命理之道就如生理現象，由嘴巴進食進入消化系統，就需有排泄系統釋放出去，於命理亦是有進神進入旺神後，必須再由旺神做適當的洩出穢氣（名為洩秀），亦即所謂之洩化神洩秀才能使格局轉清，如此進神、旺神、洩化神，是構成專旺格用神之三要素，因此專旺格局之用神變成了很單純也很一致性，用神也才會臻於完美。

至於日主得令為比肩星者，稱為建祿格；得令為比劫星者，稱為月刃格；或月令為傷官星，而干又透傷官星者，稱為傷官格；月令為正官星，而干又透正官星者，稱為正官格；諸如此類取格者，於整體八字判斷日主身旺或身弱，做為格局及行運的喜忌用神時，本書一律視為一般正格去做喜忌用神之研判，更不能看到建祿格，就以身旺論格局，見七殺格者就以身弱論格局，以致錯用喜忌用神，所以不論八字如何變化，倘輔以應用本人獨創之八字矩陣圖，就很容易揭開各種格神間神秘的面紗，因此本書就命名為《圖解八字格神大解密》，專為八字定格局，掃瞄八字格神秘笈，也為讀者解除了對格神的疑惑，更為各種八字格局，確定了喜忌用神的不二法門，讀者一定會發現原來要判斷格局及取用神並非難事，更會發現不同的八字組合，但得到相同的格神屬性後，其喜忌用神竟然會相同，也會發現不同的八字組合，因一字之差，或排列不同，而格神屬性竟然有天壤之別，其禍福當然是迴異，然要辨識各種格神，經析論後更是易知易解，這就是本書獻給讀者無價之禮物，也是其他書冊無法表達的誠意，本書又於最後幾個章節內，為八字來立命，真解八字共振效應，析論各種命式所產生的命理反應，把八字推向學術性、理解性、科學性與真實性，但最重要的仍是命理的準確性與預測性，更不能聾瞶說瞎話，更盼讀者瞭解格神本乎於命理，命理本乎普遍性與一致性，雖不能放諸天下皆準，但也能殊途同歸，一體而適用，是以格神之探討並非高深莫測，就以一般正格取用神雖活潑、多元，然靈活運用，以生剋制化等原理，循著上天有好生之德，對日主最有利之方向思考而又不違背命理者，確實掌握格神，達到論命的準確度，斯為本書寫作之目的，亦是繼出版《子平八字矩陣圖說》、《語譯圖說滴天髓微義》二書後之第三本八字命書所盡的一份心意，並爰以為序矣。

曾富雄　謹識

壹、八字理論基礎

一、五行之由來

○**一年有四季：**春（旺木）、夏（旺火）、秋（旺金）、冬（旺水）；四季月：三月辰、六月未、九月戌、十二月丑（旺土）。

○**五行配五常倫：**「木主仁」、「火主禮」、「土主信」、「金主義」、「水主智」。

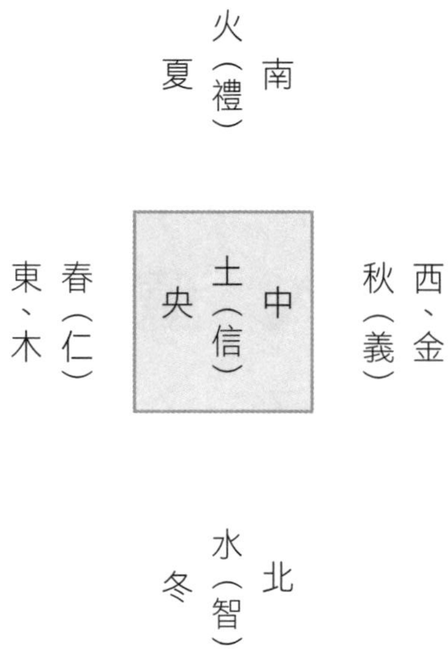

二、五行相生與相剋

○相生：以中央「土」開始：「土生金」、「金生水」，「水生木」、「木生火」、「火生土」而循環不已。

○相剋：以中央「土」開始：「土剋水」、「水剋火」，「火剋金」、「金剋木」、「木剋土」而循環不已。

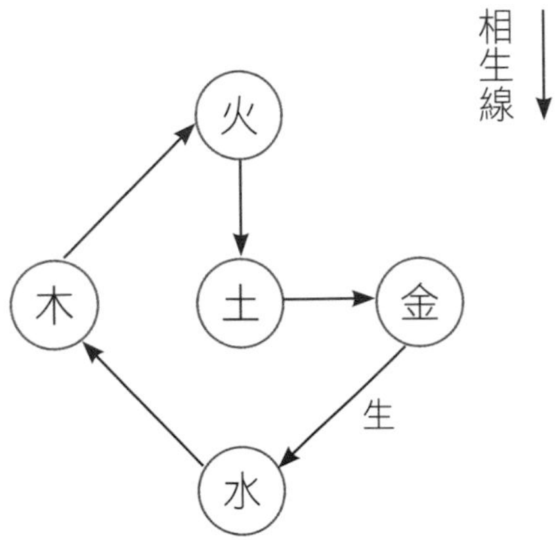

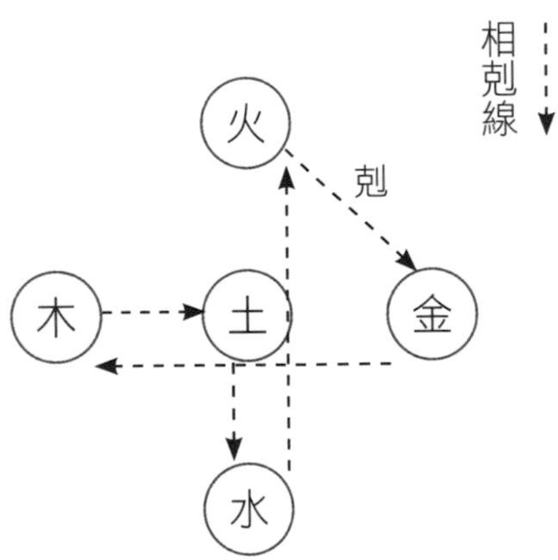

三、十天干與十二地支相生

○十天干與十二地支，相傳為黃帝時代大橈氏所創（四千六百年前）。

1、十天干（記日）

（十干）甲乙（木）、丙丁（火）、戊己（土）、庚辛（金）、壬癸（水）。

（陽干）甲、丙、戊、庚、壬。（五陽，丙為最）

（陰干）乙、丁、己、辛、癸。（五陰，癸為至）

2、十天干相生

甲乙（木）生↓丙丁（火）生↓戊己（土）生↓庚辛（金）生↓壬癸（水）生↓甲

乙（木）……生生不息。

3、十二地支（記月）

（十二支）寅卯辰（春季一、二、三月）、巳午未（夏季四、五、六月）、申酉戌

（秋季七、八、九月）、亥子丑（冬季十、十一、十二月）。

（陽支）子、寅、辰、午、申、戌。

（陰支）丑、卯、巳、未、酉、亥。

4、十二地支相生

寅卯（木）生↓巳午（火）生↓四庫土（丑辰未戌）生↓申酉（金）生↓亥子（水）生↓寅卯（木）……生生不息。

四、大自然與五行學說

1、地球自轉：產生晝夜，因此有「陰陽」之分。

2、地球公轉：產生規律性與週期性（週而復始，始而復週），因此有「春、夏、秋、冬」之分。

3、五行學說：五行指「春天（木）、夏天（火）、四季月（土）、秋天（金）、冬天（水）」。

註：春季「寅卯辰」，寅卯為木，辰屬春土（也是木之餘氣）。
夏季「巳午未」，巳午為火，未屬夏土（也是火之餘氣）。
秋季「申酉戌」，申酉為金，戌屬秋土（也是金之餘氣）。
冬季「亥子丑」，亥子為水，丑屬冬土（也是水之餘氣）。
四季月：即「丑辰未戌」指三、六、九、十二月等四個月。

4、五行分陰陽：以天干為例

（天干）	甲乙	丙丁	戊己	庚辛	壬癸
	＋－	＋－	＋－	＋－	＋－

「木」分陽木（甲為陽木、喬木）；陰木（乙為陰木、灌木）。

「火」分陽火（丙為陽火、烈火）；陰火（丁為陰火、柔火）。

「土」分陽土（戊為陽土、燥土）；陰土（己為陰土、濕土）。

「金」分陽金（庚為陽金、剛金）；陰金（辛為陰金、軟金）。

「水」分陽水（壬為陽水、大水）；陰水（癸為陰水、露水）。

五、八字原理

1、講陰陽

○易．繫辭：道生一，一生二，二生三，三生萬物，萬物負陰而抱陽，沖氣以為和。又云：一陰一陽之謂道。

2、致中和

○中庸：喜怒哀樂之未發，謂之中；發而皆中節，謂之和。

○**滴天髓**：五行和者，一世無災，血氣亂者，平生多病。

○**滴天髓**：天道有寒暖，發育萬物，人道得之不可過也；地道有濕燥，生成品彙，人道得之不可偏也。

3、尚自然

○**道德經**：人法地，地法天，天法道，道法自然。

○**易傳**：古者庖羲氏之王天下也，仰者觀象於天，俯者觀法於地，關鳥獸之文與地之宜，近取諸身，遠取諸物，於是始作八卦，以通神明之德，以類萬物之情。

六、周天六十甲子（陽干配陽支，陰干配陰支）

周天六十甲子名稱										空亡
甲子	乙丑	丙寅	丁卯	戊辰	己巳	庚午	辛未	壬申	癸酉	戌亥
甲戌	乙亥	丙子	丁丑	戊寅	己卯	庚辰	辛巳	壬午	癸未	申酉
甲申	乙酉	丙戌	丁亥	戊子	己丑	庚寅	辛卯	壬辰	癸巳	午未
甲午	乙未	丙申	丁酉	戊戌	己亥	庚子	辛丑	壬寅	癸未	辰巳
甲辰	乙巳	丙午	丁未	戊申	己酉	庚戌	辛亥	壬子	癸丑	寅卯
甲寅	乙卯	丙辰	丁巳	戊午	己未	庚申	辛酉	壬戌	癸亥	子丑

提示：

○天干：代表明的、遠的、疏的、外表的、顯現的、行動的、正面的等行為。

○地支：代表暗的、近的、親的、內在的、潛伏的、計畫的、背面的等行為。

○空亡：亡，音義「無」也。八字逢空亡，非全無之義，此所謂逢空而不空，非真空也，仍以整個格局來論喜忌。

七、干、支合剋刑

1、天干之合（隔六位而合，又稱為六合）

甲（木）己（土）合（化為土）

乙（木）庚（金）合（化為金）

丙（火）辛（金）合（化為水）

丁（火）壬（水）合（化為木）

戊（土）癸（水）合（化為火）

（共五組）

2、天干之剋

甲、乙（木）	戊、己（土）	相剋
丙、丁（火）	庚、辛（金）	相剋
戊、己（土）	壬、癸（水）	相剋
庚、辛（金）	甲、乙（木）	相剋
壬、癸（水）	丙、丁（火）	相剋

（共十組）

提示：

○**天干相合**：五行雖相剋，但屬陰陽之結合，為有情之合。

○**天干相剋**：五行相剋，屬「陽剋陽，陰剋陰」為無情之剋。

○**剋有輸贏**：木剋土（木勝土敗），水剋火（水勝火敗），土剋水（土勝水敗），火剋金（火勝金敗），金剋木（金勝木敗）。

3、地支六合（化）

子（水）、丑（土）合（化為土）

寅（木）、亥（水）合（化為木）

卯（木）、戌（土）合（化為火）

辰（土）、酉（金）合（化為金）

巳（火）、申（金）合（化為水）

午（火）、未（土）合（化為土）

（共六組）

4、地支三合化（力量增強）

「寅午戌」三合化為（火）局；半合「寅午」、「午戌」半合為（火局）。

「巳酉丑」三合化為（金）局；半合「巳酉」、「酉戌」半合為（金局）。

「申子辰」三合化為（水）局；半合「申子」、「子辰」半合為（水局）。

「亥卯未」三合化為（木）局；半合「亥卯」、「卯未」半合為（木局）。

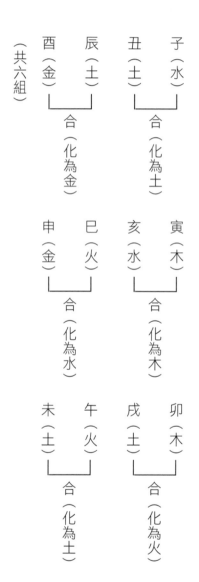

提示：

○「未為木庫」，木坐未（乙未）則木更堅。

○「戌為火庫」，火坐戌（丙戌）則火更強。

○「戌為土庫」，土坐戌（戊戌）則土更厚。

○「丑為金庫」，金坐丑（辛丑）則金更銳。

○「辰為水庫」，水坐辰（壬辰）則水更重。

＊八字財星獲庫最佳，終有相當之不動產。

5、地支三會方（力量增強）

「亥子丑」三會北方（水）局。「寅卯辰」三會東方（木）局。

「巳午未」三會南方（火）局。「申酉戌」三會西方（金）局。

6、地支相剋

寅、卯（木）與辰戌丑未（土）相剋

巳、午（火）與申、酉（金）相剋

戌、未（土）與亥、子（水）相剋

申、酉（金）與寅、卯（木）相剋
子、亥（水）與巳、午（火）相剋

7、地支相沖

子（水）與午（火）沖
丑（溼土）與未（燥土）沖
寅（木）與申（金）沖
卯（木）與酉（金）沖
辰（濕土）與戌（燥土）沖
巳（火）與亥（水）沖

提示：

○地支相沖，係隔六位而沖，故稱為六沖或正沖，正沖最嚴重含剋，沖則兩敗俱傷，根亦被拔除。

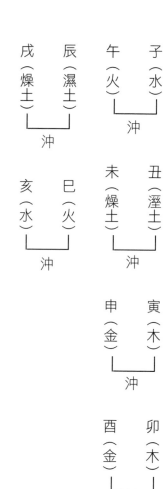

8、地支四刑（共九組）

子刑卯（無禮之刑），丑刑戌、戌刑未（無恩之刑），寅刑巳、巳刑申（持勢之刑），辰刑辰，午刑午，酉刑酉，亥刑亥（自刑之刑）。

八、地支所屬內臟部位

子（腎）、丑（脾、三焦）、寅（膽）、卯（肝）、辰（胃）、巳（小腸）、午（心、血）、未（脾）、申（大腸）、酉（肺、支氣管）、戌（胃）、亥（膀胱）。

九、地支六神

日干＼六神	甲日	乙日
比肩	寅	卯
比劫（劫財）	卯	寅
食神	巳	午
傷官	午	巳
偏財	戌辰	未丑
正財	未丑	戌辰
偏官（七殺）	申	酉
正官	酉	申
偏印（梟印）	亥	子
正印（印綬）	子	亥

丙日	丁日	戊日	己日	庚日	辛日	壬日	癸日
巳	午	戌辰	未丑	申	酉	亥	子
午	巳	未丑	戌辰	酉	申	子	亥
戌辰	未丑	申	酉	亥	子	寅	卯
未丑	戌辰	酉	申	子	亥	卯	寅
申	酉	亥	子	寅	卯	巳	午
酉	申	子	亥	卯	寅	午	巳
亥	子	寅	卯	巳	午	戌辰	未丑
子	亥	卯	寅	午	巳	未丑	戌辰
寅	卯	巳	午	戌辰	未丑	申	酉
卯	寅	午	巳	未丑	戌辰	酉	申

◎注意：地支「子午」、「巳亥」於矩陣圖示時，其陰陽與六神名稱要互換。

十、六神之源流

1、**「印綬」為印星：**生我（日干）者，有父母之義，引申有祖父母、長輩、師長、神佛、貴人等義，故名「印綬」。印者，蔭也、保護也；綬者，受也、承受也。指長輩或父母恩德庇蔭子孫，猶朝廷設官分職，畀（庇）以印綬。

2、**「食神」為食傷星：**我（日干）生者，有子孫之義，引申有餵食、食祿、洩耗等義，故名「食神」。蓋人得食則益，物被食則損，損益間，造化以子女成長，即人子奉養父母，父母致養子女之道也。故曰食神。

3、**「官殺」為官星：**剋我（日干）者，有我受制於人之義，引申有長官、丈夫、壓力等義，故名「官殺」。官者，管也，制約也；殺，害也。被管被害謂「官殺」。

4、**「妻財」為財星：**我（日干）剋者，是人受制於我之義，引申有妻妾、金錢、財物等義，故名為「妻財」，人成家立業得妻助，故曰「妻財」。

5、**「比劫」為比星：**與我（日干）肩高相比者，有同儕之義，引申有兄弟、姊妹、朋友、同學、同事等義；比者，比肩也，相和也；劫者，比劫也，被盜竊財物也。

此五者，為術家立名之大義。

【比肩】

比肩之形成，是與我（日干）五行屬性相同，陰陽也同性者。如甲對應甲或寅，乙對應乙或卯，丙對應丙或巳，丁對應丁或午，戊對應戊或辰戌，己對應己或丑未，庚對應庚或申，辛對應辛或酉，壬對應壬或亥，癸對應癸或子。其干支五行陰陽皆與我相同者，是為「**比肩**」。以之匹配六親，則為兄弟姊妹、朋友、同學、同事，即屬同類相依之義；如我為男性，則比肩就屬兄弟或男性友人；如我為女性，則比肩屬姊妹或女性友人。

日主弱之八字：喜比肩及印星助身健旺，使之足以任財任官，玄機賦云：「日干無氣，遇比為強。」比星有增強作用，如建祿、月劫是也。

日主強之八字：忌比肩及印星再助身健旺，宜以食傷星消弱洩耗日身，使無太過而獲中和之道。苟身旺而財輕，又喜見財星為用者，大忌比肩幫身而奪財，子平撮要云：「比肩要官殺制。」即言日主太強旺，又劫比疊見而為害者，要選官殺以制之，而比劫不以奪財為吉，然亦不宜衰神沖旺神劫刃，而有災禍。

【比劫】

比劫又稱為劫財，也被稱為敗財，名異而實同，都屬凶星。

比劫之形成，是與我（日干）五行屬性相同，但陰陽異性者。如甲對應乙或卯，乙對應甲或寅，丙對應丁或午，丁對應丙或巳，戊對應己或丑未，己對應戊或辰戌，庚對應辛或酉，辛對應庚或申，壬對應癸或子，癸對應壬或亥。其干支五行相同但陰陽不同者，是為「**比劫**」。以之匹配六親，也是兄弟姊妹、朋友，或同學、同事，即屬同類相依之義；如我為男性，則比劫就屬姊姊或女性友人；如我為女性，則比劫屬兄弟或男性友人。

身旺比劫星多者：因比劫會剋財星，所以主「父親會早逝、夫婦有離別及刑剋等情事發生，而食傷不生財的關係，財源變虛浮不實在，有財星而內虛困，已自知矣，窮困而潦倒，姻緣多阻折、或為財惹惑、縱使富而不久。」一遇此劫來奪財，亦最宜官殺制或合去之而吉。

「祿刃」賦為前清陳素庵相國所著命理約言，《六神賦》摘要如下：

「祿是本氣，入命以為喜神，夫一字之祿可以格言，豈四柱之神盡從閒廢，祿得力兮，不過扶日有功；祿太多兮，亦恐傷財不利。謂建祿專祿，離祖刑妻者，亦拘幫之議。刃則異情，劫財故張殺勢，至陽刃在子午卯酉，陰刃在寅申巳亥，皆劫財之惡曜，誠害物之凶神。唯陰日取以幫身，變衰成旺，而陽日用之合殺，轉害為恩。殺刃相須兮，一缺而威權不振；殺刃相濟兮，兩停而勢位彌尊。」

所以旺刃不宜逢沖，衰神沖旺刃，遇沖必至遭迍。刃之為物，凶多吉少，必刃弱方許相親，比劫強旺含祿刃，則成為孤獨之旺比劫，如傷財、剋妻、傷夫而孤寡等，皆是旺比劫之災禍。

【食神】

食神之形成，是我（日干）所生，而陰陽屬性相同者。如甲對應丙或巳，乙對應丁或午，丙對應戊或辰戌，丁對應己或丑未，戊對應庚或申，己對應辛或酉，庚對應壬或亥，辛對應癸或子，壬對應甲或寅，癸對應乙或卯。干支五行順生而陰陽相同者，是為「**食神**」，食是餵養，及洩我身者，以之匹配六親，男命是由食神及七殺相配合以觀子息，意指男命以食神及七煞為兒星，女命則以食神為女兒星，為孫或甥姪。

食神之性質與作用，為洩身、洩秀、生財、制殺、損官，苟身旺而食神得力，則能洩日元之秀氣以生財，為食神洩秀生財格，是秀氣發越，聰明靈活，大展鴻圖，是商場得意之命。如七殺太重，為食神佩印格，得食神制殺，而假殺為權，亦主殺印相生為武貴命。

食神喜通根旺地，而不被梟印奪食，則是財力、德望、聰明、和平、樂觀得人緣、有利人濟物之心，名利雙顯之人格特質。如身弱被食神洩星太過，雖為錦心繡口之士，但一生困苦有志難伸，為懷才不遇，滿腹嘮叨，不滿現實者。日干強而喜食神者，最忌偏印（梟神）

奪食，必然阻逆諸多，變成膽怯而懦弱。食神逢祿逢貴，一名「天廚壽星」，少脾氣，性溫和，主富貴長壽，福澤豐隆。子平撮要云：「用之為食不可奪。」如日主太強旺，財官又無力，則全賴食神洩秀生財再生化官星，故忌印綬來奪食，則會成為孤貧之命。

食神太多則以傷官論，食傷旺就會剋官，女命以官殺星為夫，食傷旺則女命為剋夫，對婚姻不美，自己也變成女強人。

食神亦是「文昌」星：故命帶食神者，不要多，只一、兩顆就夠，很會讀書，聰明，手藝巧，具有文學天分（文科），人長得亦俊秀，但食神多了反而人怪怪的（物極必反），如梟印奪食，思想變怪異，成內向及暗地裡論是非。

【傷官】

傷官之形成，是我（日干）所生，而陰陽屬性相異者。如甲對應丁或午，乙對應丙或巳，丙對應己或丑未，丁對應戊或辰戌，戊對應辛或酉，己對應庚或申，庚對應癸或子，辛對應壬或亥，壬對應乙或卯，癸對應甲或寅。干支五行順生而陰陽相異者，是為「**傷官**」。

傷官與食神之性質，大同小異，同為發洩秀氣之神；但「傷官」氣勢較雄偉。

命帶「傷官」者，干支皆可，只要一、兩顆就夠，其人很會讀書，聰明，靈巧，有文藝、理工天分（理科），外交，人緣廣，多才多藝，膽識大，人長得俊秀帶有威嚴。如身旺用傷官，則有經天緯地之才，叱咤風雲之志，但自私謀己（自私心特強），心思工巧，口才好，善狡辯，膽量大，敢做敢為，堅持固執、聰明而機智，善用機會或他人以完成目的；若身弱傷重，傷官兩顆以上，則傲慢狂妄，近似流氓，憤世嫉俗；或自命清高，不隨流俗，而鬱鬱不得志。

柱有傷官，忌見官星，如傷、官並見，則剋洩交集，須得財星通關，尤喜身強才能任財官。古歌云：「傷官傷盡最為奇。」又云：「傷官見官，為禍百端。」這是傷官令人喜歡又讓人畏懼之處。

【正財】

正財之形成，是我（日干）所剋者，而陰陽屬性相異者。如甲對應己或丑未，乙對應戊或辰戌，丙對應辛或酉，丁對應庚或申，戊對應癸或子，己對應壬或亥，庚對應乙或卯，辛對應甲或寅，壬對應丁或午，癸對應丙或巳。干支五行為我所剋而陰陽相異者，是為「**正財**」。以之匹配六親，男命為妻，女命為父。

何以我剋者名曰財？因為財物是以我勞力而後得者，付出精力，而後才有可圖與享用；

論八字亦然，首重身強，方堪任財，財多而身弱，如人之衰弱不振，雖遇財而不堪享用，且或因財而滋禍，甚而為窮困潦倒，如富屋中之窮人，故衡命論財官，亦須先顧身主之強弱，非必財多定為美局也。

正財者，代表我妻及財產，所謂我所剋，即由我控制支配之意；而財為養命之源，財能掌人生之名譽、地位、資產、信用、福祿、福德、吉祥、喜慶之義。而正財者，為人有重義、明是非、慷慨豪情等正面特質；但無財則難以養生，喜身旺而後能任財，但要輕重相稱，不能偏頗。

月令為正財者，性急。正財有力者，容貌端莊、性情溫和、做事合理。身旺財重又有官星者，為上格，因為財能生官，官又能護財，主富且貴。身官兩旺而財絕者，主清貴而不富。命書云：「大貴者，用財不用官。」如正財露天干，尤喜見官護財；偏財露天干，亦喜見官防劫財，否則財氣易受損。身旺財輕者：喜行財旺之方。

「身旺無財依者」，如同「身弱無印依」之命，則此人身體虛弱，疾病多，或早夭、或身殘、或智障、或貧窮。所謂非夭則殘，非殘則貧，因財為養命之源，「無財依」係指：（一）、命式雖見財星，但虛浮無根，或有根而不透干，或透干而被剋破，又無食傷星生助者。（二）、根本無財星，雖有食傷星財源，但被剋破者。

財多身弱者，喜行扶身之運，身弱財重者，喜印比助身。總以平衡為美，局中之喜忌，仍有賴乎歲運之補偏救弊也。

男命正、偏財雙露天干通根，又有食傷助之者，女人緣佳，有雙妻命之嫌。享齊人之福。

【偏財】

偏財之形成，是我（日干）所剋，而陰陽屬性相同者。如甲對應戊或辰戌，乙對應己或丑未，丙對應庚或申，丁對應辛或酉，戊對應壬或亥，己對應癸或子，庚對應甲或寅，辛對應乙或卯，壬對應丙或巳，癸對應丁或午。干支五行為我所剋而陰陽相同者，是為「**偏財**」。以之匹配六親，男命為父及妾，女命為婆婆。

偏財之性質與作用，主慷慨、投機、淡薄、豪邁、坦白、輕財、奢侈、多情、好酒色、浮華放蕩。偏財坐空亡，不得父蔭，或有父子別離，男命日支坐偏財，日主又與鄰干合正財者，為雙妻命。偏財與劫並見者，主早剋嚴父，賦性風流。女命日支為財星無傷剋者，丈夫有錢財；偏財與身並旺者，乃實業家、商人、生意手、行旺運而發。最喜食神生財，最忌比劫奪財。

偏財為流動之財，偏財有驛馬星之稱，為他鄉之財；身弱財多，見劫比扶身而發，但不宜財生官殺而剋身反不吉。子平撮要云：「用之財星不可劫。」此言身旺以財星為喜用神，不可劫財。又云：「身強財旺皆為福，若帶官星更妙哉。」此即言身旺喜財官，忌劫比奪財之意，則為富貴命格。又云「日主無根，棄命從財。」此言日元孤立無依，財星當旺，宜棄命從財，才有生存空間，為從財格。

【正官】

正官之形成，是剋我（日干）者，而陰陽屬性相異者。如甲對應辛或酉，乙對應庚或申，丙對應癸或子，丁對應壬或亥，戊對應乙或卯，己對應甲或寅，庚對應丁或午，辛對應丙或巳，壬對應己或丑未，癸對應戊或辰戌。干支五行為剋我者而陰陽相異者，是為「正官」。以之匹配六親，男命為子息女兒，女命為夫星也。

正官者，乃為政之神，為正氣忠信之尊名，為國家法律，社會正義，治國齊家之有道也，故有貴氣之神之稱。又官者，管也，自我控管，命有正官者，為人正直，重名譽，有守有為，品行端正，信用卓著，重紀律，守法制，受人尊敬，心地善良，光明磊落，反省約束，理智重道德，所以較刻板，懦弱，保守，優柔寡斷；喜身旺官強者，為人崇高卓越，是國家社會棟樑之才，命式最喜印綬相生，忌傷官來損害，則無官貴可言，若見傷官剋官，主性情乖戾，不得人緣，好為非亂法，冤抑不伸，任性做事，正派變邪惡派，面目可憎。

正官之作用：（一）、能生印星間接助身。（二）、能制伏劫比星。（三）、保衛財星。

【偏官】

「偏官」又稱「七殺」，有制者稱為偏官，無制者叫做七殺，殺即煞也，或七煞，因干或支皆隔七位而相剋，故曰七殺。七殺為慘酷無恩，暴烈兇猛，專以攻身為尚為小人之星，猶如小人兇暴，毫無忌憚，人命逢之，易發生意外災害，若無禮法以制裁，或不懲戒必傷其主，故有食神制之者謂之偏官。

偏官之形成，是剋我（日干）者，而陰陽屬性相同者。如甲對應庚或申，乙對應辛或酉，丙對應壬或亥，丁對應癸或子，戊對應甲或寅，己對應乙或卯，庚對應丙或巳，辛對應丁或午，壬對應戊或辰戌，癸對應己或丑未。干支五行為剋我者而陰陽相同者，是為「**偏官**」。以之匹配六親，男命為子息兒子，女命則為偏夫、兒媳也。

七殺必須制伏、或合、或生印、或化，但不要沖，毋太過或不及，是借小人之力，以護衛君子，以成其威權，成為大富大貴之武貴命也。苟生化不及，日主衰弱，七殺重逢，其禍多矣，如身弱殺重含短命之兆。

偏官之作用：（一）、能生印間接助身。（二）、能制伏劫比。（三）、保衛財星。

身旺殺輕者，無需制殺，流年制殺太過反而主凶，應喜財生殺，名為「財資弱殺」，命式有財生（資）殺者，主富貴雙全。若無財資弱殺，則此人做事粗心不謹慎，自認多能，渺視一切，易招人嫉害。身強殺旺者，喜食神制殺，兼洩身之秀。身弱殺強者，喜印綬之化殺兼生身也，性情會變得和順而有理性，平易近人，功名顯達。

身殺兩停，性好強好勝，凡是必爭，或「羊刃駕殺」者，喜其合之和之，庶能駕御以為用；七殺無獨用之理，必須制化和合，以成「駕御」之功，故云「有殺先論殺」之理也。

「殺印相生」者，偏官強如見印綬化之，名為殺印相生，主有權貴。

「羊刃駕殺」者，又名「刃殺相資」，就是羊刃合偏官（七殺），則威權萬里。命式或見食神或傷官制住七殺，則主人志氣高大、能獨立任事。若無制化是為真正的七殺了，主人兇暴無忌、性偏巧、聰明少禮、酒色之癖、好動喜外遊。

【正印】

正印之構成，是生我（日干）者，而陰陽屬性異性者。如甲對應癸或子，乙對應壬或亥，丙對應乙或卯，丁對應甲或寅，戊對應丁或午，己對應丙或巳，庚對應己或丑未，辛對應戊或辰戌，壬對應辛或酉，癸對應庚或申。干支五行為生我者而陰陽相異者，是為「**正印**」。以之匹配六親，男命為母親，女命為祖父及長上。

印綬為父母之宮，生我之神，乃我氣之源，即生存之氣，為命之源。若身弱，又不屬棄命從勢格，則為身弱無印依之格，則此人身體虛弱，疾病多，或早夭、或身殘、或智障、或貧窮，即非夭則殘，非殘則貧之短命人。

命帶正印為用神者，氣質高雅，主正義、聰明、富人情味，慈善有仁慈心、多貴人且受祖上、長輩、神佛之庇蔭、對宗教敬仰，逢凶化吉；與官星配合為官印相生格者，主名位崇高而清廉，主貴，為官清廉。身弱殺旺者，最喜正印化殺為權，殺變不攻身，轉而成為生印助身，不但有官職、有權位，稱為「化殺為權」，功名顯達，雖眾殺猖狂，一仁即指「一顆印星」之意，就可引化者是也。但身弱用印者，最忌財星，若柱中無比劫救助，名曰「貪財壞印」，往往為官會失職，剋重會主夭亡。

正印之作用：（一）、能生身助強。（二）、能制伏傷官。（三）、保護官星。

身旺而見印，亦能為害，此因旺上加旺而成災，造成「母慈滅子」之弊，是嬌養太過，受父母太寵愛，反而害子，變成毫無主見，依賴成性而近似白癡。

命中正印多者，子緣薄，正印落空亡者，母親體弱，獨印落空亡，母早逝，正印坐驛馬，父母不宜遠行，正印坐天月二德貴人，受母寵愛，命中無正印者，母緣薄；女命印旺者，缺子息，印重者，入空門修道。

喜印者，忌財破印，子平撮要云：「用之印綬不可破。」

忌印者，喜財壞印，玄機賦云：「印多者，行財而發。」

正印為父母、老師、教育、宗教、出版、文書、屋宇、衣物、器具、慈祥、愛面子，凡人生起居飲食需用之物皆屬之，卜卦問事，亦以「父母爻」代表上列事項，偏印亦同此而論。

【偏印】

偏印之形成，是生我（日干）者，而陰陽屬性相同者。如甲對應壬或亥，乙對應癸或子，丙對應甲或寅，丁對應乙或卯，戊對應丙或巳，己對應丁或午，庚對應戊或辰戌，辛對應己或丑未，壬對應庚或申，癸對應辛或酉。干支五行為生我者而陰陽相同者，是為「**偏印**」。以之匹配六親，男命為偏母或繼母，女命為母。干透正、偏印者，或為養子，或其父娶雙妻。

偏印一名為「梟神」。故偏印多者，表面文秀，但胸藏不測之機，內向多疑，好計較，鑽牛角尖，不喜群居吵雜，喜創造但無功，好學藝但少成；梟神之性，亦不知進退，有愛之欲其生，惡之欲其死之個性，就像繼母一樣，鞭笞備至，體無完膚矣！如屬喜用神，則具敏銳的感受性，有臨機應變之功夫，警覺性高，做事細膩，人所不能料也。如命式身旺以食神洩秀為用者，最忌偏印（梟神）奪食之害，苟得傷官合去偏印反吉，或得財星剋合而去之，亦穫禎祥。

「梟印奪食」，命局中以食神為用神遇偏印者，稱梟印奪食，主福薄夭壽，歲運遇梟，亦主災禍。命中偏印太過者，思想行為怪異，離群孤僻，與六親緣薄。

玄機賦云：「印多者，行財而發。」偏印不可以全好全壞來取斷，須視局中配合喜忌而論，如偏印入格，身旺財盛，則福力厚，屬富命格，苟命中身弱，用印扶身，恰偏印透亦獲轉弱為強之效，而行運又逢偏印，可得長輩、師長之提拔，事業、學業一帆風順，子平撮要云：「用之印綬不可破。」其實正、偏印生身之作用無異也，不能財來壞印。

貳、八字排法

一、排「年柱」要領

提示

○排八字必備「萬年曆」書一本，含陰陽曆對照者，無此書絕對無法排八字。

○記住以「立春」為年的交接轉換點。

○立春後要換年、換月（十二月變為次年正月）。

例一、（農曆）民國八十四年（一九九五）十二月十七日中午十二時七分生

＊查萬年曆知：八十四年十二月十六日亥時二十一時十五分為立春，本造乃屬立春後出生，則應以八十五年次算，十二月也變成八十五年一月份算，日時則不變。

年柱：丙子　月柱：庚寅　日柱：壬申　時柱：丙午

例二、（農曆）民國三十八年（一九四九）正月初七日中午十一時十五分生

＊查萬年曆知：三十八年正月初七日午時十一時二十三分為立春，本造則屬立春之前八分鐘出生，則應以三十七年次算，正月也變成三十七年十二月份算，日時則不變。

年柱：戊子　月柱：乙丑　日柱：乙丑　時柱：壬午

二、排「月柱」要領

提示

○記住以「十二月節」為月的交接轉換點（十二中氣不用）。

○「立春」後，為正月令、「驚蟄」後，為二月令、「清明」後，為三月令、「立夏」後，為四月令、「芒種」後，為五月令、「小暑」後，為六月令、「立秋」後，為七月令、「白露」後，為八月令、「寒露」後，為九月令、「立冬」後，為十月令、「大雪」後，為十一月令、「小寒」後，為十二月令。

○可以由年柱推算月柱干支的方法，稱為「五虎遁」，很方便。

例一、（農曆）民國七十九年（一九九〇）八月初六日上午十一時二分生

＊查萬年曆知：本造為當年七月二十日白露後，八月二十日寒露前出生，仍以八月份算，日時則不變。

年柱：庚午　月柱：乙酉　日柱：壬辰　時柱：丙午

例二、（農曆）民國八十八年（一九九九）十二月二十九日下午八時三十二分生

＊查萬年曆知：本造剛好於十二月二十九日戌時二十時三十二分為立春，則應屬新的一年（八十九）正月來接氣算，日時則不變。

年柱：庚辰　月柱：戊寅　日柱：壬辰　時柱：庚戌

三、排「日柱」要領

提示

○日柱無法用掌訣遁出，完全要依賴萬年曆查。

○月建如跨次月令時，生日時仍不變。

例一、（農曆）民國四十年（一九五一）十一月初五日下午五時十分生

＊查萬年曆知：本造為當年十月初十立冬後，於十一月初十大雪前出生，則應屬十月令算，日時則不變。

年柱：辛卯　月柱：己亥　日柱：丁丑　時柱：己酉

例二、（農曆）民國五十三年（一九六四）八月初二日上午九時五十分生

＊查萬年曆知：本造為當年八月初二白露夜子二十三時〇分前出生，則應屬於前個月七月令算，日時則不變。

年柱：甲辰　月柱：壬申　日柱：己未　時柱：己巳

四、排「時柱」要領

提示

〇萬年曆不寫時柱，但可查通書六十甲子日時局便知。

〇應用日柱推算時柱的方法，稱為「五鼠遁」，很方便。

〇子時分早子與夜子時，子夜零時至一時為早子時，即一天之開始，二十三時至二十四時為夜（晚）子時，為一天最後一時辰。

例一、（農曆）民國九十三年（二〇〇四）十一月二十六日下午五時十分生

＊查萬年曆知：本造是於當年十一月二十五日小寒未時十三時五十二分後出生，則屬十二月令，日時則不變。

年柱：甲申　月柱：丁丑　日柱：庚寅　時柱：乙酉

例二、（農曆）民國九十八年（二〇〇九）五月二十日下午二十三時十一分生

＊查萬年曆知：本造是於當年五月十三日芒種亥時二十二時十七分後出生，則屬五月令，日時則不變，但二十三時十一分屬於晚子時（屬甲子不是壬子）。

年柱：己丑　月柱：庚午　日柱：戊子　時柱：甲子

參、排大運要領

提示

○未上運前，大運就是「月柱」。
○推算大運，以「月柱」干支為基準，順行或逆行。
○男命陽年出生，女命陰年出生，大運都要「順排」。
○男命陰年出生，女命陽年出生，大運都要「逆排」。
○大運起六個或七個就可以了，多了少了都讓人誤會。
○每組大運管十年運程（干五年，支五年）。
○大運是順推的（陽男陰女），要從出生時辰（含日時）算起，順而下算至下一個月節為止（中氣不用），其間總共間隔有多少日、多少時辰（中隔數）。
○大運是逆推的（陰男陽女），要從出生時辰（含日時）算起，逆而上算至上一個月節為止（中氣不用），其間總共間隔有多少日、多少時辰（中隔數）。
○順或逆算出中隔數後，則以三日為一年，一日為四個月，一時辰為十天，做為換算單位，即可推算出上運與交脫大運的時期。

甲、大運順推（陽男陰女）

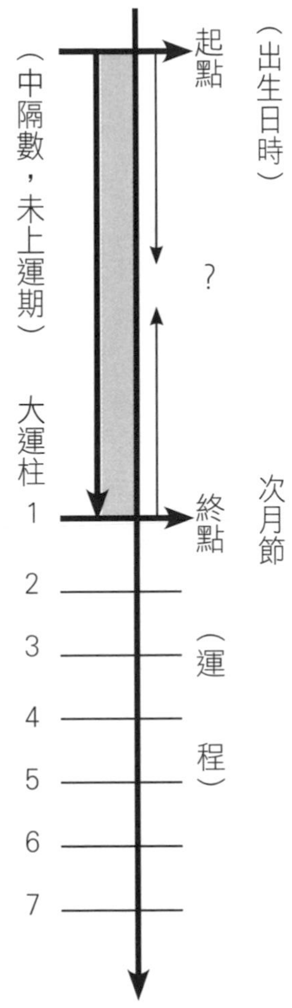

乙、大運逆推（陰男陽女）

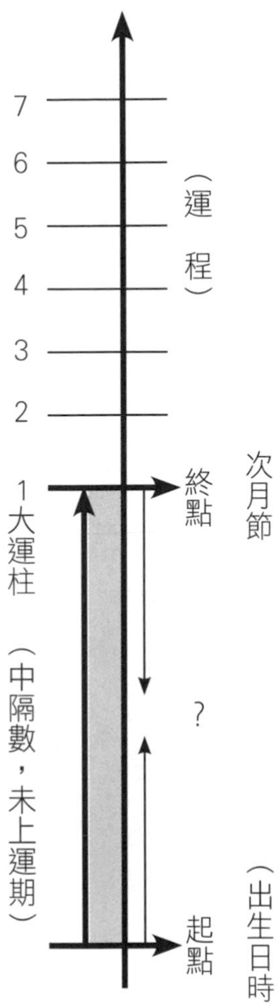

例一、（陰男）民國八十六年（一九九七）三月二十二日晚九時六分

四柱八字

年柱：丁丑

月柱：甲辰

日柱：庚子

時柱：丁亥

大運

1、（〇九至一八歲）：癸卯運。

2、（一九至二八歲）：壬寅運。

3、（二九至三八歲）：辛丑運。

4、（三九至四八歲）：庚子運。

5、（四九至五八歲）：己亥運。

6、（五九至六八歲）：戊戌運。

例二、（陽女）民國五十二年（一九六三）正月初九日下午十二時

四柱八字

年柱：壬寅

月柱：癸丑

日柱：丙子

時柱：甲午

大運

1、（一〇至一九歲）：壬子運。

2、（二〇至二九歲）：辛亥運。

3、（三〇至三九歲）：庚戌運。

4、（四〇至四九歲）：己酉運。

5、（五〇至五九歲）：戊　申　運。
6、（六〇至六九歲）：丁　未　運。

例三、（陽男）民國四十五年（一九五六）四月二十五日卯時

四柱八字
年柱：丙申
月柱：癸巳
日柱：辛丑
時柱：辛卯

大運
1、（〇一至一〇歲）：甲　午　運。
2、（一一至二〇歲）：乙　未　運。
3、（二一至三〇歲）：丙　申　運。
4、（三一至四〇歲）：丁　酉　運。
5、（四一至五〇歲）：戊　戌　運。
6、（五一至六〇歲）：己　亥　運。
7、（六一至七〇歲）：庚　子　運。

肆、八字五行循環圖示簡介

例、日干五行與六神顯示圖

ㄅ、日主「戊己土」入中宮後之循環圖

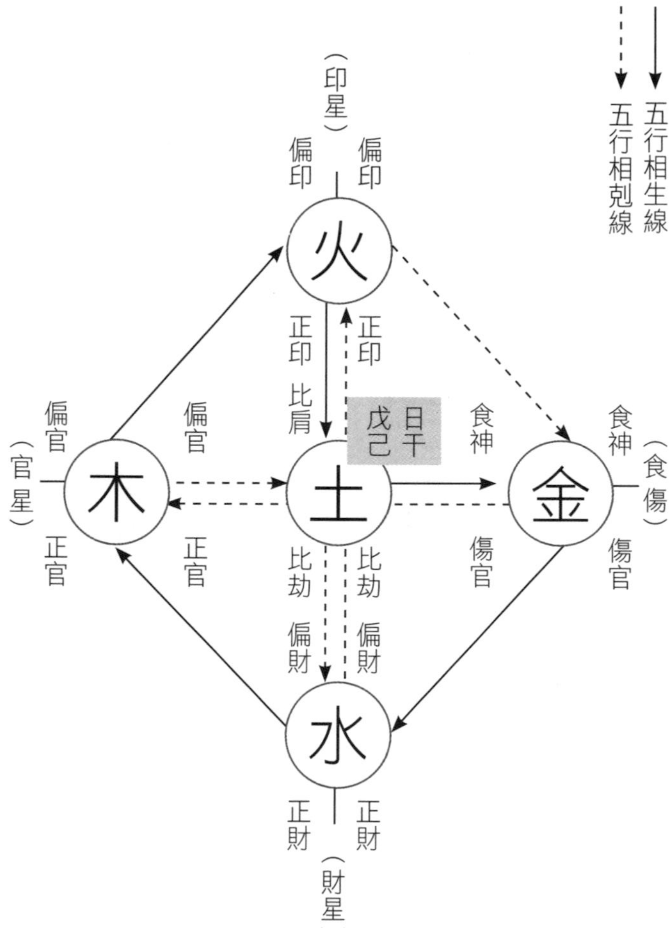

說明

1．五行配六神與六親、生剋循環線位置不變，只有不同日干入中宮後，五行才會有變動。

2．本例為日干戊己土入中宮後，則比星為「土星」，食傷星為「金星」，財星為「水星」，官星為「木星」，印星為「火星」。

3．應用此循環圖，協助解答八字，方便又易理解，功勞甚偉。

ㄆ、日主「庚辛金」入中宮後之循環圖

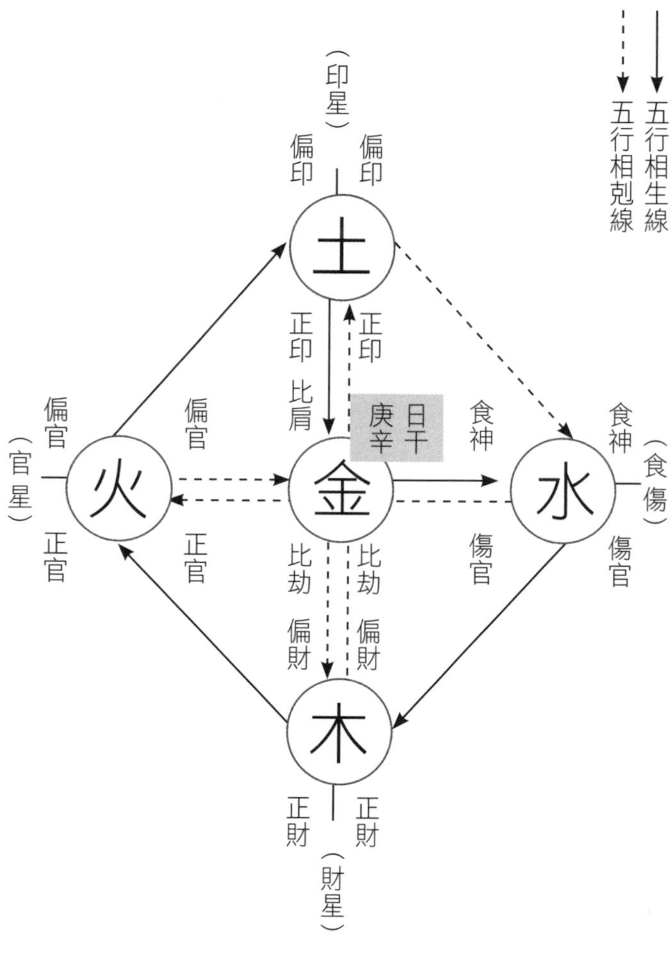

說明

1．五行配六神與六親、生剋循環線位置不變，只有不同日干入中宮後，五行才會有變動。

2．本例為日干庚辛金入中宮後，則比星為「金星」，食傷星為「水星」，財星為「木星」，官星為「火星」，印星為「土星」。

3．應用此循環圖，協助解答八字，方便又易理解，功勞甚偉。

伍、日主專旺格

（比星專旺格）

一、稼穡格之格神解密

ㄅ、格局形成基本條件

1．日主生於四季辰戌丑未月，支為土局，干又透戊己土星，全局土星最強旺，且無官煞星沖剋旺比星者，否則以一般正格論。

2．印星火生助旺神比星土，無財星壞印，無官煞星攻旺比星者，或見微財星但被比星所制，見微官星但被食傷星所制，或官（煞）印相生，不礙旺神土比星稼穡格成立者。

3．日主得旺神比星土為稼穡格者，最喜有微洩化神（食傷星）洩秀為真格，但不宜見梟印奪食傷洩星，否則為敗格。

ㄆ、稼穡格用神原則

喜印星生助旺神比星（稼穡格）且不剋食傷星，喜稼穡格比星增強兼制財星護衛印星，更喜微食傷星洩旺神比星秀氣兼制官煞星；而忌財星壞喜神印星及生助官煞星，更忌官煞星攻專旺神比星。

ㄇ、稼穡格，格神解密舉例

例一、民國三十八年（一九四九）三月十二日未時

（比肩）年己　丑（比肩）
（比劫）月戊　辰（比劫）
（日主）日己　巳（正印）
（食神）時辛　未（比肩）

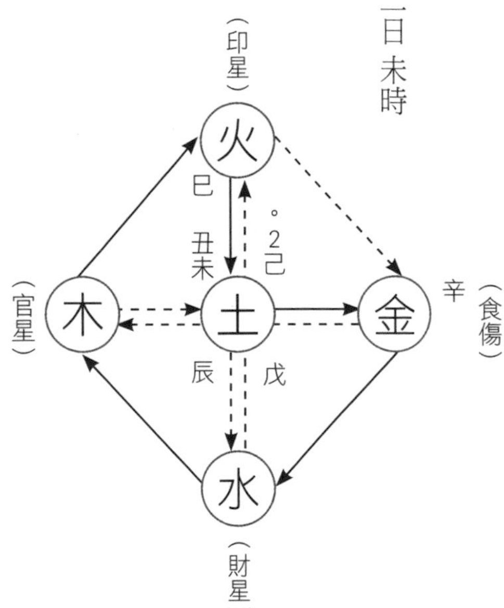

○提示：日主己土生於辰土月，支巳火生丑辰未土，干透戊己土，比星土最強旺，配合辛金食神洩旺神比星土，屬於日主專旺稼穡格真格，格局高雅，為富貴命造。

○本造為日主專旺稼穡格。

喜用神：火（印星：進神）、土（比星：旺神）、金（食傷星：洩神）。

忌　神：水（財星）、木（官殺星）。

例二、民國六十五年（一九七六）九月十二日辰時

（正印）年丙　辰（比劫）

（比劫）月戊　戌（比劫）

（日主）日己　未（比肩）

（比劫）時戊　辰（比劫）

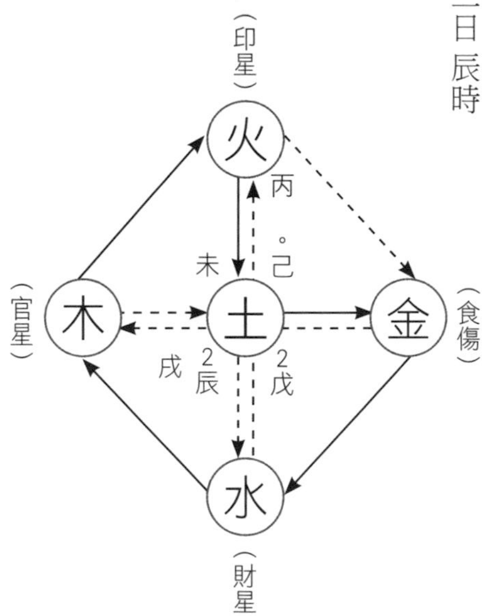

◎提示：日主己土生於戌土燥月，支全土局，干透丙火生戊己土，比星土最強旺，配合戌中辛金食神洩旺神比星土，但辰戌沖，辛根也被除去，則屬於日主專旺稼穡格次等格局，又辰中癸水為調候用神也被沖垮，格局欠佳，為平凡命造。

◎本造為日主專旺稼穡格。

喜用神：火（印星：進神）、土（比星：旺神）、金（食傷星：洩神）。

忌　神：水（財星）兼調候用神、木（官殺星）。

例三、民國九十八年（二〇〇九）三月十九日子時

（比肩）年己　丑（比肩）

（比劫）月戊　辰（比劫）

（日主）日己　丑（比肩）

（正官）時甲　子（偏財）　合土

○提示：日主己土生於辰土月，支子丑合化為土，年月干又透戊己土，則日主己土合甲合化為土，全局純比星土最強旺，配合丑中辛金食神洩旺神比星土，屬於日主專旺稼穡格真格，格局高雅，為富貴命造。

○本造為日主專旺稼穡格。

喜用神：火（印星：進神）、土（比星：旺神）、金（食傷星：洩神）。

忌　神：水（財星）、木（官殺星）。

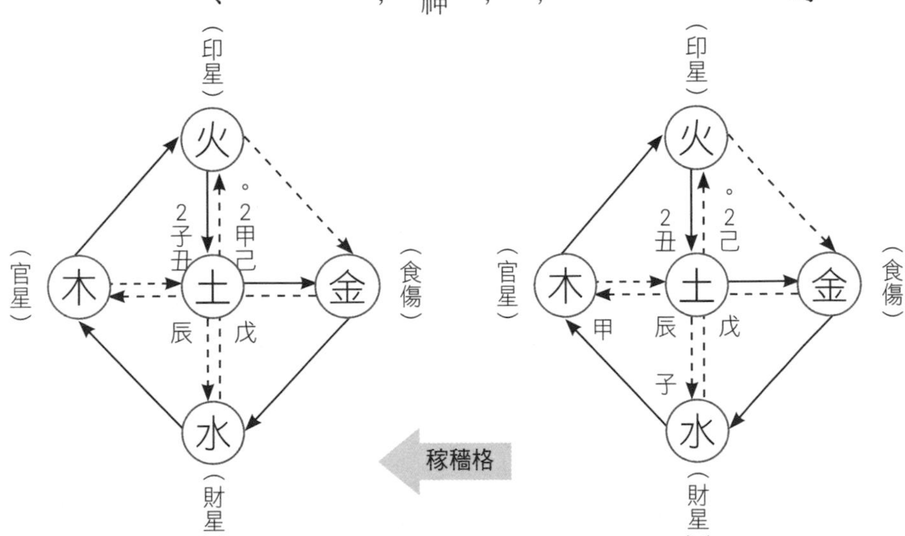

例四、民國七十八年（一九八九）七月初六日未時

（偏印）年己　巳（正印）
（正印）月辛　未（偏印）
（日主）日戊　戌（比肩）
（比肩）時己　未（正印）

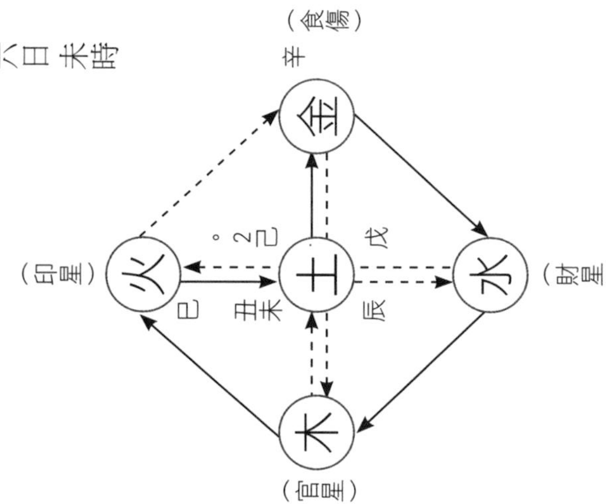

◯提示：日主戊土生於未土燥月，支巳火生未戌土，干透戊己土，比星土最強旺，配合辛金食神洩旺神比星土，屬於日主專旺稼穡格真格，且局中辰為水庫兼潤局，格局高雅，為富貴命造。

◯本造為日主專旺稼穡格。

喜用神：火（印星：進神）、土（比星：旺神）、金（食傷星：洩神）。

忌　神：水（財星）兼調候用神、木（官殺星）。

例五、民國七十四年（一九八五）九月初四日 辰時

（七殺）年乙　丑（比肩）
（正印）月丙　戌（比劫）
（日主）日己　丑（比肩）
（比劫）時戊　辰（比劫）

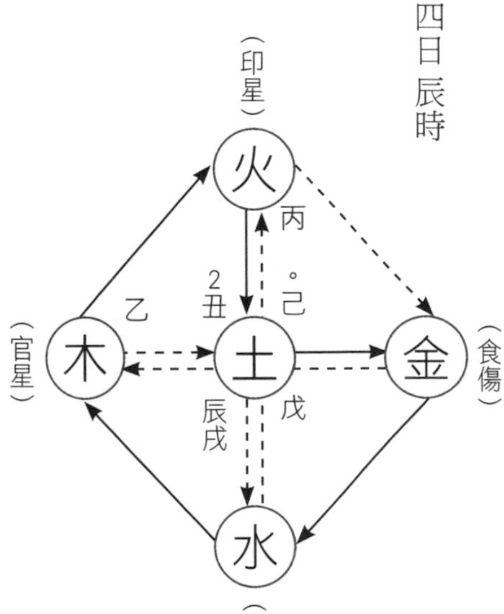

○提示：日主己土生於戌土燥月，以丑辰三濕土藏癸水為調候用神，支全土局，干透丙火生戊己土，比星土最強旺，配合戌中辛金食神洩旺神比星土，雖有乙木但虛浮為殺印相生且不剋比星，不礙稼穡格局之形成，則屬於日主專旺稼穡格真格，格局高雅，為富貴命造。

○本造為日主專旺稼穡格。

喜用神：火（印星：進神）、土（比星：旺神）、金（食傷星：洩神）。

忌　神：水（財星）兼調候用神、木（官殺星）。

例六、民國三十五年（一九四六）十二月十九日未時

（正印）年丙　戌（比劫）
（食神）月辛　丑（比肩）
（日主）日己　丑（比肩）
（食神）時辛　未（比肩）

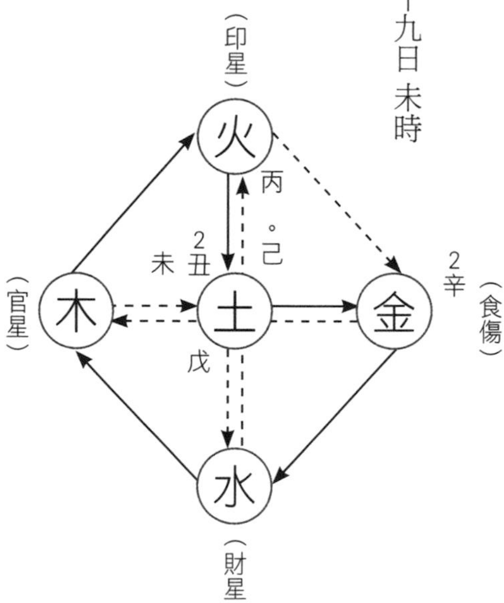

◯提示：日主己土生於冬令丑土月，最須年干丙火暖局，支一片土比星，月時干透二辛金，比星土最強旺，配合辛金食神洩旺神比星土，但因丙辛不能合，則丙火剋食神辛金，本屬於日主專旺稼穡格真格，然洩神辛金被剋，格局有了瑕疵與欠缺，為富而貴小之命造。

◯本造為日主專旺稼穡格。

喜用神：火（印星：進神兼調候用神）、土（比星：旺神）、金（食傷星：洩神）。

忌　神：水（財星）、木（官殺星）。

ㄈ、稼穡格破局為正格，格神解密舉例

例一、民國六十八年（一九七九）三月二十五日 卯時

（比劫）年己　未（比劫）
（比肩）月戊　辰（比肩）
（日主）日戊　午（正印）
（正官）時乙　卯（正官）

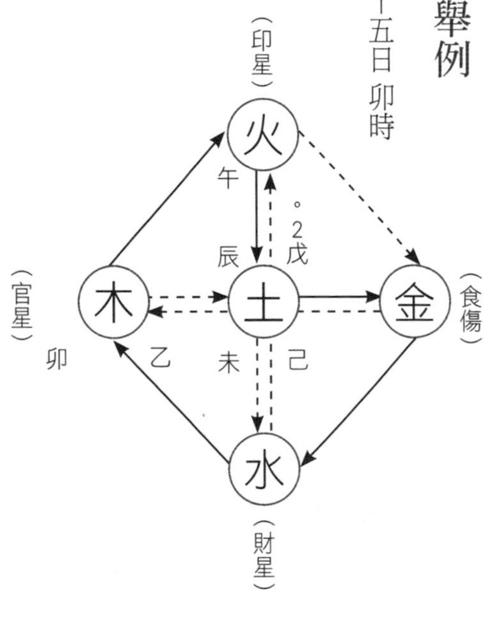

○提示：日支午火印星，生助日主戊土五個土比星，全局土最旺，且時支卯木生午火，為官印相生，要成為日主專旺稼穡格是無異議，但時干乙木制戊己土，則稼穡格便破局，而以正格的身旺來論。

○本造稼穡格不成，以身旺論。

喜用神：金（食傷星制官煞星，兼洩旺神比土星），水（財星制印星衛食傷星）。

忌　神：木（官煞星）火（印星）、土（比星）。

例二、民國二十八年（一九三九）九月十六日未時

（比劫）年己　卯（正官）
（七殺）月甲　戌（比肩）
（日主）日戊　戌（比肩）
（比劫）時己　未（比劫）

○提示：日主戊土生於戌月，日時支為戌未土，干透己土，土星最強旺，則年月干甲己合化為土，看似稼穡格已成立，但見年支卯戌不能合火局，則卯木在缺印星引化下，必然是攻剋旺神比星，稼穡格便破局，而以正格的身旺來論。

○本造稼穡格不成，以身旺論。

喜用神：金（以食傷星制官煞星，兼洩旺神比土星），水（以財星制印星衛食傷星）。

忌　神：木（官煞星）火（印星）、土（比星）。

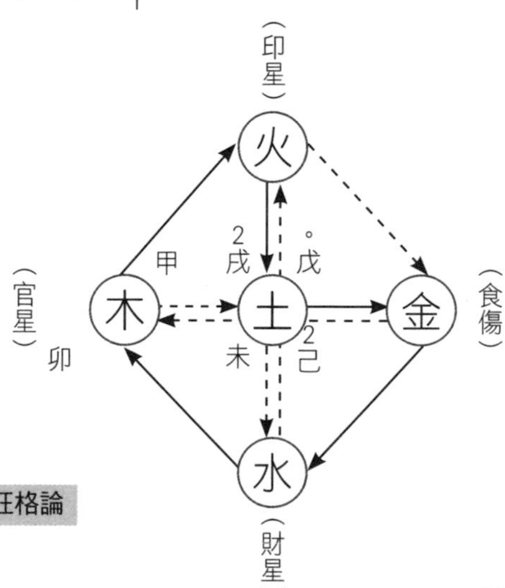

身旺格論

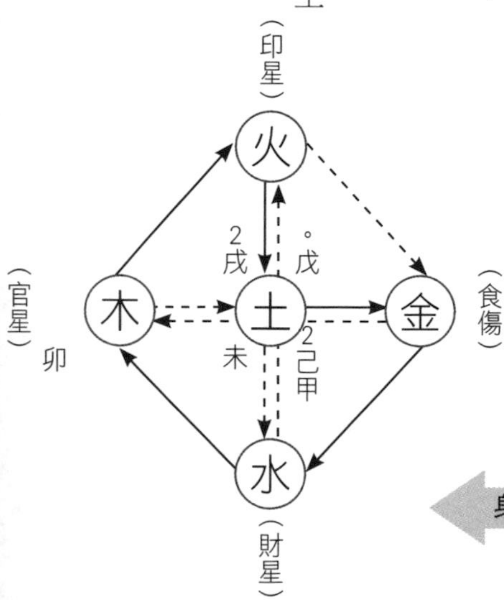

二、金革格（金剛格）之格神解密

ㄅ、格局形成基本條件

1. 日主生於申酉戌月，或支合會金局，干又透庚辛金，全局金星最強旺，且無官煞星沖剋旺比星者，否則以一般格論。
2. 印星土生助旺神比星金，無財星壞印，無官煞星攻旺比星者，或見微財星但被比星所制，見微官星但被食傷星所制，或官（煞）印相生，不礙旺神金比星成立者。
3. 日主得旺神比星金為金革格者，最喜有微洩化神（食傷星）洩秀為真格，但不宜見梟印奪食傷洩星，否則為敗格。

ㄆ、金革格用神原則

喜印星生助旺神比星（金革格）且不剋食傷星，喜比星增強金革格金星兼制財星護衛印星，更喜些微食傷星洩旺神比星秀氣兼制官煞星；而忌財星壞喜神印星及生助官煞星，更忌官煞星攻專旺神比星。

ㄇ、金革格，格神解密舉例

例一、民國六十九年（一九八〇）八月二十六日未時

（比肩）年庚　申（比肩）
（正財）月乙　酉（比劫）
（日主）日庚　戌（偏印）
（傷官）時癸　未（正印）

合金局

○提示：支申酉戌合為金局，時支未土來生助，金星最強旺，則日主二庚搶乙合化為金，金星旺神得時干癸水洩秀氣，屬於日主專旺金革格真格，格局高雅，為富貴命造。

○本造為日主專旺金革格。

喜用神：土（印星：進神）、金（比星：旺神）、水（食傷星：洩神）。

忌　神：木（財星）、火（官殺星）。

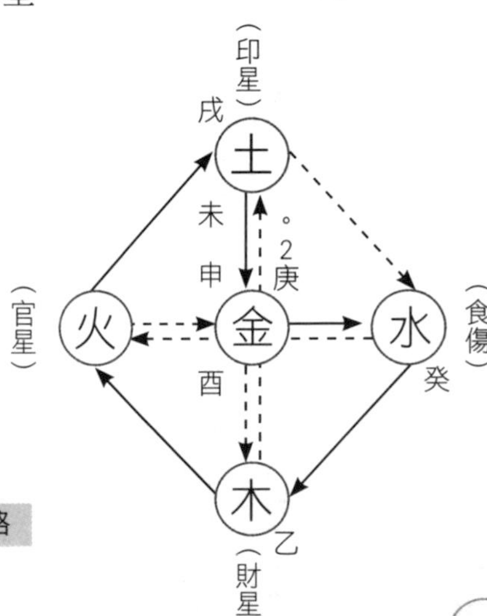

金革格

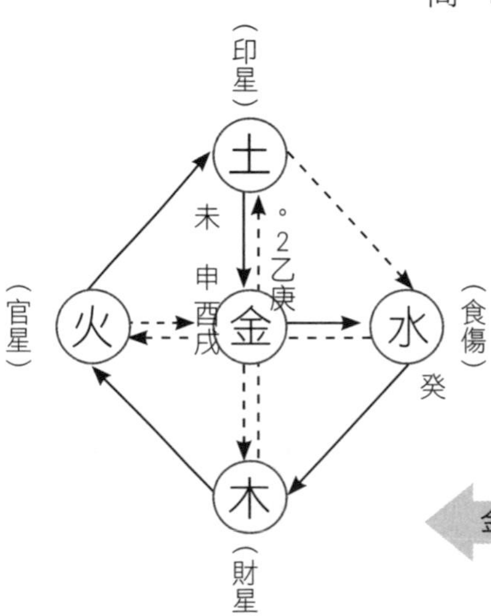

例二、民國七十八年（一九八九）九月初九日戌時

（偏印）年己　巳（正官）
（食神）月癸　酉（比肩）　合金局
（日主）日辛　丑（偏印）
（正印）時戊　戌（正印）

○提示：支巳酉丑合為金局，時支戌土來生助，年時干透戊己土生助日主金星，金星最強旺，得癸水食神星洩旺神金星濁氣，屬於日主專旺金革格真格，格局高雅，為富貴命造。

○本造為日主專旺金革格。

喜用神：土（印星：進神）、金（比星：旺神）、水（食傷星：洩神）。

忌　神：木（財星）、閑　神：火（官殺星）。

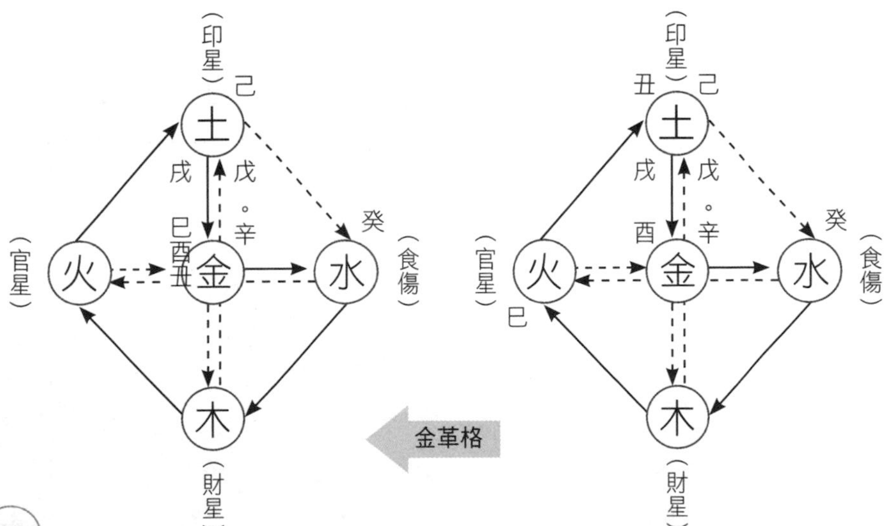

例三、民國五十七年（一九六八）七月二十五日申時

（偏印）年戊　申（比肩）

（比肩）月庚　申（比肩）

（日主）日庚　申（比肩）

（偏財）時甲　申（比肩）

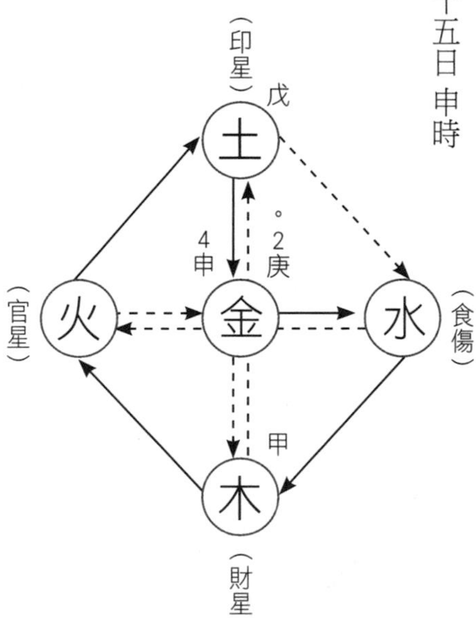

○提示：支四申為金局，時支甲木被庚金制，年透戊土生二庚金，日主金星最強旺，金星旺神得四申金藏壬水食神洩秀氣，屬於日主專旺金革格真格，格局高雅，為富貴命造。

○本造為日主專旺金革格。

喜用神：土（印星：進神）、金（比星：旺神）、水（食傷星：洩神）。

忌　神：木（財星）、火（官殺星）。

例四、民國五十七年（一九六八）七月二十五日 辰時

（偏印）	年	戊	申	（比肩）
（比肩）	月	庚	申	（比肩）
（日主）	日	庚	申	（比肩）
（比肩）	時	庚	辰	（偏印）

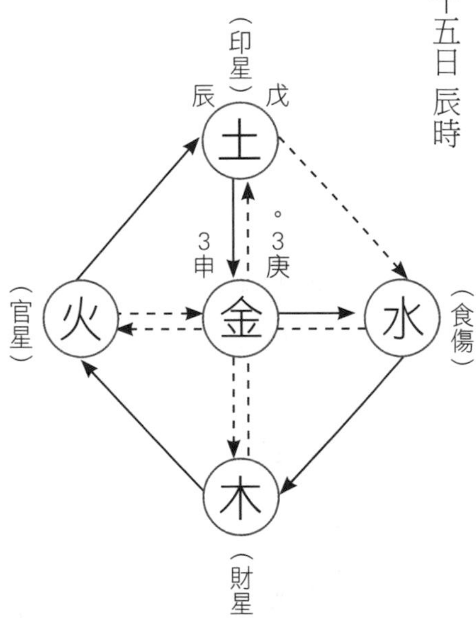

○提示：日主庚金生於申金月，干支全為土金相生，本造可謂土金母吾二行同心局，亦是日主專旺金革格，名稱雖異，格亦相似，然二者取用神一致而無爭議，金星最為強旺，最喜申辰藏壬癸水為洩化神，屬於日主專旺金革格真格，格局高雅，為富貴命造。

○本造為日主專旺金革格。

喜用神：土（印星：進神）、金（比星：旺神）、水（食傷星：洩神）。

忌　神：木（財星）、火（官殺星）。

例五、民國六十九年（一九八〇）八月二十六日未時

（比肩）年庚　申（比肩）

（正財）月乙　酉（比劫）┐

（日主）日庚　辰（偏印）┤合金局

（比肩）時庚　辰（偏印）┘

○提示：支辰酉合為金局，年時支又是庚金，干透乙庚則合化為金，日主金星最強旺，金星旺神得日時支辰為水庫洩秀氣，屬於日主專旺金革格真格，格局高雅，為富貴命造。

○本造為日主專旺金革格。

喜用神：土（印星：進神）、金（比星：旺神）、

　　　　水（食傷星：洩神）。

忌　神：木（財星）、火（官殺星）。

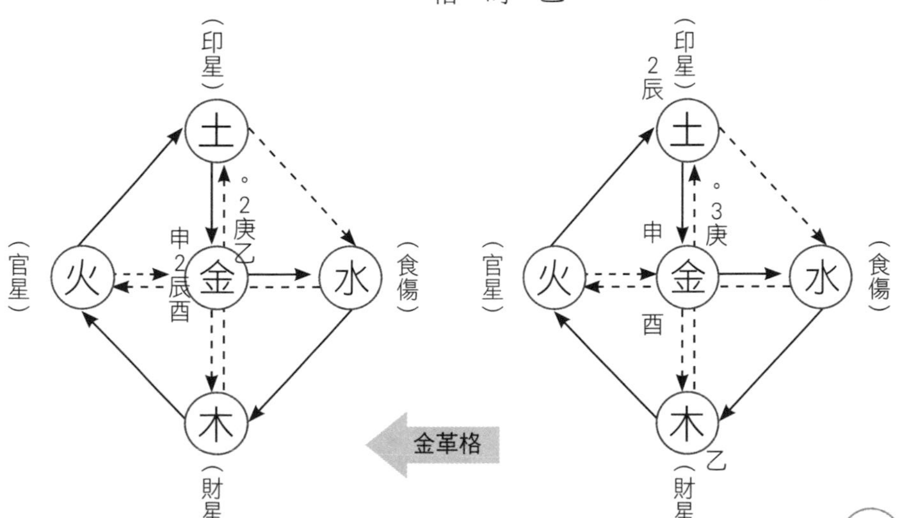

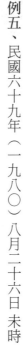

ㄈ、金革格破局為正格，格神解密舉例

例一、民國四十五年（一九五六）七月十七日丑時

（正官）年丙　申（比劫）
（正官）月丙　申（比劫）
（日主）日辛　酉（比肩）
（偏印）時己　丑（偏印）

酉丑合金

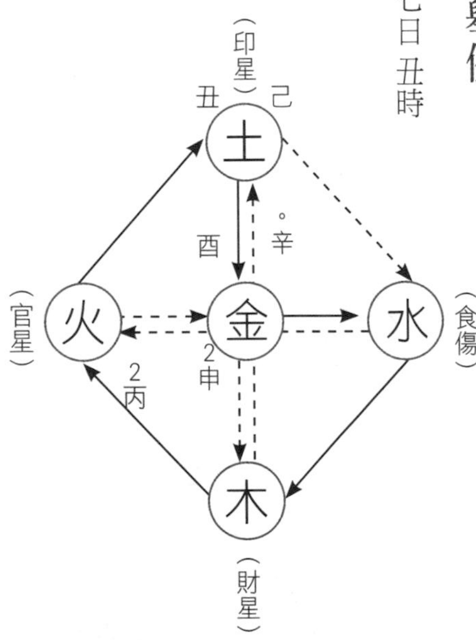

○提示：日主辛金生於申月，日時支酉丑合為金，支全為金局，時干己土印星來生助，為日主專旺金革格，但年月干二丙火官星被己土一仁化煞，雖金革格無破局，但也成了身旺官印相生格，或為丙辛合而不礙金革格之成立。

○本造金革格不成，而為身旺官印相生格。

喜用神：土（印星：進神），金（比星：旺神）、水（食傷星：洩神）。

忌　神：木（財星）火（官煞星）。

例二、民國九十八年（二〇〇九）九月初八日寅時

（比肩）年庚　戌（偏印）
（正財）月乙　酉（比劫）
（日主）日庚　申（比肩）
（偏印）時戊　寅（偏財）

會金局

○提示：支申酉戌會為金局，則時支寅申不沖，而日主乙庚合化為金，時干戊土來生助，因寅木不透甲干，也缺食傷星引化財星，寅木必然被剋被劫，格局又回到日主專旺金革格來論。

○本造為正格，又回到日主專旺金革格。

喜用神：土（印星：進神），金（比星：旺神）、
　　　水（食傷星：洩神）。

忌　神：木（財星）火（官煞星）。

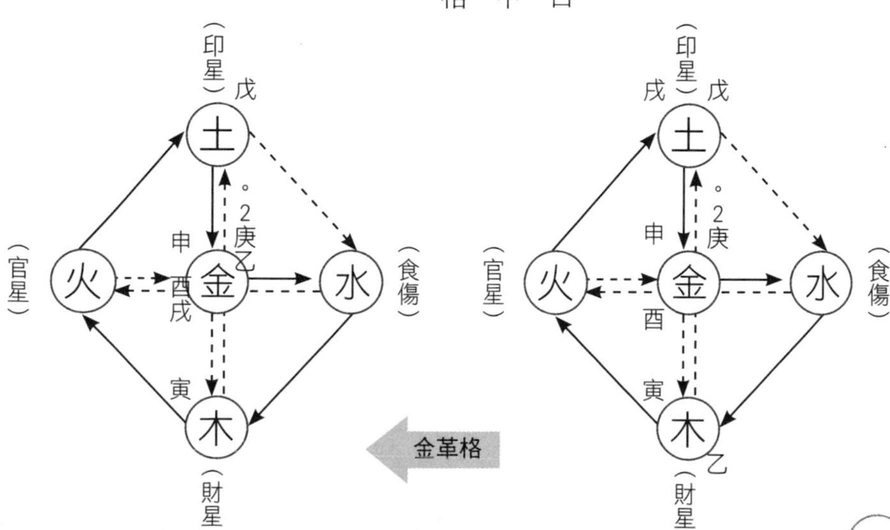

三、潤下格之格神解密

ㄅ、格局形成基本條件

1.日主生於亥子丑冬月，或支合會水局，干又透壬癸水星，全局水星最強旺，且無官煞星沖剋旺比星者，否則以一般格論。

2.印星金生助旺神比星水，無財星壞印，無官煞星攻旺比星者，或見微財星但被比星所制，見微官星但被食傷星所制，或官（煞）印相生，不礙旺神水比星成立者。

3.日主得旺神比星水為潤下格者，最喜有微洩化神（食傷星）洩秀為真格，但不宜見梟印奪食傷洩星，否則為敗格。

ㄆ、潤下格用神原則

喜印星生助旺神比星（潤下格）且不剋食傷星，喜比星增強潤下格水星兼制財星護衛印星，更喜些微食傷星洩旺神比星秀氣兼制官煞星；而忌財星壞喜神印星及生助官煞星，更忌官煞星攻專旺神比星。

ㄇ、潤下格，格神解密舉例

例一、民國二十一年（一九三二）十一月十二日亥時

（比肩）年壬　申（偏印）
（比肩）月壬　子（比劫）
（日主）日壬　子（比劫）　合為水局
（正印）時辛　亥（比肩）

○提示：支申子亥合化為水局，時干透辛金生助三壬水比星，全局以比星水最強旺，得亥中甲木洩旺神水氣，但因局中缺火星暖局，屬於日主專旺潤下格次格，格局為富而不貴命造。

○本造為日主專旺潤下格。

喜用神：金（印星：進神）、水（比星：旺神）、木（食傷星：洩神）。

忌　神：火（財星）兼調候用神、土（官殺星）。

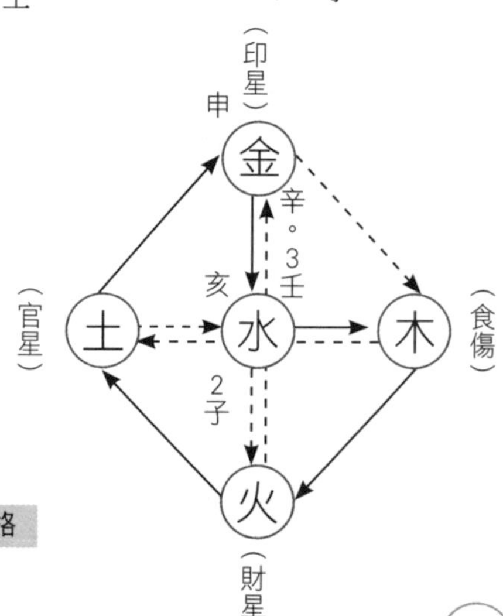

潤下格

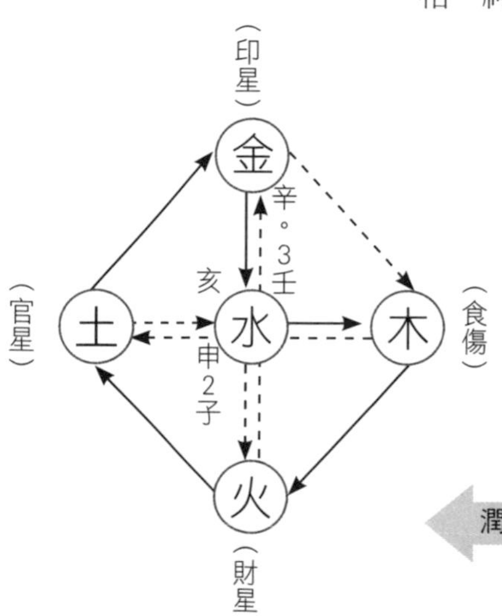

例二、民國六十年（一九七一）十一月十六日亥時

（正印）年辛　亥（比肩）
（偏印）月庚　子（比劫）
（日主）日壬　辰（七殺）　合水局
（正印）時辛　亥（比肩）

○提示：支子辰合化為水局，支一片水比星，年月時干透庚辛金生助日主壬水比星，全局以比星水最強旺，得亥中甲木洩旺神水氣，但因局中缺火星暖局，屬於日主專旺潤下格次格，格局為富而不貴命造。

○本造為日主專旺潤下格。

喜用神：金（印星：進神）、水（比星：旺神）、木（食傷星：洩神）。

忌　神：火（財星）兼調候用神、土（官殺星）。

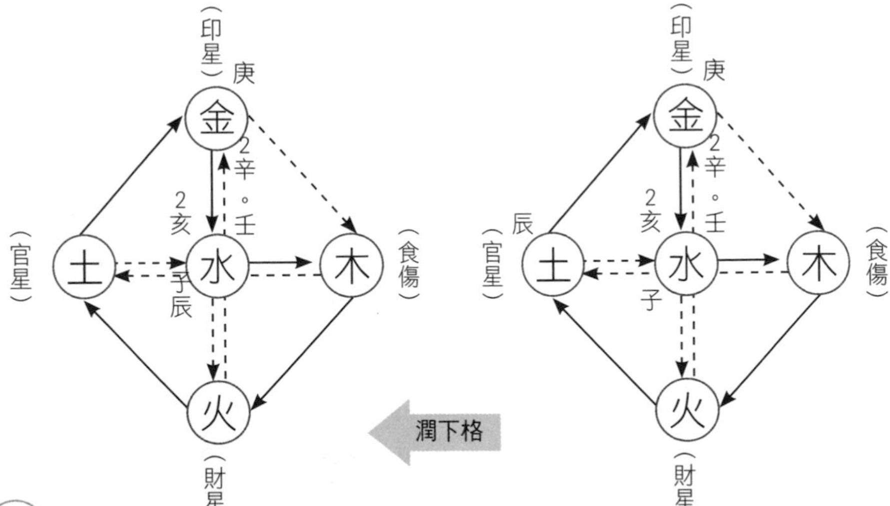

例三、民國二十一年（一九三二）十一月十二日辰時

（比肩）年壬　申（偏印）
（比肩）月壬　子（比劫）
（日主）日壬　子（比劫）
（食神）時甲　辰（七殺）

合為水局

○提示：支申子辰合化為水局，干透三壬水比星，全局以比星水最強旺，得時干甲木洩旺神水氣，但因局中缺火星暖局，屬於日主專旺潤下格次格，格局為富而不貴命造。

○本造為日主專旺潤下格。

喜用神：金（印星：進神）、水（比星：旺神）、木（食傷星：洩神）。

忌　神：火（財星）兼調候用神、土（官殺星）。

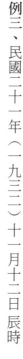

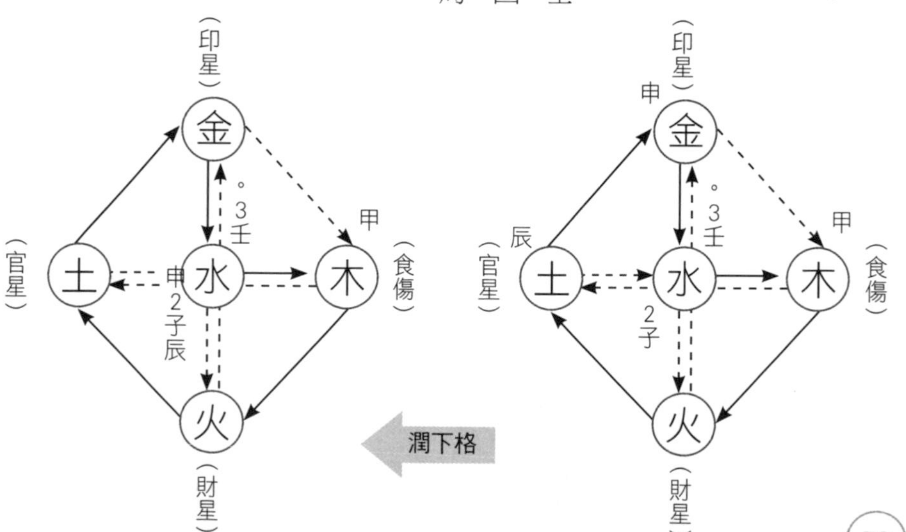

例四、民國五十一年（一九六二）十月十四日丑時

（比肩）年壬　寅（食神）
（正印）月辛　亥（比肩）
（日主）日壬　子（比劫）
（正印）時辛　丑（正官）

會水局（亥子丑）

○提示：支亥子丑會為水局，年支寅木洩旺神水濁氣，干透辛金生助二壬水比星，全局以比星水最強旺，因局中寅支藏丙火可暖局，屬於日主專旺潤下格真格，為富貴命造。

○本造為日主專旺潤下格。

喜用神：金（印星：進神）、水（比星：旺神）、木（食傷星：洩神）。

忌　神：火（財星）兼調候用神、土（官殺星）。

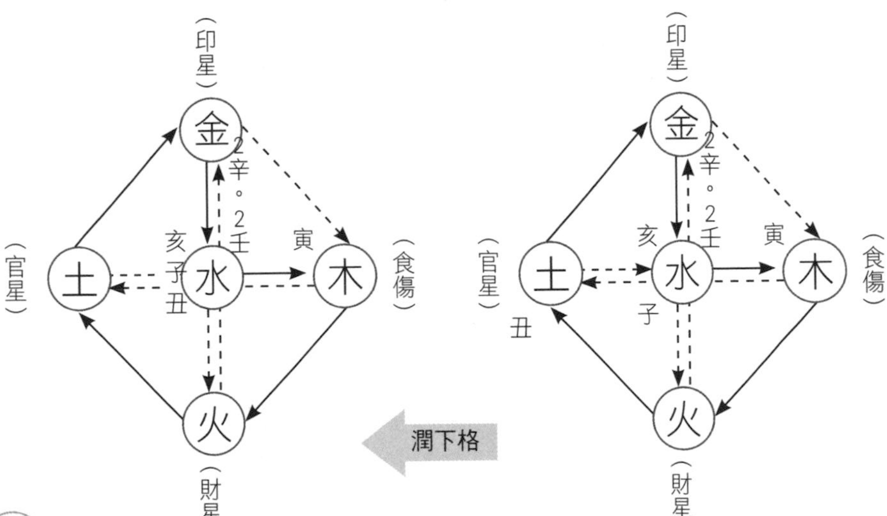

例五、民國七十二年（一九八三）十月十六日子時

（比劫）年癸　亥（比肩）
（比劫）月癸　亥（比肩）
（日主）日壬　子（比劫）
（偏印）時庚　子（比劫）

合水局
：桃花刃
：外桃花刃

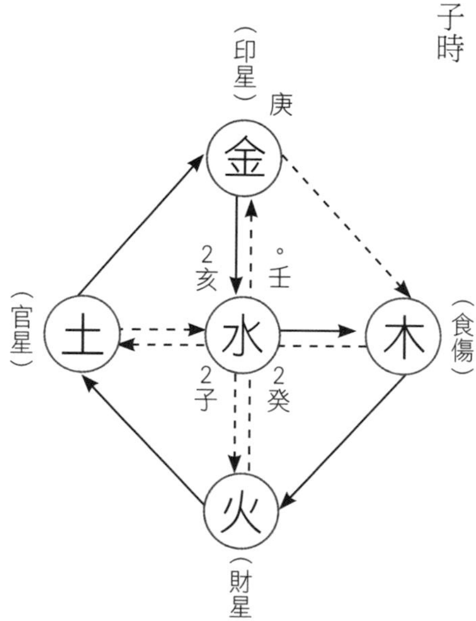

○提示：支亥子合化為水局，年月干透二癸水，時干庚金來生助，全局以比星水最強旺，得亥中甲木洩旺神水氣，但因局中缺火星暖局，屬於日主專旺潤下格次格，富而不貴，且帶雙桃花刃，會因男女感情而有血光之災應防範。

○本造為日主專旺潤下格。

喜用神：金（印星：進神）、水（比星：旺神）、木（食傷星：洩神）。

忌　神：火（財星）兼調候用神、土（官殺星）。

例六、民國六十二年（一九七三）三月二十四日子時

（比劫）年癸　丑（正官）

（偏財）月丙　辰（七殺）

（日主）日壬　辰（七殺）

（偏印）時庚　子（比劫）

辰、辰、子合水局：刃、外桃花

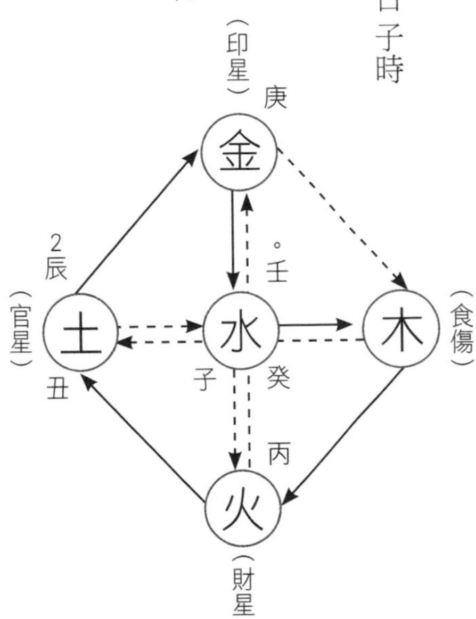

○提示：支子辰合化為水局，丑為濕土混水，月干透丙被癸水剋制，時干庚金印星生助水，全局以比星水最強旺，為日主專旺潤下格，但因局中缺木星洩旺神水，此為醫生命造，至三十六歲尚未婚，於二〇〇八年（戊子年）燒炭自殺身亡，未留遺書，故死因不明。

○本造為日主專旺潤下格。

喜用神：金（印星：進神）、水（比星：旺神）、木（食傷星：洩神）。

忌　神：火（財星）、土（官殺星：閑神）。

ㄈ、潤下格破局為正格，格神解密舉例

例一、民國五十二年（一九六三）九月三十日戌時

（比劫）年癸　卯（傷官）
（比劫）月癸　亥（比肩）
（日主）日壬　戌（七殺）
（偏印）時庚　戌（七殺）

（亥、戌）剋

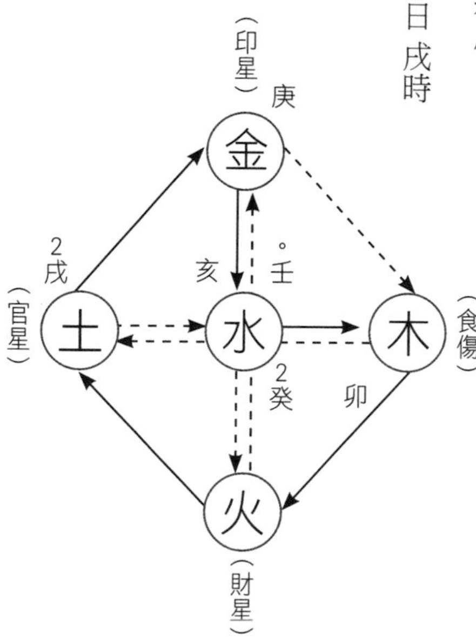

○提示：本造庚金生四個比星水，但因二戌土剋制亥水，旺神比星水受傷，專旺潤下格破局，成為一般身旺格論喜忌。

○本造潤下格不成，而為身旺格論。

喜用神：木（食傷星）、火（財星）。

忌　神：土（官煞星）、金（印星）、水（比星）。

例二、民國八十四年（一九九五）十一月十六日卯時

（傷官）年乙　亥（比肩）
（七殺）月戊　子（比劫）
（日主）日壬　寅（食神）
（比劫）時癸　卯（傷官）

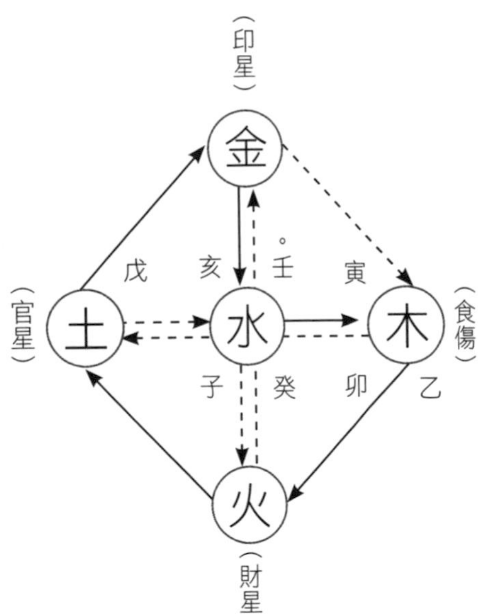

○提示：本造缺印，日主壬水生於子月四個比星水，日時支寅卯木洩旺神水，潤下格水勢被洩洪，年干透乙木制戊土七殺，格局變成水木雙清格局，亦即吾子同心格。

○本造潤下格不成，而為吾子同心格論。

喜用神：水（比星：進神）、木（食傷星：旺神）、火（財星：洩神）。

忌　神：土（官煞星）、金（印星）。

四、曲直格之格神解密

ㄅ、格局形成基本條件

1. 日主生於寅卯辰月，或支合會木局，干又透甲乙木星，全局木星最強旺，且無官煞星沖剋旺比星者，否則以一般格論。
2. 印星水生助旺神比星木，無財星壞印，無官煞星攻旺比星者，或見微財星但被比星所制，見微官星但被食傷星所制，或官（煞）印相生，不礙旺神木比星成立者。
3. 日主得旺神比星木為曲直格者，最喜有微洩化神（食傷星）洩秀為真格，但不宜見梟印奪食傷洩星，否則為敗格。

ㄆ、曲直格用神原則

喜印星生助旺神比星（曲直格）且不剋食傷星，喜比星增強曲直格木星兼制財星護衛印星，更喜些微食傷星洩旺神比星秀氣兼制官煞星；而忌財星壞喜神印星及生助官煞星，更忌官煞星攻專旺神比星。

ㄇ、曲直格，格神解密舉例

例一、民國七十二年（一九八三）正月二十四日卯時

（偏印）	年癸	亥	（正印）
（比肩）	月乙	卯	（比肩）
（日主）	日乙	未	（偏財）
（偏財）	時己	卯	（比肩）

（亥卯未卯）合木局

○提示：支亥卯未合為木局，年干透癸水生乙木，日主乙木制己土偏財，全局以比星木最強旺，配合未中丁火洩旺神比星木，屬於日主專旺曲直格真格，格局高雅，為富貴命造。

○本造為日主專旺曲直格。

喜用神：水（印星：進神）、木（比星：旺神）、火（食傷星：洩神）。

忌　神：土（財星）、金（官殺星）。

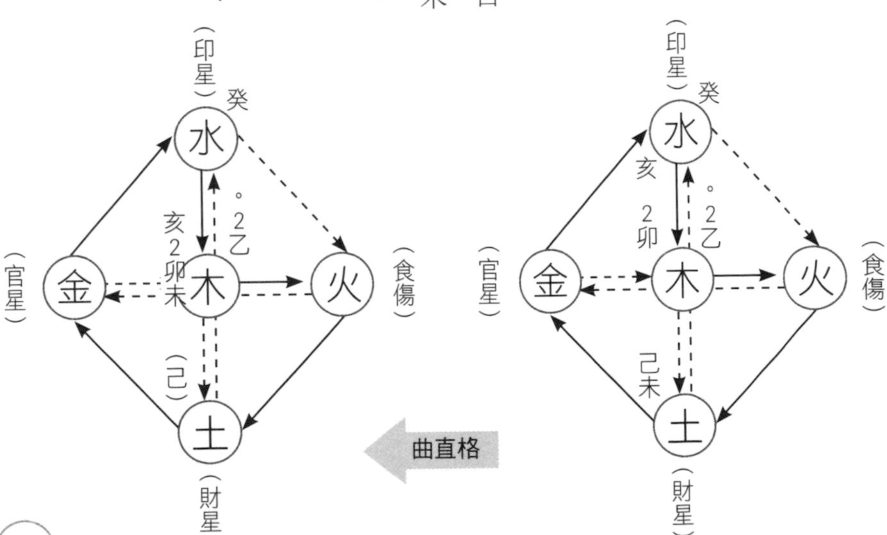

例二、民國三年（一九一四）正月十三日子時

（比肩）年甲　寅（比肩）
（食神）月丙　寅（比肩）
（日主）日甲　子（正印）
（比肩）時甲　子（正印）

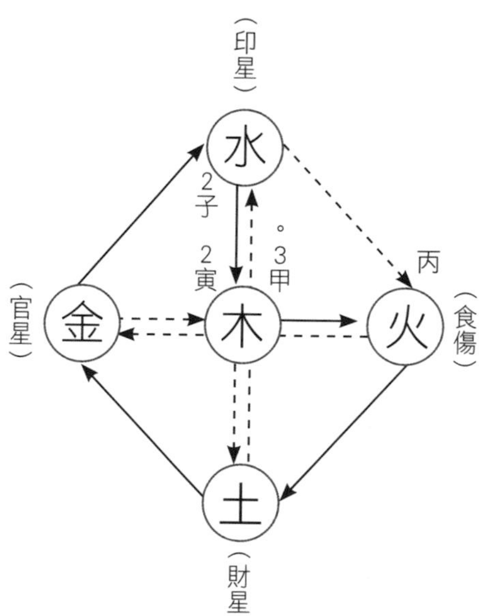

◎提示：支二子水生二寅木，干透三甲木，全局以比星木最強旺，配合月干丙火食神洩旺神比星木，屬於日主專旺曲直格真格，格局高雅，為富貴命造。

◎本造為日主專旺曲直格。

喜用神：水（印星：進神）、木（比星：旺神）、火（食傷星：洩神）。

忌　神：土（財星）、金（官殺星）。

例三、民國三年（一九一四）二月二十三日子時

（比肩）年甲　寅（比肩）
（傷官）月丁　卯（比劫）
（日主）日甲　辰（偏財）　會木局
（比肩）時甲　子（正印）

○提示：支寅卯辰會為木局，干透三甲木，全局以比星木最強旺，配合月干丁火洩旺神比星木，屬於日主專旺曲直格真格，格局高雅，為富貴命造。

○本造為日主專旺曲直格。

喜用神：水（印星：進神）、木（比星：旺神）、火（食傷星：洩神）。

忌　神：土（財星）、金（官殺星）。

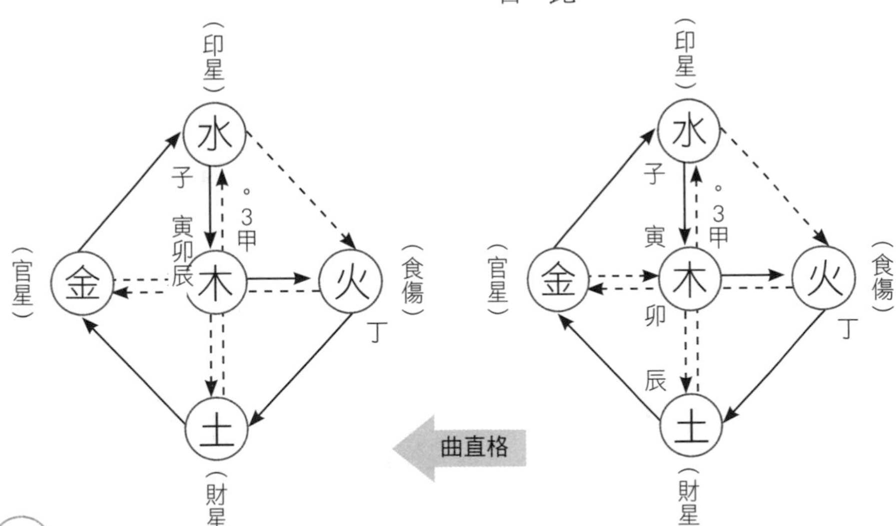

例四、民國七十六年（一九八七）四月初八日亥時

（傷官）	年丁	卯	（比劫）
（比肩）	月甲	辰	（偏財）
（日主）	日甲	寅	（比肩）
（比劫）	時乙	亥	（偏印）

（卯、辰、寅）會木局

○提示：支寅卯辰合為木局，干透三甲乙木星，全局以比星木最強旺，配合年干丁火傷官洩旺神比星木秀氣，屬於日主專旺曲直格真格，格局高雅，為富貴命造。

○本造為日主專旺曲直格。

喜用神：水（印星：進神）、木（比星：旺神）、火（食傷星：洩神）。

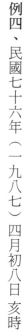

忌　神：土（財星）、金（官殺星）。

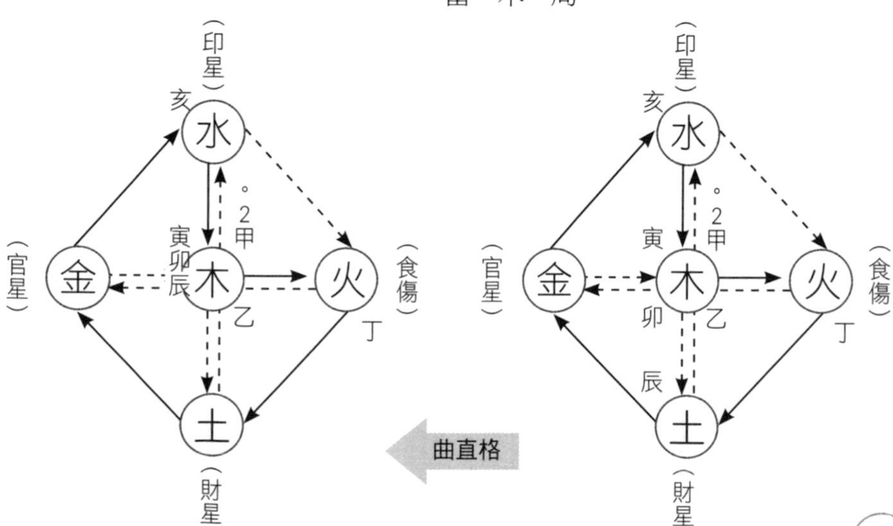

例五、民國五十二年（一九六三）二月二十七日 丑時

（正印）年癸　卯（比劫）
（比劫）月乙　卯（比劫）
（日主）日甲　子（正印）
（比劫）時乙　丑（正財）

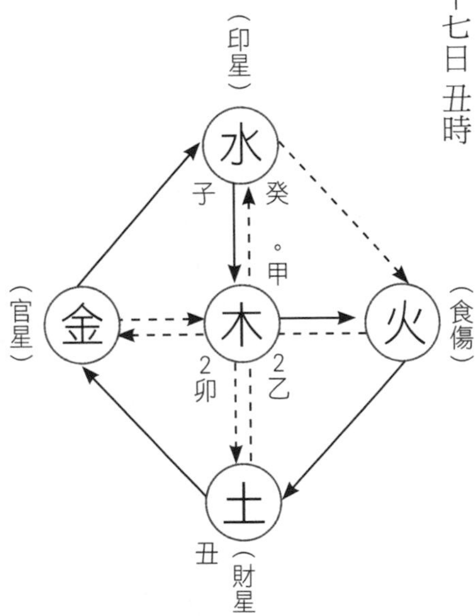

○提示：支子水生二卯木，丑為濕土混水又不透干，雖有微破，但干透甲乙三木，癸水又來生助木星，全局以比星木最為強旺，但因局中缺火星洩旺神木，屬於日主專旺曲直格次格，則待運程彌補，亦是富而小貴命造。

○本造為日主專旺曲直格。

喜用神：水（印星：進神）、木（比星：旺神）、火（食傷星：洩神）。

忌　神：土（財星）、金（官殺星）。

ㄷ、曲直格破局為正格，格神解密舉例

例一、民國九十三年（二〇〇四）正月十六日子時

（比劫）年甲　申（正官）┐
（傷官）月丙　寅（比劫）┘沖
（日主）日乙　卯（比肩）
（傷官）時丙　子（偏印）

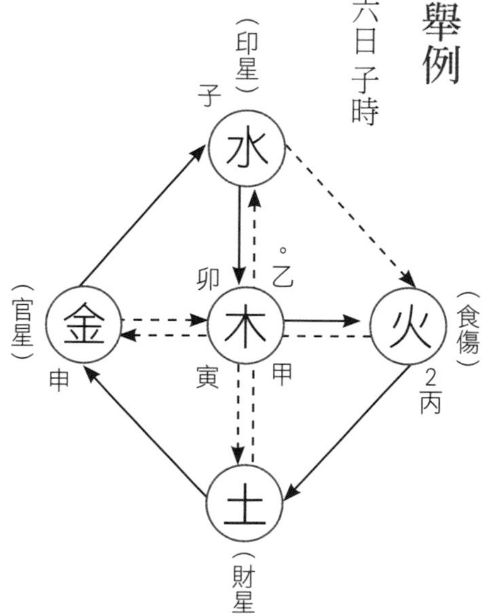

○提示：日主乙木生於寅月為月刃格，日支卯木透年干甲，子偏印來生助，日主木比星最強旺，月時二丙火為旺神比星之洩神，本來屬日主專旺曲直格，奈因年支申金沖寅木，旺神木星根被除而受損，曲直格破局變為身旺格論。

○本造專旺曲直格變為身旺格。

喜用神：火（食傷星洩比制官煞生財）、土（財星制印衛食傷生官煞）。

忌　神：金（官煞星）、水（印星）、木（比星）。

例二、民國六十三年（一九七四）正月二十二日酉時

（比劫）年甲　寅（比劫）
（傷官）月丙　寅（比劫）
（日主）日乙　酉（七殺）
（比肩）時乙　酉（七殺）

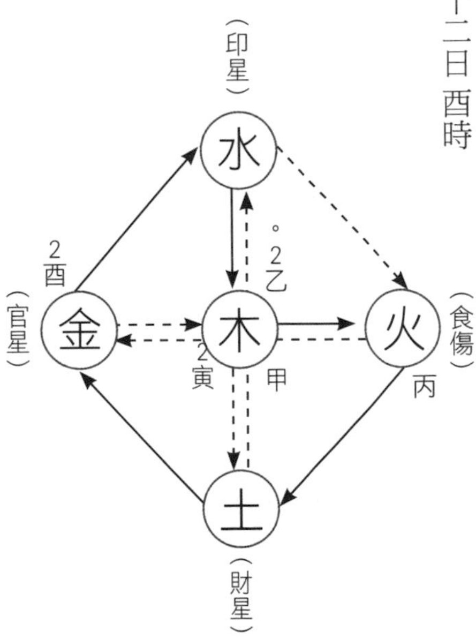

○提示：日主乙木生於寅月為月刃格，年柱甲寅，月干丙火洩旺神木氣，格本可成為日主專旺曲直格，但支酉金剋寅木，金勝木敗，旺神木氣受損，曲直格破局變為身旺格論。

○本造專旺曲直格變為身旺格。

喜用神：火（食傷星洩比制官煞生財）、土（財星制印衛食傷生官煞）。

忌　神：金（官煞星）、水（印星）、木（比星）。

五、炎上格之格神解密

ㄅ、格局形成基本條件

1. 日主生於巳午未月，或支合會火局，干又透丙丁火星，全局火星最強旺，且無官煞星沖剋旺比星者，否則以一般格論。
2. 印星木生助旺神比星火，無財星壞印，無官煞星攻旺比星者，或見微財星但被比星所制，見微官星但被食傷星所制，或官（煞）印相生，不礙旺神金比星成立者。
3. 日主得旺神比星火為炎上格者，最喜有微洩化神（食傷星）洩秀為真格，但不宜見梟印奪食傷洩星，否則為敗格。

ㄆ、炎上格用神原則

喜印星生助旺神比星（炎上格）且不剋食傷星，喜比星自我增強兼制財星護衛印星，更喜些微食傷星洩旺神比星秀氣兼制官煞星；而忌財星壞喜神印星及生助官煞星，更忌官煞星攻專旺神比星。

ㄇ、炎上格，格神解密舉例

例一、民國六十六年（一九七七）五月初二日未時

（比劫）年丁　巳（比肩）
（比肩）月丙　午（比劫）
（日主）日丙　午（比劫）
（正印）時乙　未（傷官）
會火局

○提示：支巳午未會為火局，干透乙木生丙丁火，全局以比星火最為強旺，屬於日主專旺炎上格，但因未為燥土無法洩旺神火氣，也缺水潤局，雖有未土洩化神，但格局降低，為富而不貴之造。

○本造為日主專旺炎上格。

喜用神：木（印星：進神）、火（比星：旺神）、
濕土（食傷星：洩神）。

忌　神：金（財星）、水（官殺星）兼調候用神。

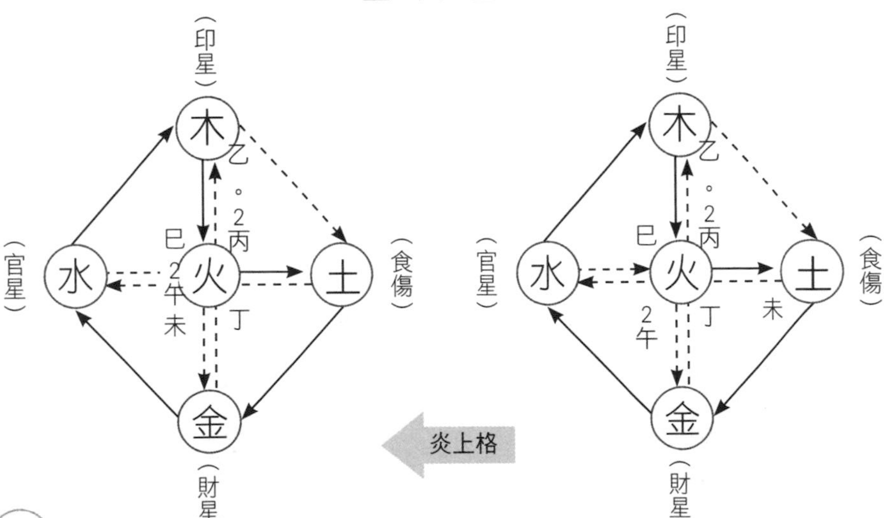

例二、民國七十五年（一九八六）五月初五日午時

（比肩）年丙　寅（偏印）
（偏印）月甲　午（比劫）
（日主）日丙　戌（食神）
（偏印）時甲　午（比劫）
會火局

○提示：支寅午戌合為火局，干透二甲木生二丙火，全局以比星火最為強旺，屬於日主專旺炎上格，但因戌為燥土無法洩旺神火氣，也缺水潤局，格局降低，為富而不貴之造。

○本造為日主專旺炎上格。

喜用神：木（印星：進神）、火（比星：旺神）、
濕土（食傷星：洩神）。

忌　神：金（財星）、水（官殺星）兼調候用神。

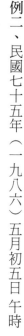

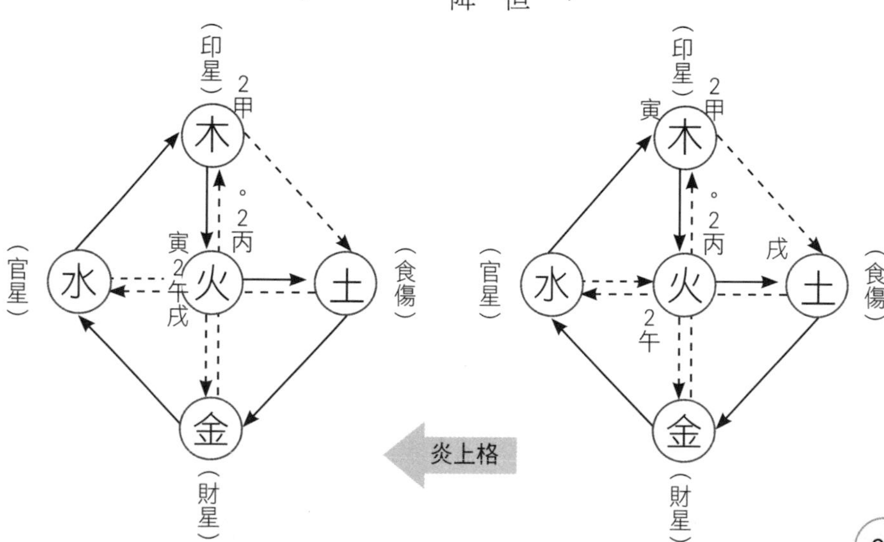

例三、民國三十五年（一九四六）五月二十二日午時

（比肩）年丙　戌（食神）
（偏印）月甲　午（比劫）
（日主）日丙　寅（偏印）
（偏印）時甲　午（比劫）
合火局

○提示：支寅午戌合為火局，干透二甲木生二丙火，全局以比星火最為強旺，屬於日主專旺炎上格，但因戌為燥土無法洩旺神火氣，也缺水潤局，格局降低，為富而不貴之造。

○本造為日主專旺炎上格。

喜用神：木（印星：進神）、火（比星：旺神）、濕土（食傷星：洩神）。

忌　神：金（財星）、水（官殺星）兼調候用神。

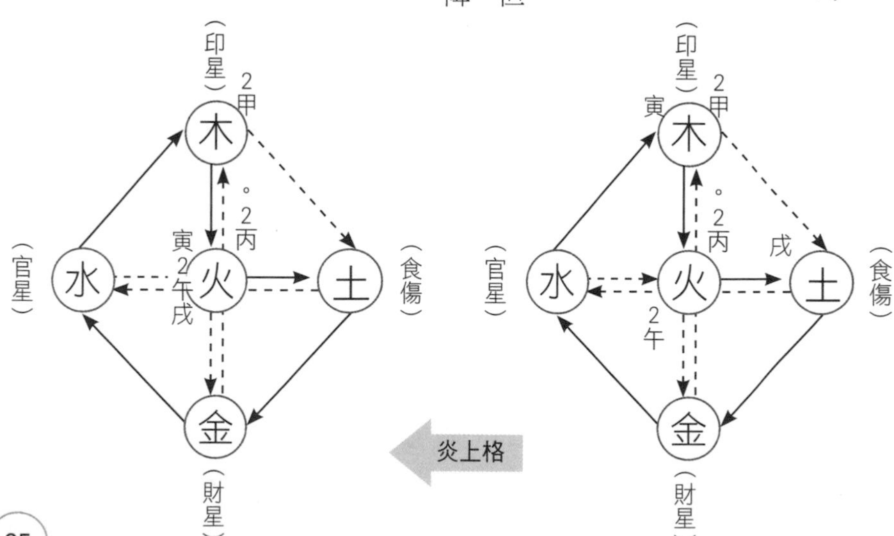

例四、民國三十五年（一九四六）五月二十二日巳時

（比肩）年	丙	戌	（食神）
（偏印）月	甲	午	（比劫）
（日主）日	丙	寅	（偏印）
（正官）時	癸	巳	（比肩）

戌午寅巳：合火局

○提示：比上造早一個時辰生。支寅午戌合為火局，干透甲木生二丙火，時干癸水透出為調候用神，但因月干甲木透出變官印相生，無礙於炎上格成形，全局以比星火最為強旺，屬於日主專旺炎上格，但因戌為燥土無法洩旺神火氣，為富貴之造，但身體有恙。

○本造為日主專旺炎上格。

喜用神：木（印星：進神）、火（比星：旺神）、濕土（食傷星：洩神）。

忌　神：金（財星）、水（官殺星）兼調候用神。

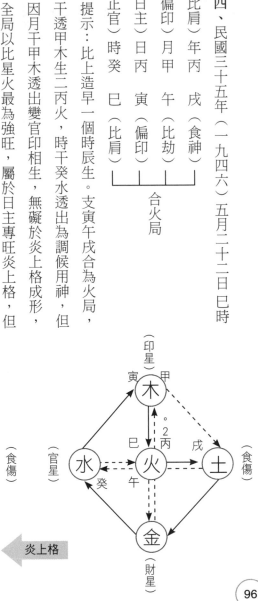

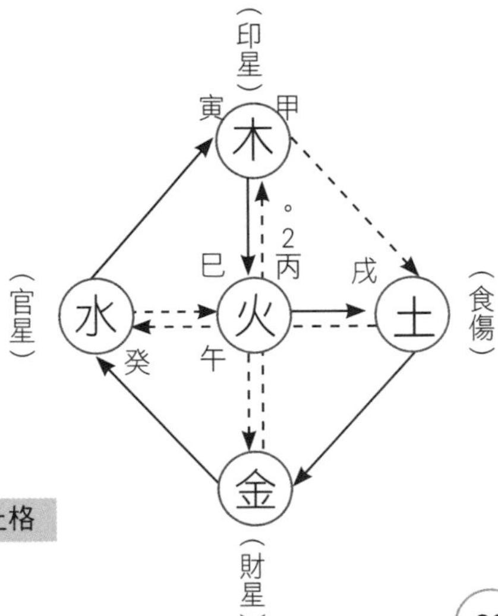

炎上格

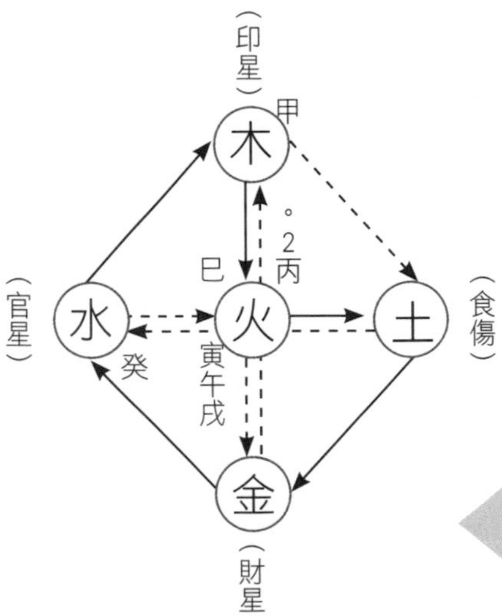

例五、民國七十五年（一九八六）五月二十五日丑時

（比肩）年丙　寅（偏印）
（偏印）月甲　午（比劫）
（日主）日丙　午（比劫）
（傷官）時己　丑（傷官）

寅午　合火局

○提示：支寅午合為火局，干透甲木生二丙火，全局以印星火最為強旺，配合己為陰土，丑為濕土洩旺神火氣，且丑中藏癸水潤局，屬於日主專旺炎上格真格，格局高雅，為富貴之造。

○本造為日主專旺炎上格。

喜用神：木（印星：進神）、火（比星：旺神）、濕土（食傷星：洩神）。

忌　神：金（財星）、水（官殺星）兼調候用神。

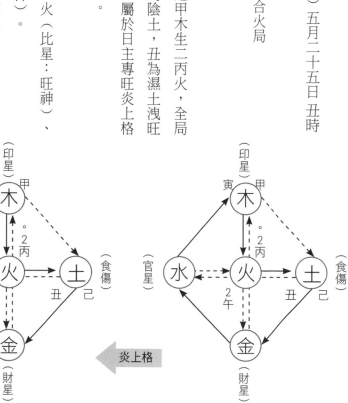

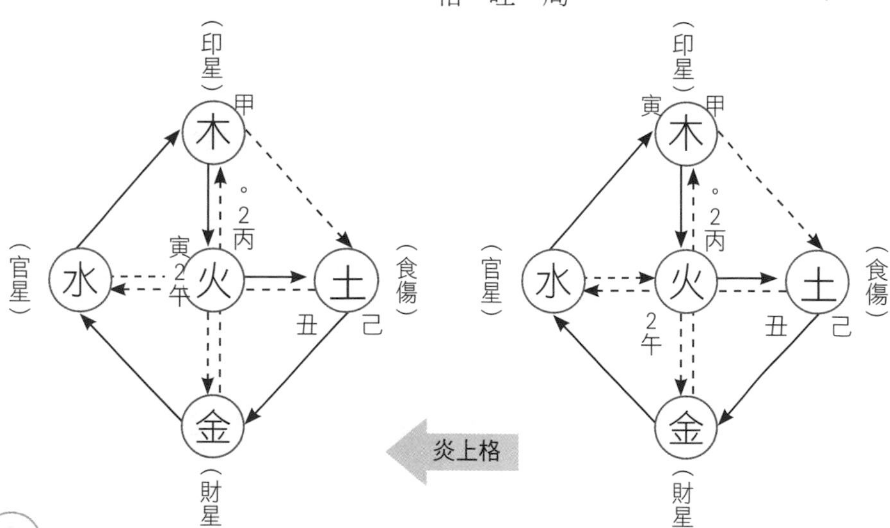

ㄈ、炎上格破局為正格，格神解密舉例

例一、民國五十五年（一九六六）四月二十九日子時

（比劫）年丙　午（比肩）
（正印）月甲　午（比肩）
（日主）日丁　未（食神）
（傷官）時庚　子（七殺）

（午、午、未）合火局

○提示：日主丁火，支午未合為火局，而解除未土對子水威脅，年干透丙火，甲木來生助，火星雖獨旺，但時柱庚子會影響炎上格之成立，格變成身旺格論。

○本造專旺炎上格變成身旺格。

喜用神：土（食傷星洩秀制官煞生財）、金（財星制印衛食傷）。

忌　神：水（官殺星兼調候用神、衰神沖旺神）、木（印星）、火（比星）。

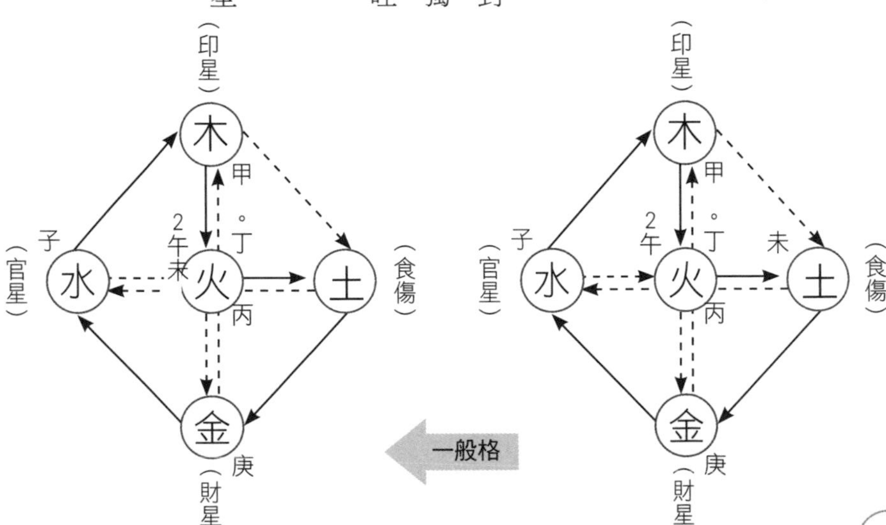

例二、民國四十二年（一九五三）四月初四日子時

（七殺）年癸　巳（比劫）
（比肩）月丁　巳（比劫）
（日主）日丁　卯（偏印）
（正財）時庚　子（七殺）

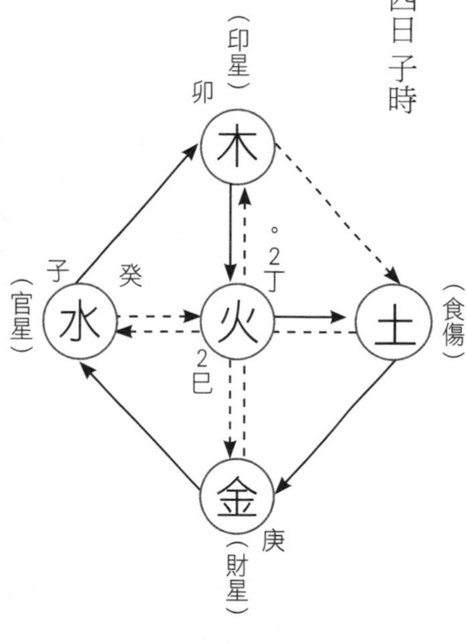

○提示：日主二丁火，生於二巳火月令，得子水生卯印再生助比星，比星最為強旺，雖丁火可制庚金而不影響比星旺度，但見年干透癸水制丁火，炎上格受傷而破局，格變成身旺格論。

○本造專旺炎上格變成身旺格。

喜用神：土（食傷星洩比制官煞生財）、金（財星制印衛食傷）。

忌　神：木（印星）、火（比星）。

閑　神：水（官殺星兼調候用神）。

陸、母吾同心格

（印比二行同心格）

ㄅ、格局形成基本條件

1．母指印星，吾指比星，母吾二行相生，兩者勢力亦相當，無財星壞印，無官煞星剋制比星者，但遇官煞星剋損比星，或財星剋損印星情事者，則以一般正格論。

2．八字全為印星來生化日主比星，印比星兩勢相當且無損傷，是謂印比二行同心格，或局中帶有微食傷星洩旺神比星，格局更高雅，為富貴命造。

ㄆ、母吾同心格用神原則

喜印星生助旺神比星（母吾同心格）且不剋食傷星，喜比星增強兼制財星護衛印星，更喜些微食傷星洩旺神比星秀氣兼制官煞星；而忌財星壞喜神印星及生助官煞星，更忌官煞星攻專旺神比星。

ㄇ、母吾同心格，格神解密舉例

例一、民國四十三年（一九五四）二月初七日午時

（偏印）年甲　午（比劫）
（比劫）月丁　卯（正印）
（日主）日丙　寅（偏印）
（偏印）時甲　午（比劫）

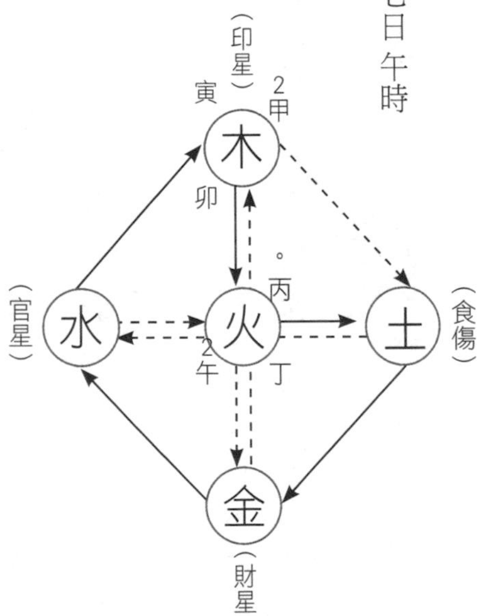

○提示：全局干支呈現印星木生比星火之格局，印比星兩勢相當而相輔相成，但缺濕土洩旺神火氣為洩化神，屬於日主印比母吾同心格次格，為富而貴小之造。

○本造為印比母吾同心格。

喜用神：木（印星：進神）、火（比星：旺神）、土（食傷星：洩神）。

忌　神：金（財星）、水（官殺星）。

例二、民國七十三年（一九八四）閏十月初四日 早子時

（比肩）年甲　子（正印）

（比劫）月乙　亥（偏印）

（日主）日甲　子（正印）

（比肩）時甲　子（正印）

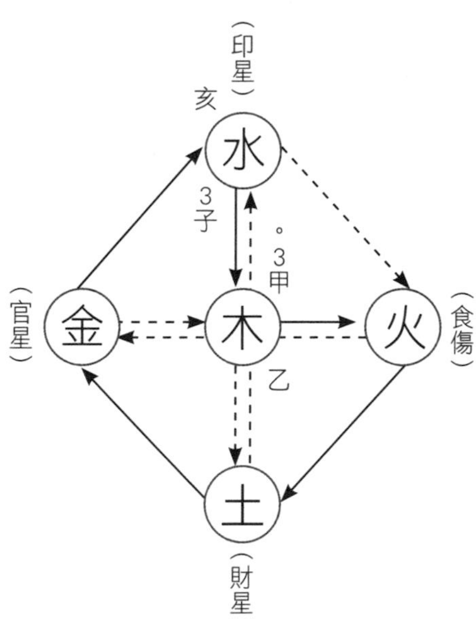

○提示：全局干為甲乙木比星，支為亥子水印星，呈現印星水生比星木之格局，印比星兩勢相當，但缺火暖局及洩旺神木氣，屬於日主母吾同心格次格，為富而貴小之造。

○本造為印比母吾同心格。

喜用神：水（印星：進神）、木（比星：旺神）、火（食傷星：洩神兼調候）。

忌　神：土（財星）、金（官殺星）。

例三、民國七十年（一九八一）十一月二十六日亥時

（偏印）年辛　酉（偏印）

（正印）月庚　子（比肩）

（日主）日癸　酉（偏印）

（比肩）時癸　亥（比劫）

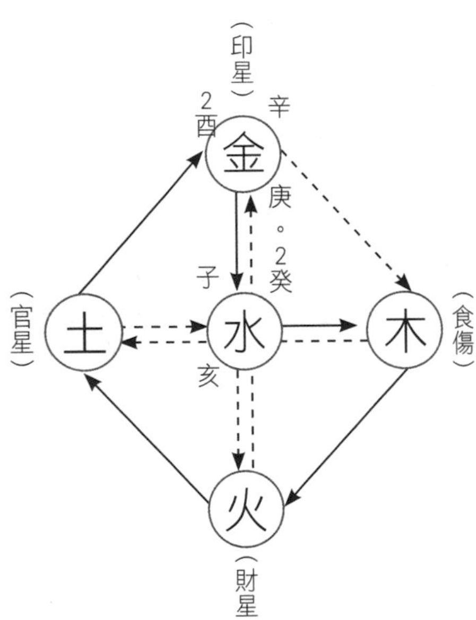

○提示：全局干支呈現印星金生比星水之格局，印比星兩勢相當相扶持，以亥中藏甲木洩旺神水氣，屬於日主印比母吾同心格真格，為富貴之造。

○本造為印比母吾同心格。

喜用神：金（印星：進神）、水（比星：旺神）、木（食傷星：洩神）。

忌　神：火（財星）、土（官殺星）。

例四、民國九十二年（二〇〇四）七月十八日戌時

（傷官）年癸　未（正印）
（比肩）月庚　申（比肩）
（日主）日庚　申（比肩）
（偏印）時戊　戌（偏印）

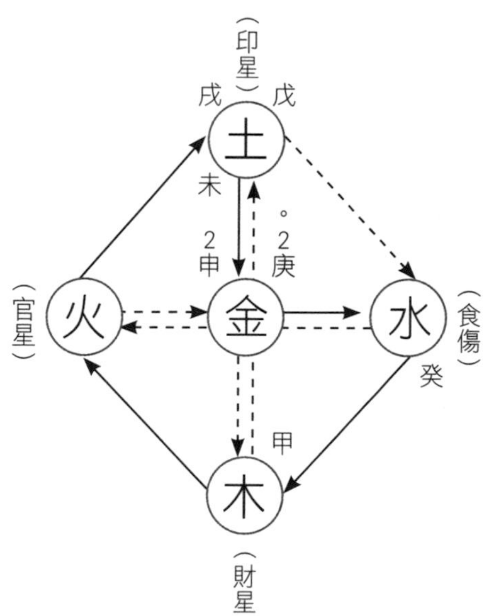

○提示：全局干支呈現印星土生比星金之格局，以印比星兩勢相當而相扶持，且年干透癸水洩旺神金氣，屬於日主印比母吾同心格真格，為富貴命造。

○本造為印比母吾同心格。

喜用神：土（印星：進神）、金（比星：旺神）、水（食傷星：洩神）。

忌　神：木（財星）、火（官殺星）。

例五、民國七十年（一九八一）十一月十六日酉時

（偏印）年辛　酉（偏印）

（正印）月庚　子（比肩）

（日主）日癸　亥（比劫）

（正印）時申　酉（偏印）

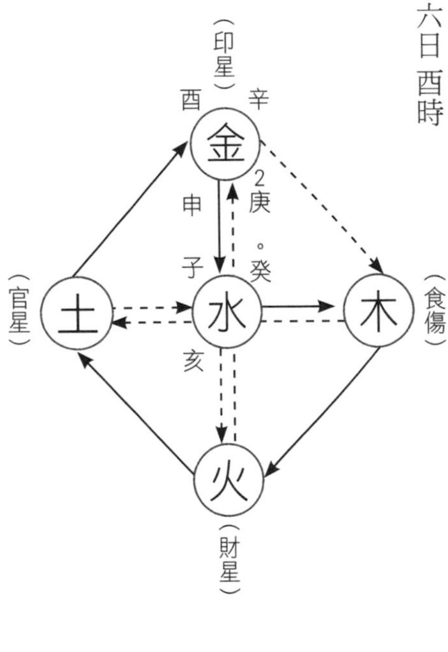

◯提示：全局干支呈現印星金生比星水之格局，印比星兩勢相當相扶持，以亥中藏甲木洩旺神水氣，因子月水冷金寒，缺火暖局，屬於日主母吾同心格次格，為富而貴小之造。

◯本造為印比母吾同心格。

喜用神：金（印星：進神）、水（比星：旺神）、木（食傷星：洩神）。

忌　神：火（財星）、土（官殺星）。

ㄈ、母吾同心格破局為正格，格神解密舉例

例一、民國四十九年（一九六〇）八月十二日辰時

（正印）年庚　子（比肩）
（食神）月乙　酉（偏印）
（日主）日癸　亥（比劫）
（正財）時丙　辰（正官）

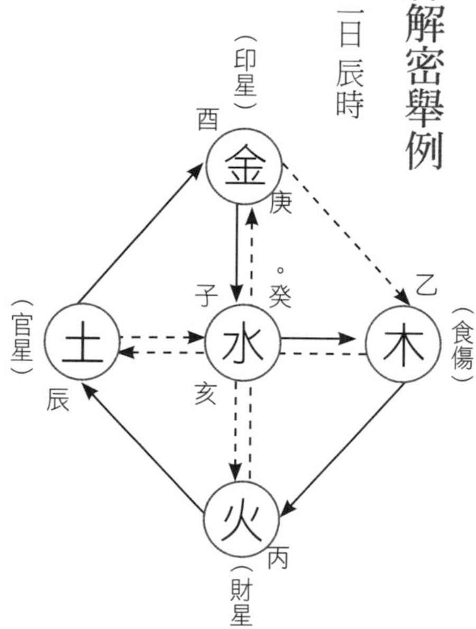

○提示：日柱癸亥水，生於印星酉月，年干透庚金制乙木，日主癸水制丙火，則金水同流，母吾同心之局已顯，時支辰為濕土為水庫，制亥水無力，或與水混為水局，或被印星化煞為權，則格局會變成身旺官印相生格來論。

○本造母吾同心格變成身旺官印相生格。

喜用神：土（官殺星生印星）、金（印星化官煞生比星）、水（比星制財衛印）。

忌　神：木（食傷星）、火（財星）。

例二、民國六十三年（一九七四）二月十三日子時

（偏印）年甲　寅（偏印）

（比肩）月丙　寅（偏印）

（日主）日丙　午（比劫）

（食神）時戊　子（正官）

沖（午、子）

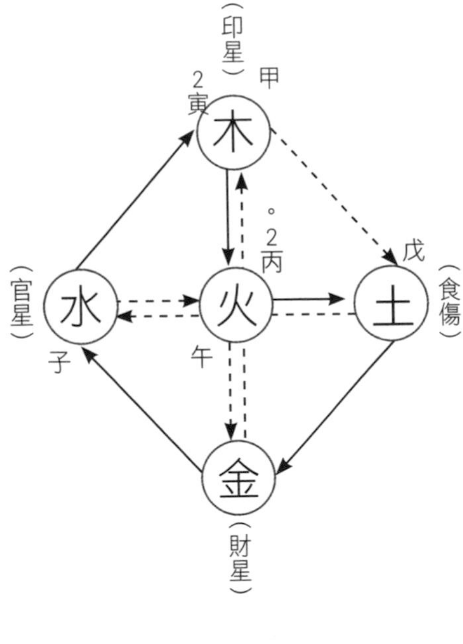

○提示：全局木火二行相生，時干戊土洩旺神火氣，印比母吾同心局芻型已具，可惜日時支子午對沖，旺神火星受創而破格，整個格局變成身旺格來論。

○本造印比母吾同心格變成身旺格論。

喜用神：土（食傷星洩比制官煞生財）、金（財星制印衛食傷）。

忌　神：水（官殺星）、木（財星）、火（比星）。

柒、食傷星專旺格

一、日弱從兒格（又稱為「從食傷格」）之格神解密

ㄅ、格局形成基本條件

1．日主比星弱而缺印星生助，食傷兒星或得令或會合，為全局最強旺之神，日主必須從強勢食傷兒星才有生存空間者（如不從是屬日弱無印之夭命格），但不見官煞星剋破比星，及印星剋破食傷星者，否則以一般格論。

2．從兒格既已形成，最喜有微財星洩旺神食傷星（食傷生財），如運來配合，則為從兒格富貴真格。

3．從兒格形成，雖見微官煞星或印星混局，但被食傷星或財星制合者，仍是從兒格論。

ㄆ、從兒格用神原則

喜比星生助旺神食傷星，喜食傷星增強旺神食傷星，以制官煞星衛日主比星，喜財星洩旺神食傷星（食傷生財），兼制印星以衛食傷星。（滴天髓：從兒不論身強弱，只要吾兒又遇兒。此為從兒格取用神之準則。）

ㄇ、從兒格，格神解密舉例

例一、民國六十九年（一九八〇）八月十四日 酉時

（食神）	年庚	申	（食神）
（正官）	月乙	酉	（傷官）
（日主）	日戊	戌	（比肩）
（傷官）	時辛	酉	（傷官）

會金局

○提示：支申酉戌會為金方局，年月干透乙庚則合化為金，全局以食傷金星最為強旺，配合申中壬水財星洩旺神金星，因日主戊土變孤立，格局成為日弱從兒格才有生存空間，本造乃從兒之真格，格局高雅，為富貴命造。

○本造為日主從兒格。

喜用神：土（比星：進神）、金（食傷星：旺神）、水（財星：洩神）。

忌　神：木（官殺星）、火（印星）。

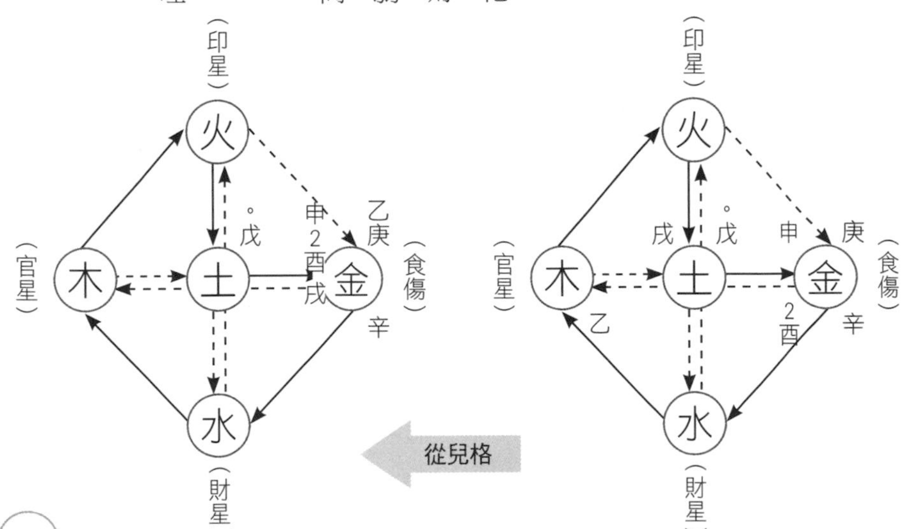

例二、民國七十年（一九八一）十二月十一日酉時

（傷官）年辛　酉（傷官）
（食神）月庚　子（正財）
（日主）日戊　子（正財）
（傷官）時辛　酉（傷官）

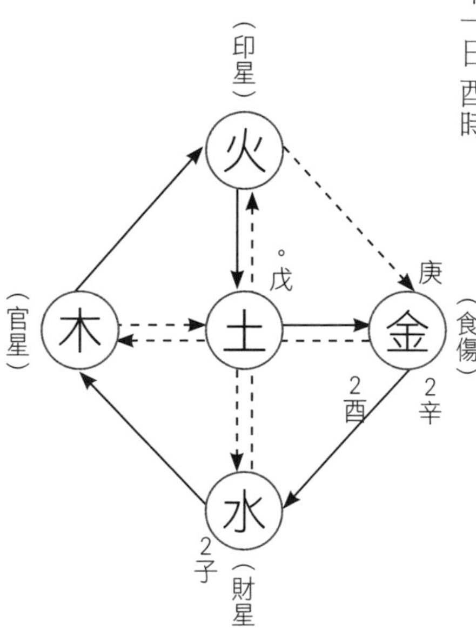

○提示：支二酉金生二子水財星，年月時干透庚辛金，全局以食傷金星最為強旺，配合二子水財星洩旺神金星，因日主戊土孤立無依，屬於日弱從兒真格，格局高雅，為富貴命造。

○本造為日主從兒格。

喜用神：土（比星：進神）、金（食傷星：旺神）、水（財星：洩神）。

忌　神：木（官殺星）、火（印星）。

例三、民國六年（一九一七）五月初四日戌時

（食神）年丁　巳（傷官）
（傷官）月丙　午（食神）
（日主）日乙　未（偏財）
（傷官）時丙　戌（正財）

巳午未會火局

○提示：支巳午未會南方火食傷星，財星戌燥土洩旺神食傷火氣不易，待運程辰丑濕土方能洩火生財，年月時干透丙丁火，全局以食傷火星最為強旺，但因缺水調候，或缺濕土財星潤局，因日主乙木孤立無依，屬於日弱從兒格次格，為富貴平凡命造，為人剛毅。

○本造為身弱日主從兒格。

喜用神：木（比星：進神）、火（食傷星：旺神）、土（財星：洩神）。

忌　神：金（官殺星）、水（印星）。

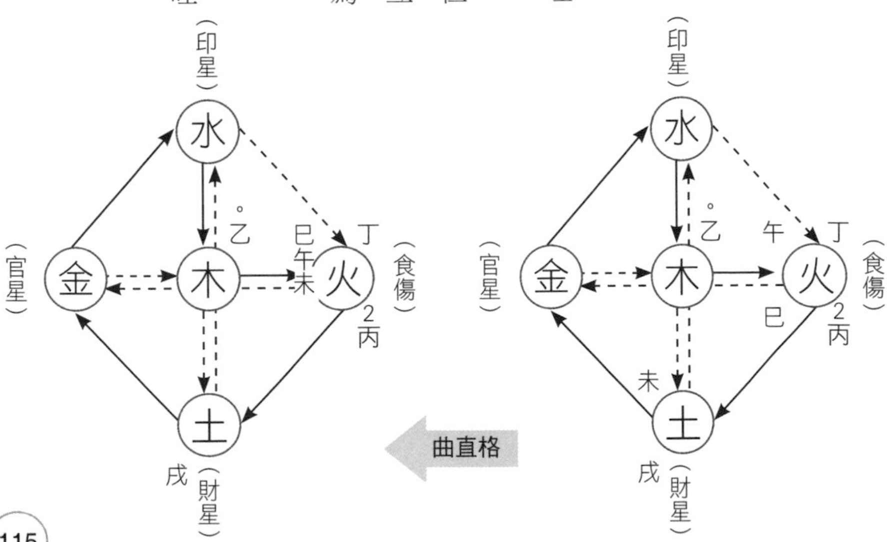

例四、民國二十一年（一九三二）七月十四日申時

（偏財）年壬　申（食神）

（比肩）月戊　申（食神）

（日主）日戊　申（食神）

（食神）時庚　申（食神）

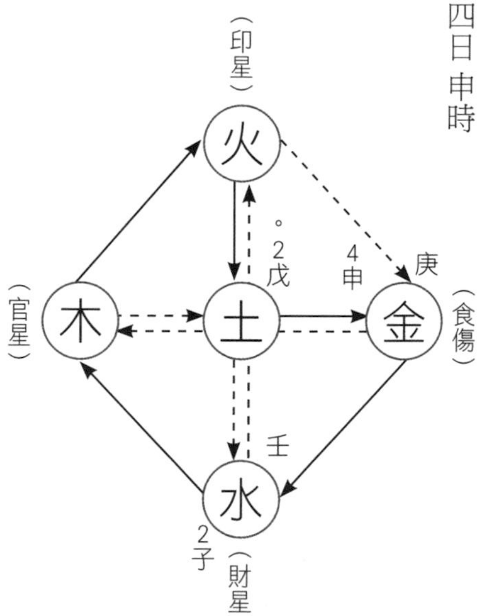

○提示：支四申金，時干透庚金，全局以食傷金星最為強旺，配合年干壬水財星洩旺神金星，因日主戊土孤立無依，屬於日弱從兒格真格，格局高雅，為富貴命造，為人講義氣。

○本造為身弱日主從兒格。

喜用神：土（比星：進神）、金（食傷星：旺神）、水（財星：洩神）。

忌　神：木（官殺星）、火（印星）。

例五、民國六十一年（一九七二）十二月初一日辰時

（食神）	年壬	子	（傷官）
（食神）	月壬	子	（傷官）
（日主）	日庚	子	（傷官）
（比肩）	時庚	辰	（偏印）

合水局

○提示：支子辰合為水局，干透二庚金生二壬水，全局以食傷水星最為強旺，配合年辰中乙木財星洩旺神水星，因日主庚金孤立無依，屬於日弱從兒真格，格局高雅，但缺火暖局，木財星微氣，為小富無貴命造，為人聰明而隨和。

○本造為身弱日主從兒格。

喜用神：金（比星：進神）、水（食傷星：旺神）、木（財星：洩神）。

忌　神：火（官殺星）兼調候用神、土（印星）。

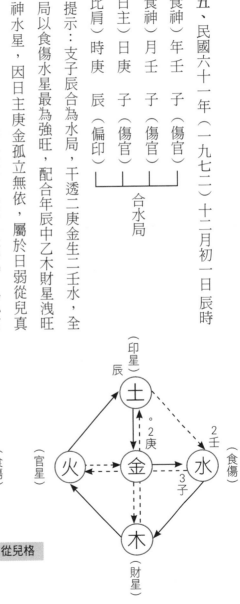

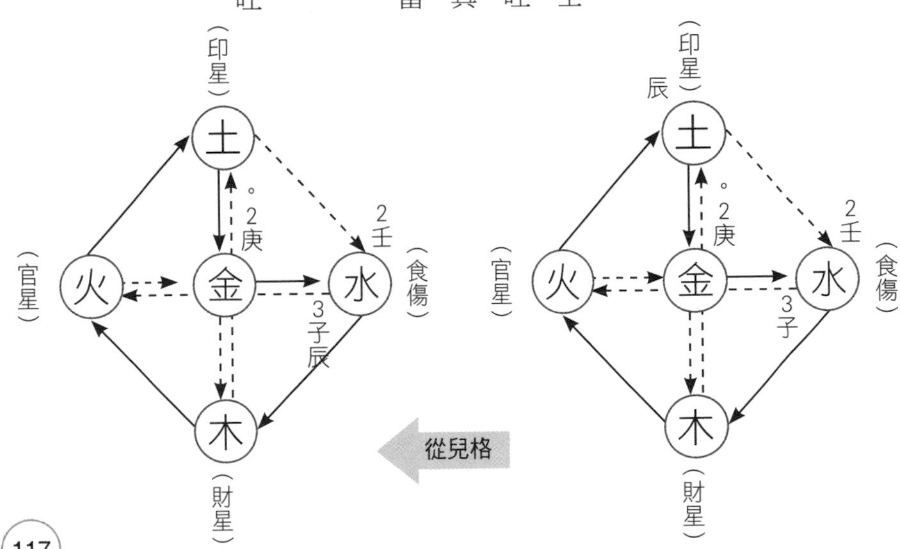

ㄷ、從兒格破局為正格，格神解密舉例

例一、民國七十二年（一九八三）十月十五日 戌時

（食神）年癸　亥（傷官）

（食神）月癸　亥（傷官）

（日主）日辛　亥（傷官）

（正印）時戊　戌（正印）

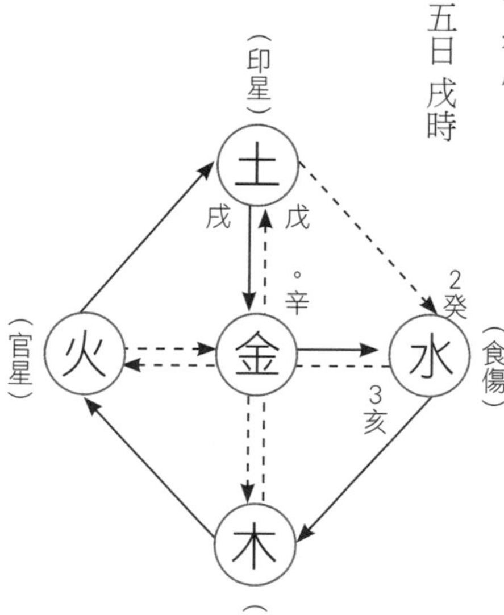

○提示：干支有癸亥水氾濫，日主辛金孤立無依，應是從強勢食傷星，但見水多金沉，時柱戊戌土制猛水，食傷旺神從兒格破局，變成一般正格的身弱論。

○本造日弱從兒格不成，變成身弱格論。

喜用神：土（印星生助比星兼制食傷星）、金（比星制財星以衛印星）。

忌　神：水（食傷星）、木（財星）、火（官殺星）。

例二、民國七十五年（一九八六）五月十三日申時

（食神）年丙　寅（比肩）
（比肩）月甲　午（傷官）
（日主）日甲　午（傷官）
（偏印）時壬　申（七殺）

寅午午合火局

○提示：年月日三柱木火相生，有吾子同心格之勢，然支寅午合為火局後，火星被增強，在強火制申金，日主甲木變孤立後，亦有棄命從強勢食傷兒星之勢，但因時干壬水出現生助甲木，日主甲木不得棄命，變成以身弱論。

○本造為從兒格變成身弱格。

喜用神：水（印星生助比星兼制食傷星）、木（比星制財星以衛印星）。

忌　神：火（食傷星）、土（財星）、金（官殺星）。

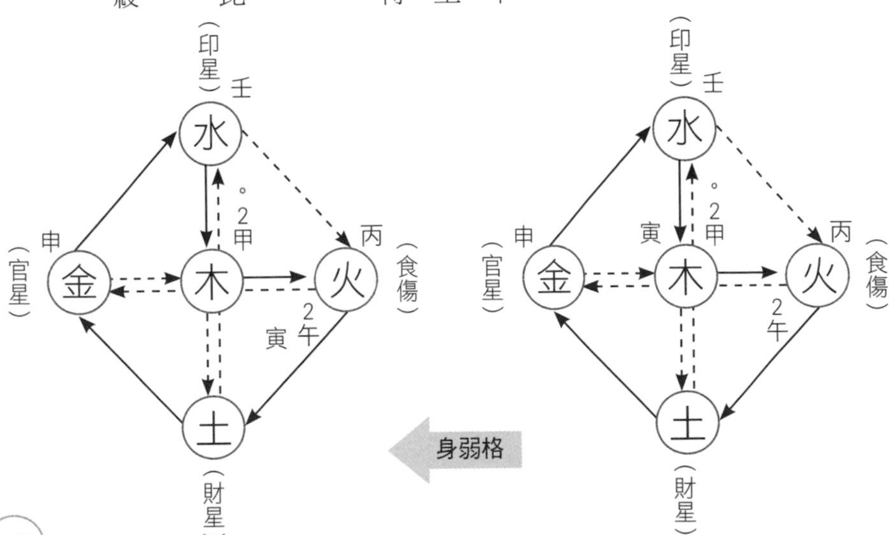

二、吾子同心格（比食二行同心格）之格神解密

ㄅ、格局形成基本條件

1．日主缺印星生助，但比星強旺，與食傷星兩勢相當而相生，五行氣流成比星與食傷星二行同心，且無官星或印星來剋破者，否則以一般格論。

2．吾子同心格形成，最喜有微財星洩旺神食傷星（食傷生財），如運來配合，則為吾子同心局之富貴真格。

3．吾子同心格形成，雖見微官煞星或印星混局，但被食傷星或財星制合者，仍是吾子同心格論。

ㄆ、吾子同心格用神原則

喜比星生助旺神食傷星，喜食傷星增強旺神食傷星，兼制官煞星以衛比星，喜財星洩旺神食傷星（食傷生財），兼制印星以衛食傷星。（滴天髓：從兒不論身強弱，只要吾兒又遇兒，之引申用神法。）

ㄇ、吾子同心格，格神解密舉例

例一、民國四十七年（一九五八）六月十二日戌時

（食神）年戊　戌（食神）
（傷官）月己　未（傷官）
（日主）日丙　午（比劫）
（食神）時戊　戌（食神）

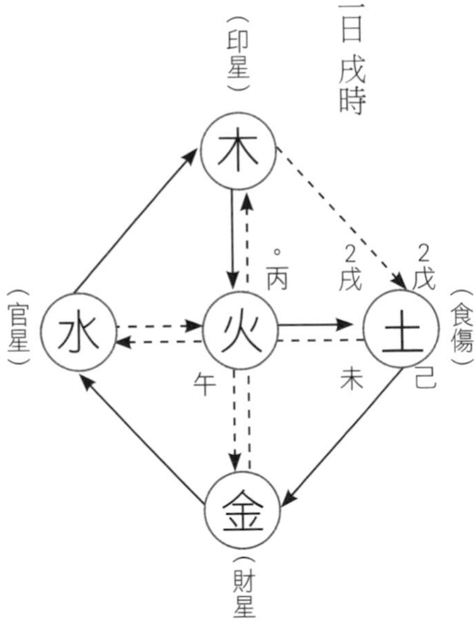

○提示：全局干支呈現火土相生之格局，日主比星為吾，食傷星為子，比星食傷星兩勢相當而相生，屬於日主比食吾子同心格，燥土月生但缺水或濕土潤局，也缺財星金洩旺神土氣，格局偏向火土燥熱之面，則屬平庸無奇之命造，土旺為人也忠厚老實。

○本造為比食吾子同心格。

喜用神：火（比星：進神）、土（食傷星：旺神）、金（財星：洩神）。

忌　神：水（官殺星兼調候用神）、木（印星）。

例二、民國六年（一九一七）三月二十二日卯時

（傷官）年丁　巳（食神）
（比劫）月乙　巳（食神）
（日主）日甲　寅（比肩）
（傷官）時丁　卯（比劫）

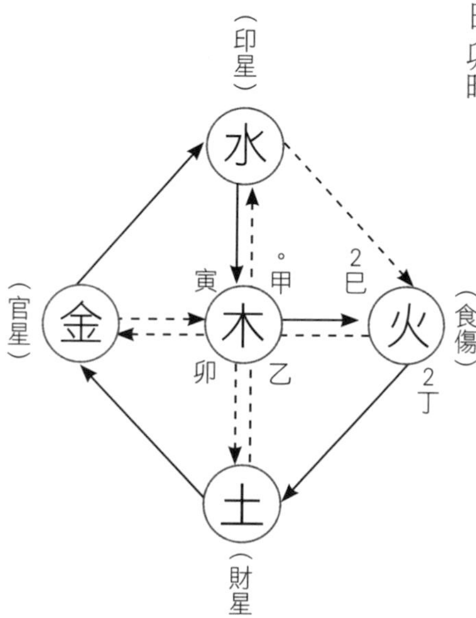

○提示：全局干支呈現木火相生之格局，比星與食傷星兩勢相當而相生，格局純清不雜，屬於日主比食吾子同心格，但火月缺水潤局，也缺財星土洩旺神火氣，必待時來運轉而得財致富，否則為平凡之造。

○本造為比食吾子同心格。

喜用神：木（比星：進神）、火（食傷星：旺神）、土（財星：洩神）。

忌　神：金（官殺星）、水（印星兼調候用神）。

例三、民國三十八年（一九四九）四月二十日未時

（食神）年己　丑（食神）
（食神）月己　巳（比劫）
（日主）日丁　未（食神）
（比肩）時丁　未（食神）

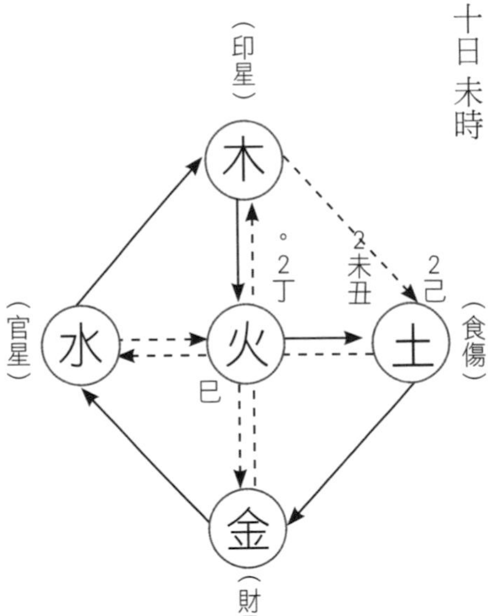

○提示：全局干支呈現火土相生之格局，為比星與食傷星兩勢相當而相生，屬於日主比食吾子同心格，以丑濕土藏癸水潤局，但也缺財星金洩旺神土氣，為小富小貴平庸之造。

○本造為吾子同心格。

喜用神：火（比星：進神）、土（食傷星：旺神）、金（財星：洩神）。

忌　神：水（官殺星兼調候用神）、木（印星）。

例四、民國五十二年（一九六三）二月十五日卯時

（比劫）年癸　卯（傷官）
（傷官）月乙　卯（傷官）
（日主）日壬　子（比劫）
（比劫）時癸　卯（傷官）

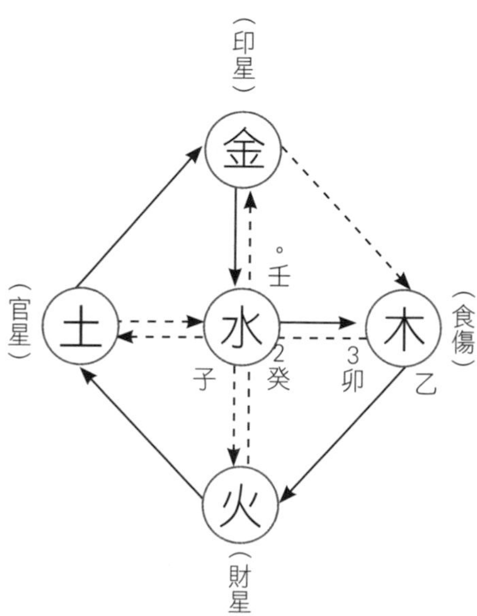

○提示：全局干支呈現水木相生之格局，比星食傷星兩勢相當而相生，屬於日主比食吾子同心格，但也缺財星火洩旺神木氣，為小富平庸之造。

○本造為吾子同心格。

喜用神：水（比星：進神）、木（食傷星：旺神）、火（財星：洩神）。

忌　神：土（官殺星）、金（印星）。

例五、民國五十八年（一九六九）六月十九日酉時

（比劫）年己　酉（傷官）
（傷官）月辛　未（比劫）
（日主）日戊　申（食神）
（傷官）時辛　酉（傷官）

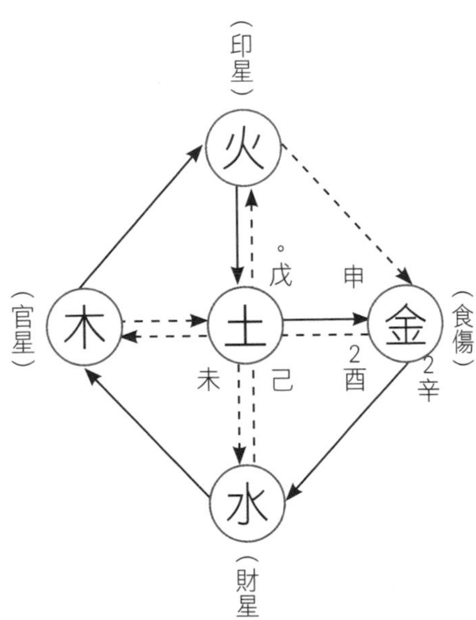

○提示：全局干支呈現土金相生之格局，比星食傷星兩勢相當而相生，屬於日主比食吾子同心格，以申中壬水財星洩旺神金氣，為富貴之造。

○本造為比食吾子同心格。

喜用神：土（比星：進神）、金（食傷星：旺神）、水（財星：洩神）。

忌　神：木（官殺星）、火（印星）。

例六、民國五十七年（一九六八）閏七月二十四日酉時

（比劫）年戊　申（傷官）
（食神）月辛　酉（食神）
（日主）日己　丑（比肩）
（偏財）時癸　酉（食神）

合金局

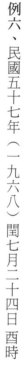

○提示：支丑酉合為金，年支又是申金，月透辛金，年日戊己土來生助，全局干支呈現土金相生之格局，日主己土比星為吾，食傷金星為子，比星食傷星兩勢相當而相生，以時干透癸水財星洩旺神金氣，屬於吾子同心格真格，為富貴之佳造。

○本造為比食吾子同心格。

喜用神：土（比星：進神）、金（食傷星：旺神）、水（財星：洩神）。

忌　神：木（官殺星）、火（印星）。

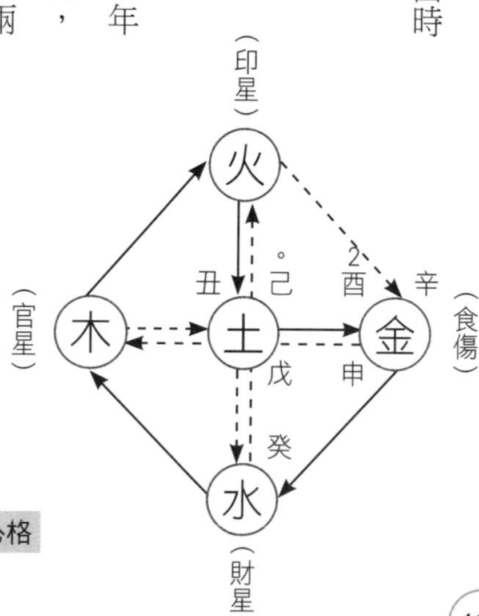

吾子同心格

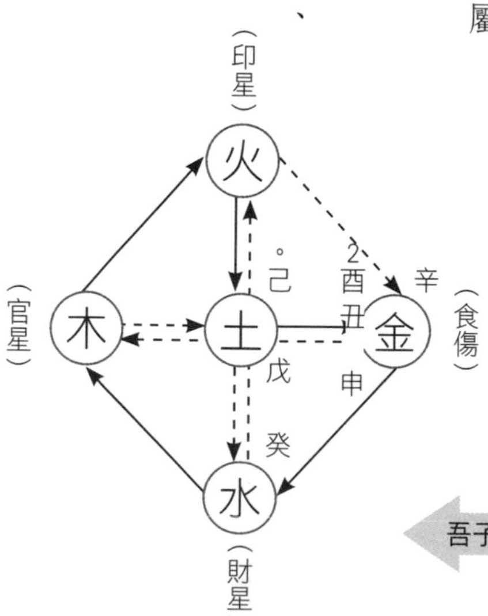

ㄈ、吾子同心格破局為正格，格神解密舉例

例一、民國七十五年（一九八六）五月十三日申時

（食神）年丁　巳（傷官）
（傷官）月丙　午（食神）
（日主）日乙　卯（比肩）
（比劫）時甲　申（正官）

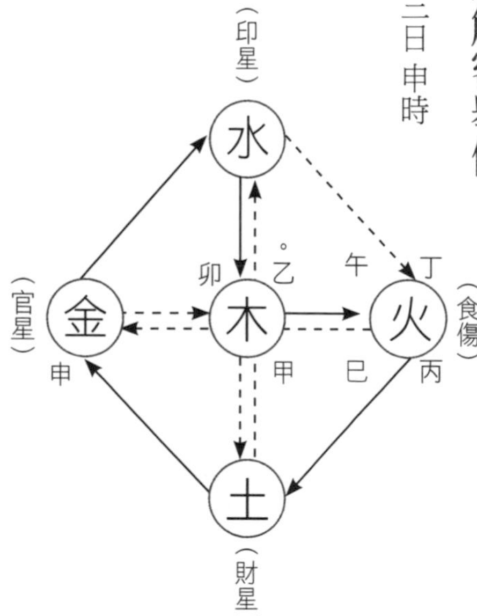

○提示：全局木火兩旺，有吾子同心格之勢，然時支申金剋制卯木，比星木受損傷，格局不再是木火通明而清純之局，變成以身弱論。

○本造從兒格不成，變成身弱格。

喜用神：水（印星生助比星兼制食傷星）、木（比星制財星以衛印星）。

忌　神：火（食傷星）、土（財星）、金（官殺星）。

例二、民國八十一年（一九九二）八月二十三日辰時

（偏財）年壬　申（食神）
（比劫）月己　酉（傷官）
（日主）日戊　戌（比肩）　合金局
（偏印）時丙　辰（比肩）

○提示：日主戊土生於酉月，支申酉戌合為金局，全局土金兩旺，有吾子同心格之勢，然時干丙火高透生助比星，壬水也洩食傷金氣，格變成身弱格論。

○本造從兒格變成身弱格。

喜用神：火（印星生助比星兼制食傷星）、土（比星制財星以衛印星）。

忌　神：金（食傷星）、水（財星）、木（官殺星）。

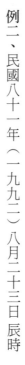

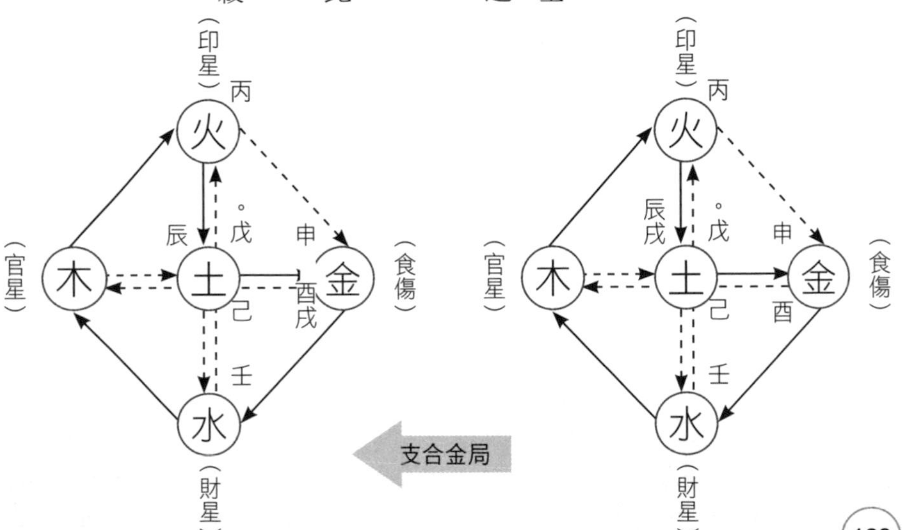

三、日主化兒格（化食傷格）之格神解密

ㄅ、格局形成基本條件

1．月令為食傷星，或支合會食傷星局，干又透食傷星，日主與臨近天干因緣際會合化為食傷旺星，且食傷合化神無被剋破情事者，如合化之食傷星，被印星剋破者，則以一般格論。

2．化兒格形成，最喜有微財星洩旺神食傷星（食傷生財），如運來配合不違逆，則為化兒格局之富貴真格。

3．化兒格形成，雖見微官煞星或印星混局，但被食傷星或財星制合者，仍是化兒格論，但化兒格，最忌食傷兒星（化神）月令被沖，使日主還原為日弱無印依，則有凶禍。滴天髓：從得真者只論從，從神又有吉和凶；化得真者只論化，化神還有幾般話。（按：幾般話是指有吉凶因素存在之意。）

ㄆ、化兒格用神原則

喜比星生助旺神食傷化星，喜食傷星增強旺神化星，兼制官煞星以衛比星；喜財星洩旺神食傷化星（食傷生財），兼制印星以衛食傷星。（滴天髓：從兒不論身強弱，只要吾兒又遇兒。筆者經驗：從兒、化兒、吾子同心局都可比照從兒格模式取用神。）

ㄇ、化兒格，格神解密舉例

例一、民國三年（一九一四）二月十一日辰時

（食神）	年甲	寅	（食神）	合木局
（正財）	月丁	卯	（傷官）	合木局
（日主）	日壬	辰	（七殺）	合木局
（食神）	時甲	辰	（七殺）	合木局

○提示：支全寅卯辰合化為木局，年時干透二甲木，食傷木星最強旺，則日主壬水與月干丁火合化為木星，食傷星被稱為兒星，所以是化兒格，化為旺神食傷星後，最宜有洩神財星月干丁火及寅中藏丙火洩旺神木氣，故本造則屬化兒格真格，如運不悖為富

貴命造，木旺者身材高瘦，為人雖強勢但存善心。

○本造為日主化兒格。

喜用神：水（比星：進神）、木（食傷星：旺神）、火（財星：洩神）。

忌　神：土（官殺星）、金（印星）。

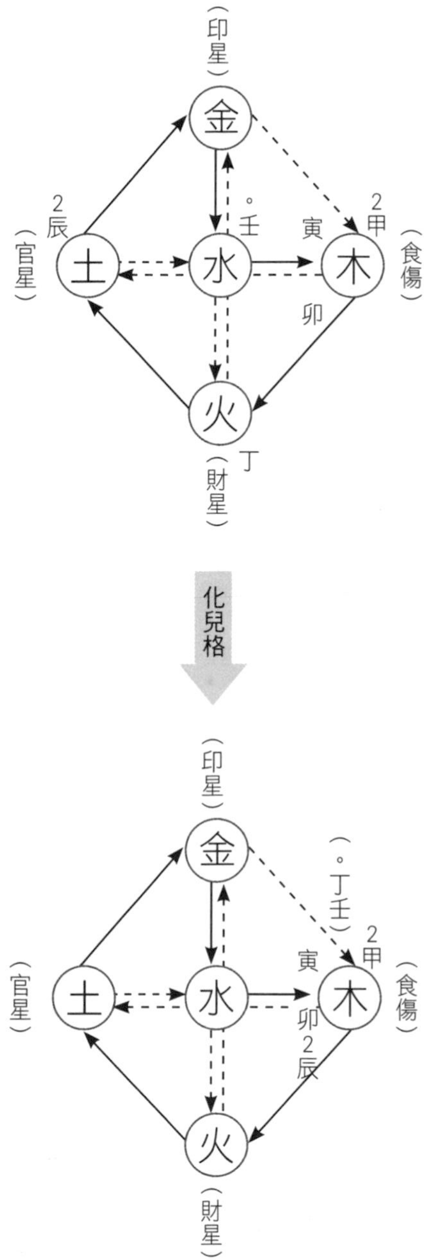

例二、民國六十三年（一九七四）二月十一日寅時

（食神）年甲　寅（食神）

（正財）月丁　卯（傷官）

（日主）日壬　子（七殺）

（食神）時壬　寅（七殺）

〇提示：日支子水生年月時支寅卯木，支木旺年干又透甲木，則日主二壬水與月干丁火合化為木星，食傷兒星旺神，適逢原局月干透丁火及寅中丙火，可洩旺神木氣，故本造則屬化兒格真格，如運不悖則為富貴之命造。

〇本造為日主化兒格。

喜用神：水（比星：進神）、木（食傷星：旺神）、火（財星：洩神）。

忌　神：土（官殺星）、金（印星）。

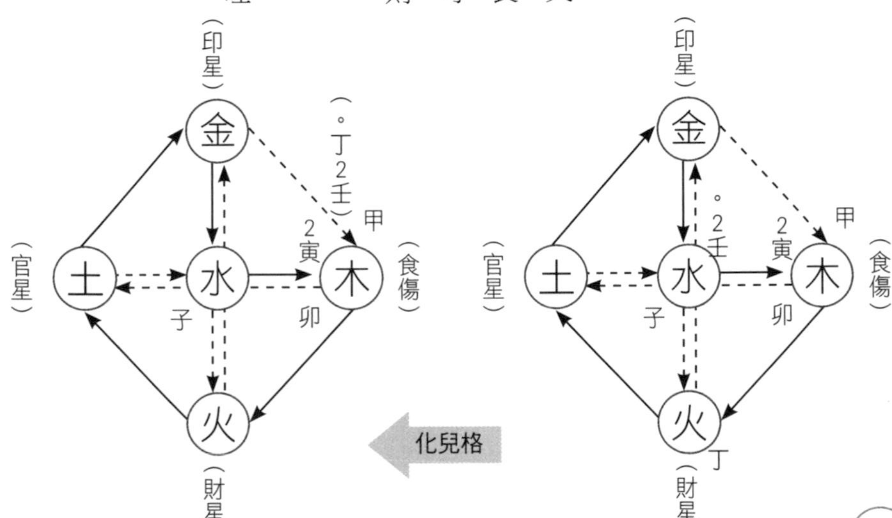

例三、民國五十三年（一九六四）二月十一日辰時

（食神）年甲　辰（七殺）

（正財）月丁　卯（傷官）

（日主）日壬　午（正財）

（食神）時甲　辰（七殺）

○提示：月支卯與二辰半會木局，年時干透二甲木，木旺則日主壬丁合化為木星，適逢日支午火洩旺神木氣，本造屬化兒格真格，如運不悖為富貴之命造。

○本造為日主化兒格。

喜用神：水（比星：進神）、木（食傷星：旺神）、火（財星：洩神）。

忌　神：土（官殺星）、金（印星）。

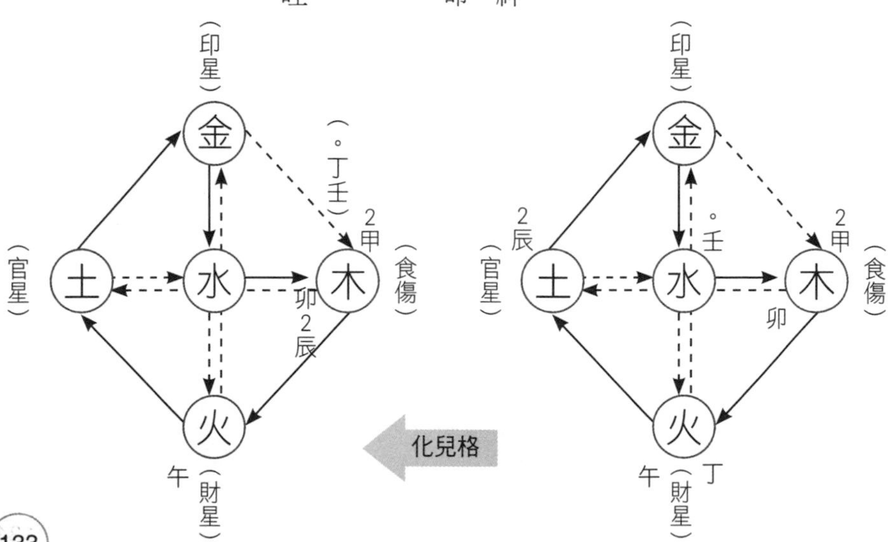

例四、民國七十三年（一九八四）十一月十二日亥時

（正財）年甲　子（食神）
（正官）月丙　子（食神）
（日主）日辛　丑（偏印）
（偏印）時己　亥（傷官）
合水局

○提示：支全亥子丑合為水局，則日主丙辛合化為水，年干透甲制己土，格成丙辛化兒格，甲木為洩化神，本造則屬化兒格真格，如運不悖為富貴之命造。

○本造為日主化兒格。

喜用神：金（比星：進神）、水（食傷星：旺神）、木（財星：洩神）。

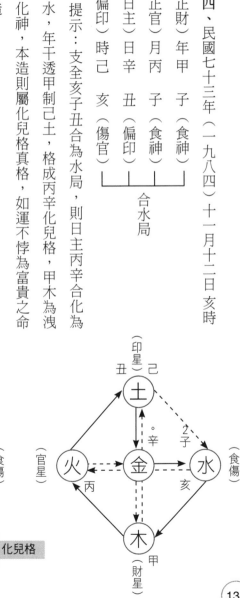

忌　神：火（官殺星）、土（印星）。

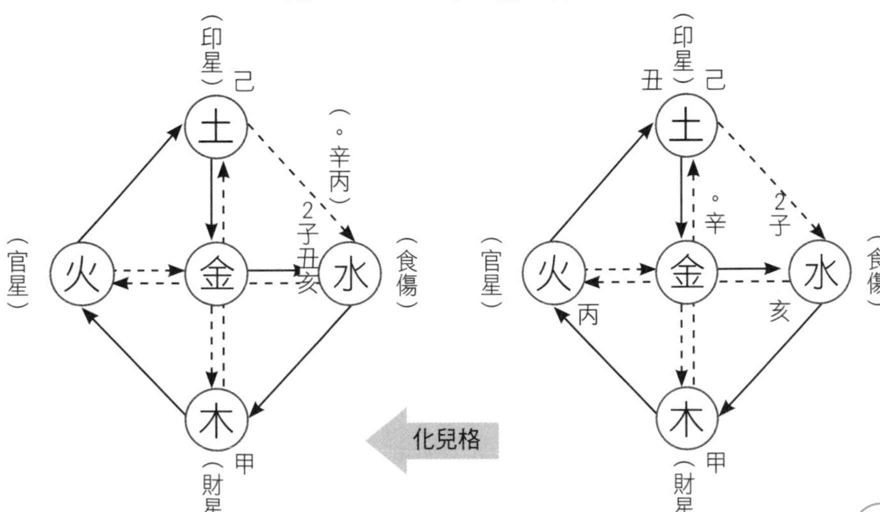

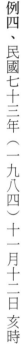

例五、民國六十四年（一九七五）正月初五日未時

（傷官）年乙　卯（傷官）
（七殺）月戊　寅（食神）
（日主）日壬　辰（七殺）　合木局
（正財）時丁　未（正官）

○提示：支寅卯辰合木局，年干透乙木制戊土，則日主丁壬合化為木，雖仍有時支未土官星，但不礙化格之成局；而洩化神因丁火被合化，改以寅中丙火洩旺神木氣，故本造屬化兒格真格，如運不悖為富貴之命造。

○本造為日主化兒格。

喜用神：水（比星：進神）、木（食傷星：旺神）、火（財星：洩神）。

忌　神：土（官殺星）、金（印星）。

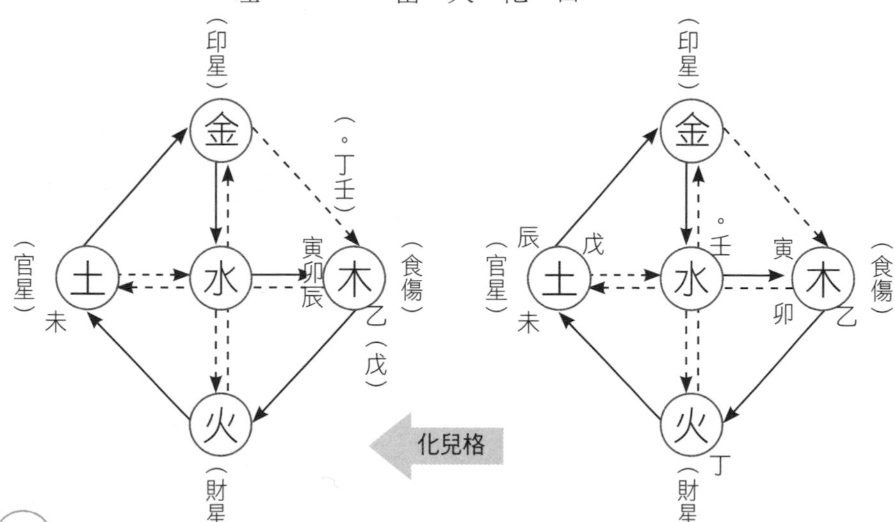

ㄷ、化兒格破局為正格，格神解密舉例

例一、民國六十三年（一九七四）二月十九日子時

（食神）	年甲	寅	（食神）
（正財）	月丁	卯	（傷官）
（日主）	日壬	子	（比劫）
（偏印）	時庚	子	（比劫）

合木局（寅卯）

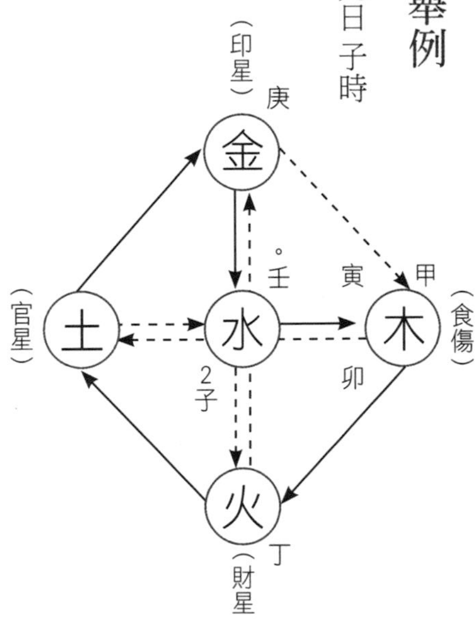

○提示：日主壬水生於卯月，年柱甲寅，則丁壬可以合化為木，但因日時支為二子水，格局似吾子水木同心局，但見時干透庚金生日主比星及制甲，化神受傷，化兒格變成破局，則返回原局以身弱論。

○本造日主化兒格不成，以身弱論。

喜用神：金（印星）、水（比星）。

忌　神：木（食傷星）、火（財星）、土（官殺星）。

例二、民國七十三年（一九八四）十一月十二日戌時

（正財）年甲　子（食神）
（正官）月丙　子（食神）
（日主）日辛　丑（偏印）
（正印）時戊　戌（正印）

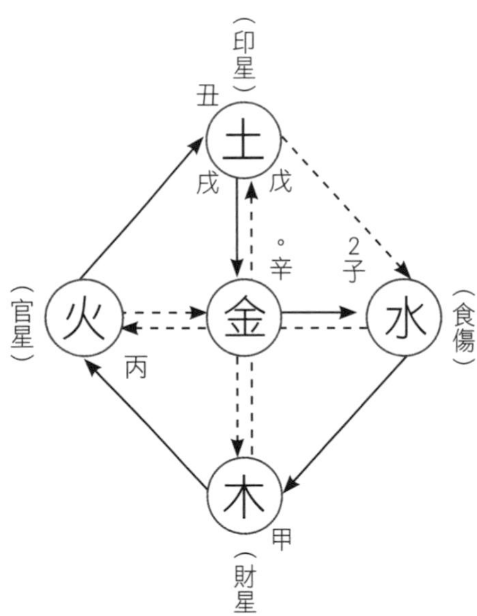

○提示：日主辛金生於子水月，因干不透水，水氣不足則日主丙辛不能合化為水，但因日主孤立無依，印星也強旺，格成了為母旺子衰格論。

○本造為日主化兒格不成，以母旺子衰格論。

喜用神：金（比星）、水（食傷星）、木（財星）。

忌　神：火（官殺星）、土（印星）。

捌、財星專旺格

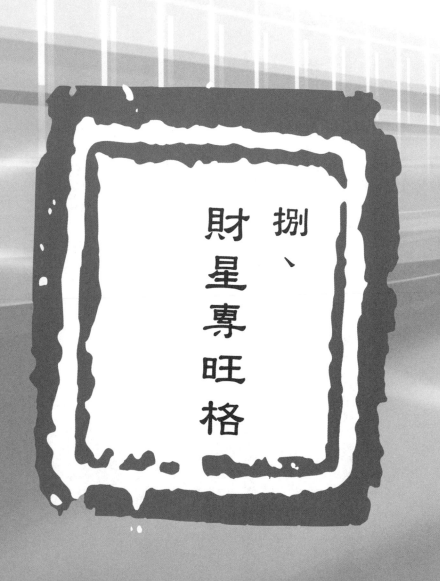

一、日弱從財格之格神解密

ㄅ、格局形成基本條件

1．日主比星弱而缺印星生助，財星或得令或會合，為全局最強旺之神，日主必須從強勢財星才有生存空間者（如不從為日弱無印之夭命格），但不見印星或旺比星剋破財星及食傷星者，如有剋破則以一般格論。

2．從財格形成，最喜有微官煞星洩旺神財星（財生官），如運來配合，則為從財格富貴真格。

3．從財格形成，雖見微印星或微比星混局，但被財星或官煞星制合者，仍是從財格論。

ㄆ、從財格用神原則

喜食傷星生助旺神財星，喜財星增強旺神財星，以制印星而衛食傷星，喜官煞星洩旺神財星（財生官），兼制比星以衛財星；忌印星生助比星兼制喜神食傷星，忌比星剋制旺神財星而有凶兆。

ㄇ、從財格，格神解密舉例

例一、民國五十五年（一九六六）四月二十四日午時

（偏財）年丙　午（正財）
（食神）月甲　午（正財）
（日主）日壬　寅（食神）
（偏財）時丙　午（正財）
合火局

○提示：支全寅午合火財局，年時干透二丙火，月干甲木來生旺火，全局財星火專旺，日主壬水孤立無依，宜棄命從旺財星才有生存空間，又日主壬水生於夏天午火月宜壬水調候，故本造屬從財真格，很有女緣，如不悖運，為富貴命造。

○本造為日弱從財格。

喜用神：木（食傷星：進神）、火（財星：旺神）、土（官殺星：洩神）。

忌　神：金（印星）、水（比星兼調候用神）。

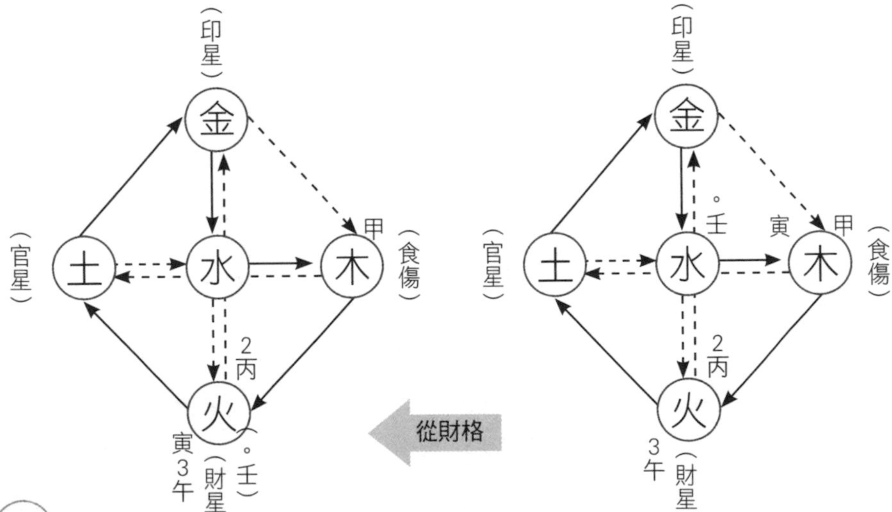

例二、民國六十一年（一九七二）十一月十八日申時

（偏財）年壬　子（正財）
（偏財）月壬　子（正財）
（日主）日戊　子（正財）
（食神）時庚　申（食神）

合水局

○提示：支申子合水財局，年月干透二壬水，時干庚金來生化旺水，全局財星水專旺，日主戊土孤立無依，宜棄命從旺財星才有生存空間，但日主戊土生於冬天午子月，水冷土凍最需火調候暖局，因局中無火星火苗，命式過於寒凍，故本造屬從財格次格，很有女緣，如不悖運，為富而不貴之命造。

○本造為日弱從財格。

喜用神：金（食傷星：進神）、水（財星：旺神）、木（官殺星：洩神）。

忌　神：火（印星兼調候用神）、土（比星）。

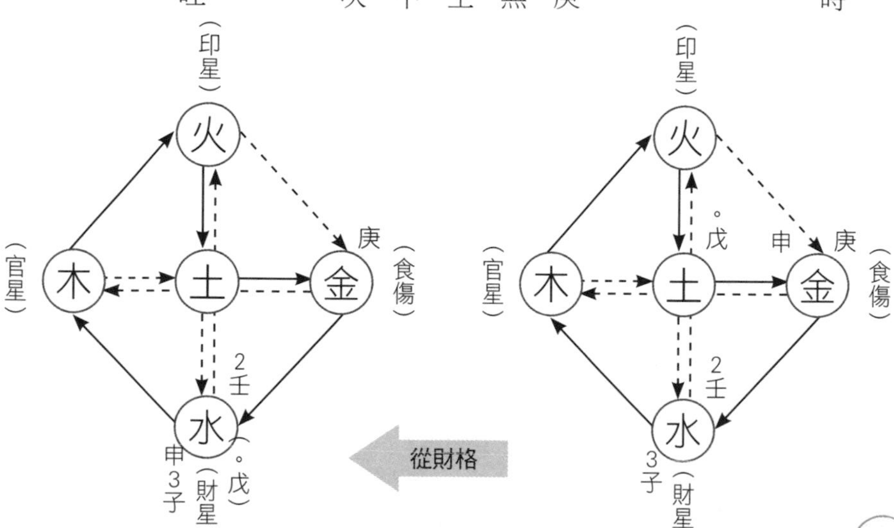

例三、民國六十五年（一九七六）閏八月十七日 戌時

（傷官）年丙　辰（正財）
（偏財）月戊　戌（正財）
（日主）日乙　未（偏財）
（傷官）時丙　戌（正財）

全土局

○提示：支為辰戌未土財局，月干透戊土，年時干二丙火來生化旺土財星，全局財星土專旺，日主乙木孤立無依，宜棄命從旺財星才有生存空間，但戌為燥土月，宜辰中癸水潤局為是，又辰戌沖財庫，財氣通門戶，除傷官生財格外，也喜戌中辛金洩旺神財氣，很有女緣，如不悖運，為從財格富貴命造。

○本造為日弱從財格。

喜用神：火（食傷星：進神）、土（財星：旺神）、金（官殺星：洩神）。

忌　神：水（印星兼調候用神）、木（比星）。

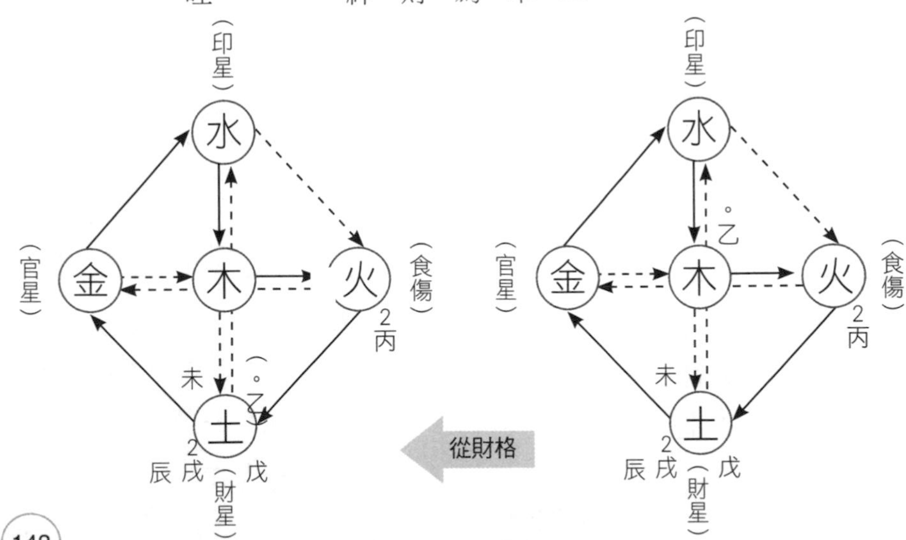

例四、民國三十八年（一九四九）三月二十七日辰時

（正財）年己　丑（正財）
（偏財）月戊　辰（偏財）
（日主）日甲　申（七殺）
（偏財）時戊　辰（偏財）

○提示：年月時干透戊己土，支申金洩丑辰土財局，日主甲木孤立無依，全局土財局最旺，旺則宜有洩化神，幸得申金七殺引洩，五行氣則通暢，雖缺食傷星，仍屬從財格真格，很有女緣，如不悖運為富貴之命造。

○本造為日弱從財格。

喜用神：火（食傷星：進神）、土（財星：旺神）、金（官殺星：洩神）。

忌　神：水（印星）木（比星）。

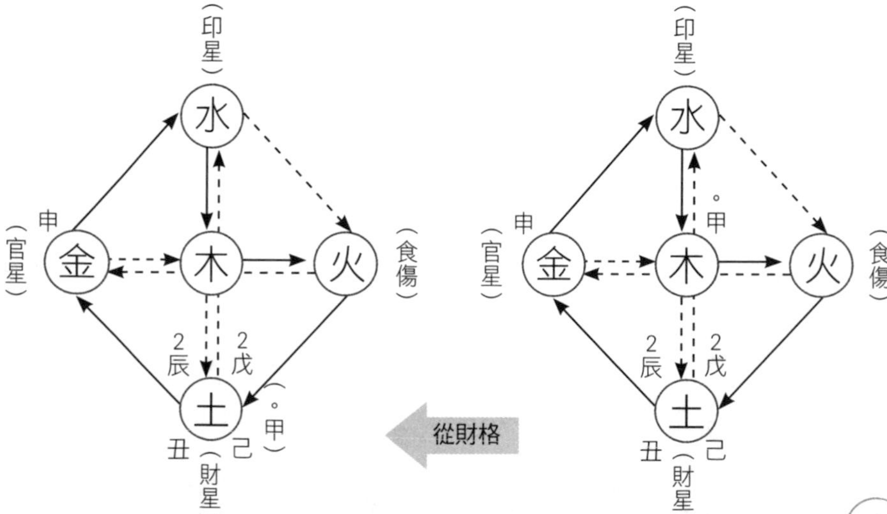

例五、民國六十九年（一九八〇）八月十三日戌時

（正財）年	庚	申	（正財）
（偏印）月	乙	酉	（偏財）
（日主）日	丁	酉	（偏財）
（正財）時	庚	戌	（傷官）

（申酉戌）會金局

○提示：支全申酉戌合為金財局，時干透庚金，則年月干乙庚合化為金，日主丁火孤立無依，宜棄命從旺財星才有生存空間，旺神金財星，幸得申中壬水洩金濁氣，故本造屬從財格真格，很有女緣，如不悖運為富貴之命造。

○本造為日弱從財格。

喜用神：土（食傷星：進神）、金（財星：旺神）、水（官殺星：洩神）。

忌　神：木（印星）、火（比星）。

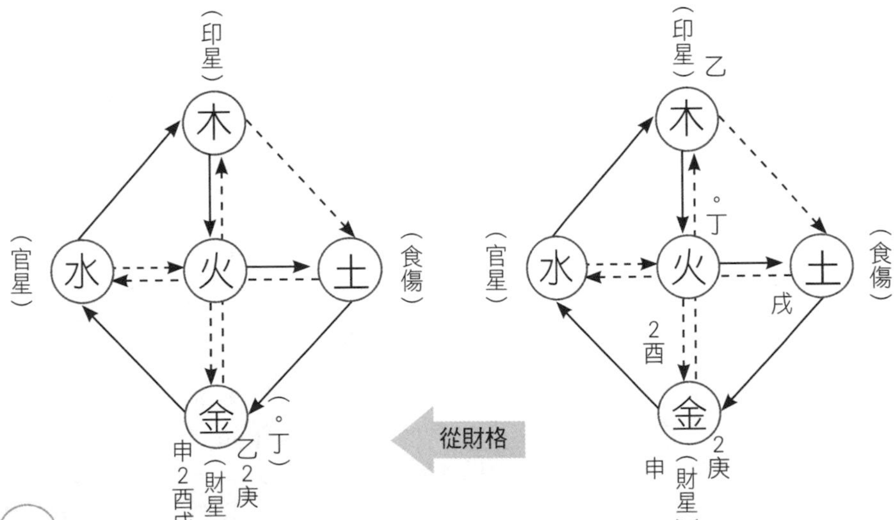

例六、民國七十二年（一九八三）十一月二十四日申時

（偏財）年癸　亥（正財）
（偏財）月甲　子（正財）
（日主）日己　丑（正財）　合水局
（食神）時壬　申（食神）

○提示：支亥子丑合水財局，年時干透壬癸水，全局財星最強旺，日主甲己合而不化，則甲木洩旺神財水濁氣，日主變孤立無依，宜棄命從旺財星才有生存空間，但冬天子月，水冷土凍木凋，最需火調候暖局，因局中無火星火苗，命式過於寒凍，故本造屬從財格次格，很有女緣，為富而不貴多病之造。

○本造為日弱從財格。

喜用神：金（食傷星：進神）、水（財星：旺神）、木（官殺星：洩神）。

忌　神：火（印星兼調候用神）、土（比星）。

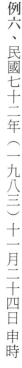

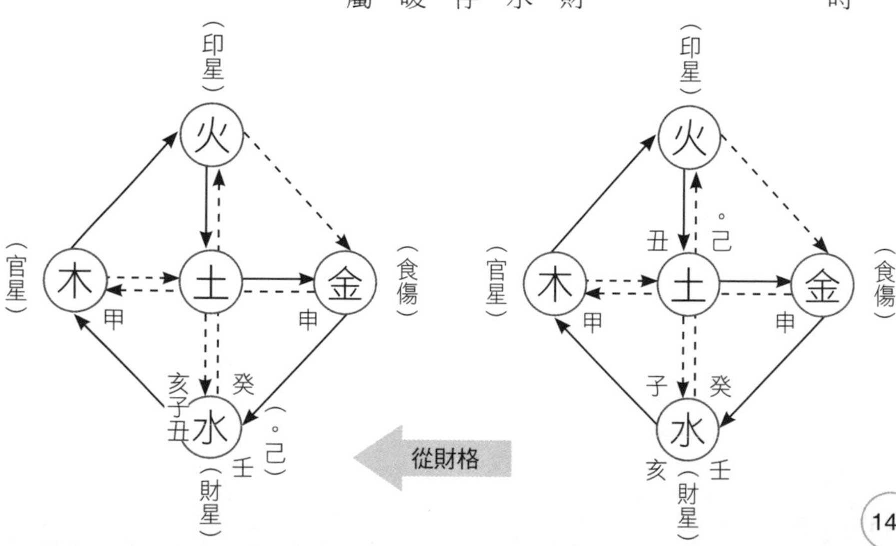

例七、民國五十二年（一九六三）七月初四日 巳時

（七殺）年癸　卯（偏印）

（正財）月庚　申（正財）

（日主）日丁　酉（偏財）┐合金

（偏印）時乙　巳（比劫）┘

○提示：日主丁火生於申金月，時支巳酉合為金，月干透庚金，金財星最強旺，日主丁火變孤立，月支又申金制卯木，但見時干透乙印星與庚合化為金，日主丁火應棄命從強勢財星，以癸水洩化神，本造則屬從財格真格，女緣很好，為富貴之造。

○本造為日弱從財格。

喜用神：土（食傷星：進神）、金（財星：旺神）、水（官殺星：洩神）。

忌　神：木（印星）、火（比星）。

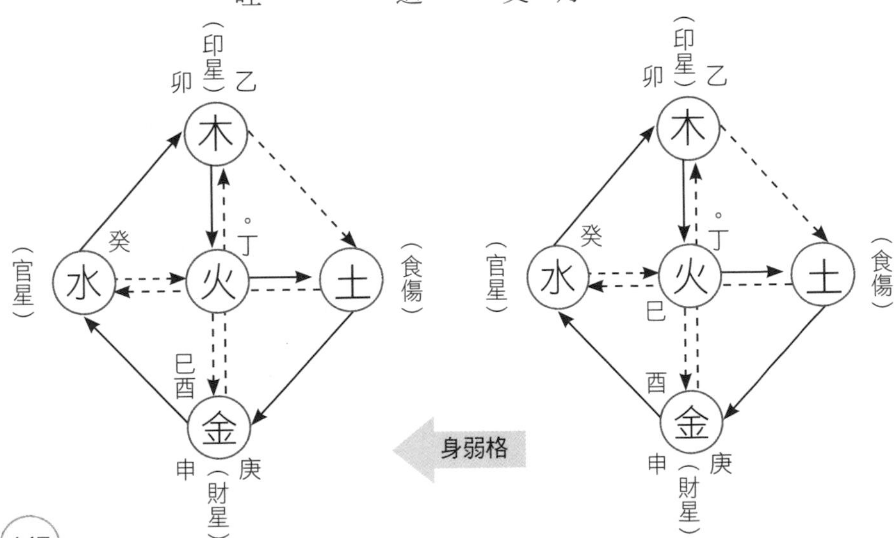

ㄈ、從財格破局為正格，格神解密舉例

例一、民國四十七年（一九五八）十二月初五日 寅時

（正財）	年戊	戌	（正財）
（比肩）	月乙	丑	（偏財）
（日主）	日乙	未	（偏財）
（偏財）	時戊	寅	（比劫）

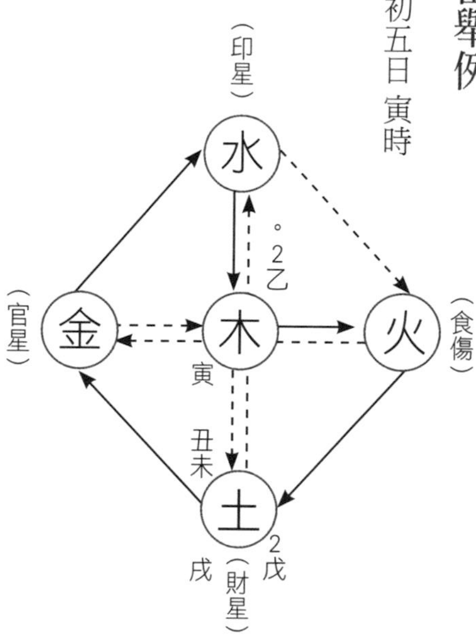

○提示：本造日主二乙木得寅支木為根，雖財星強旺，不能以從財論；觀之全局為干支木土兩停對峙格，用神則以食傷火星為通關用神。

○本造從財格破局，為木土對峙格。

喜用神：火（食傷星：通關用神）。

忌　神：土（財星）、金（官煞星）、水（印星）、木（比星）。

二、日弱從食傷財勢格（食傷財星同心格）之格神解密

ㄅ、格局形成基本條件

1. 日主比星弱而缺印星生助，食傷星及財星兩勢相當而相生，為全局最強旺之二神，日主必須從兩強勢才有生存空間者（如不從為日弱無印之夭命格），但不見印星或旺比星剋破食傷星及財星者，否則以一般格論。
2. 從食傷財兩勢格形成，最喜有微官煞星洩旺神財星（財生官），如運來配合，則為從食傷財格之富貴真格。
3. 從食傷財兩勢格形成，雖見微印星或微比星混局，但被財星或官煞星制合者，仍是從食傷財兩勢格論。

ㄆ、從食傷財勢格用神原則

喜食傷星生助旺神財星，喜財星引化食傷星（食傷生財），兼制印星以衛食傷星，喜官煞星洩旺神財星（財生官），兼制比星以衛財星；忌印星制喜神食傷星兼生比星，忌比星制財星而變凶。

ㄇ、從食傷財勢格，格神解密舉例

例一、民國六十三年（一九七四）正月三十日巳時

（傷官）年甲　寅（傷官）
（正財）月丙　寅（傷官）
（日主）日癸　巳（正財）
（偏財）時丁　巳（正財）

○提示：支寅木生巳火，干透甲木生丙丁火，全局食傷財星兩勢強旺，日主癸水孤立無依，宜棄命從食傷財星兩勢才有生存空間，寅巳二支藏戊土洩旺神火財星，故本造屬從食傷財星兩勢格真格，如不悖運為富貴之命造。

○本造為日弱從食傷財勢格。

喜用神：木（食傷星：進神）、火（財星：旺神）、土（官殺星：洩神）。

忌　神：金（印星）、水（比星）。

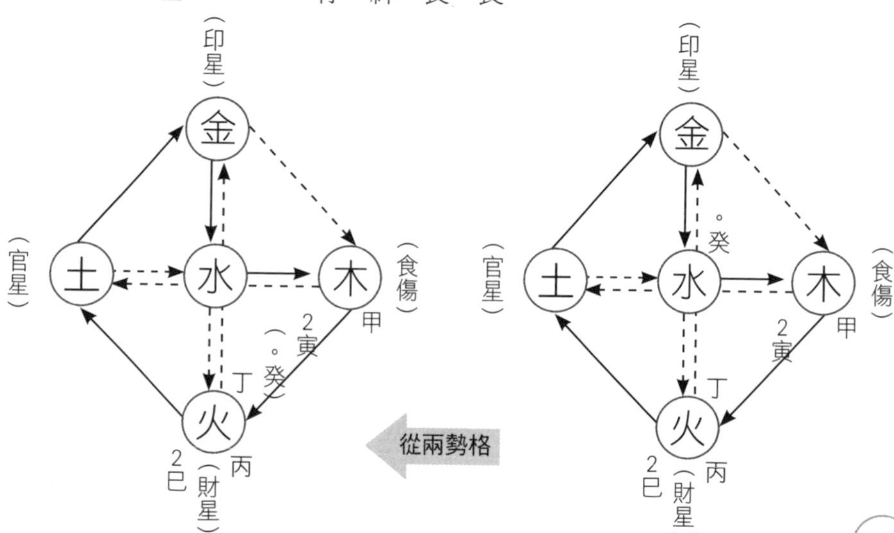

例二、民國五十一年（一九六二）正月十七日未時

（食神）年壬　寅（偏財）
（食神）月壬　寅（偏財）
（日主）日庚　寅（偏財）
（傷官）時癸　未（正印）
剋

○提示：支三寅木財星剋制未土印星，年月時干透壬癸水食傷星，全局食傷財星兩勢強旺，日主庚金孤立無依，宜棄命從食傷財星兩勢才有生存空間，以寅中藏丙火洩旺神木財星，故本造屬從食傷財星兩勢格真格，如不悖運為富貴之命造。

○本造為日弱從食傷財勢格。

喜用神：水（食傷星：進神）、木（財星：旺神）、火（官殺星：洩神）。

忌　神：土（印星）、金（比星）。

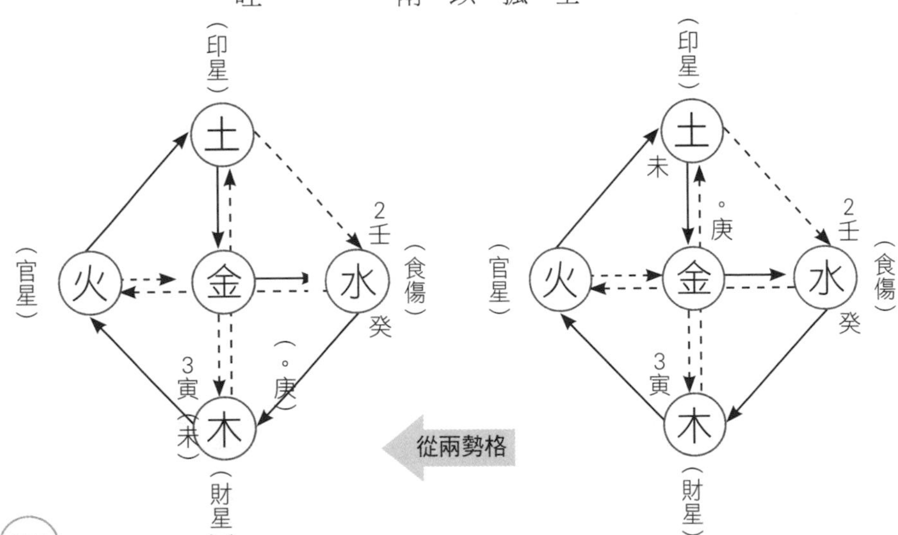

例三、民國七十七年（一九八八）四月初四日 巳時

（偏財）年戊　辰（偏財）
（傷官）月丁　巳（食神）
（日主）日甲　戌（偏財）
（正財）時己　巳（食神）

○提示：日主甲木生於巳火月，支巳火生辰戌土，雖干透戊己土，但日主甲己仍不能合化為土，格成日主甲木孤立無依，宜棄命從食傷財星兩勢才有生存空間，以巳中藏庚金，戌中藏辛金洩旺神土財星，辰中含水可調候，故本造屬從食傷財星兩勢格真格，如不悖運為富貴之命造。

○本造為日弱從食傷財勢格。

喜用神：火（食傷星：進神）、土（財星：旺神）、金（官殺星：洩神）。

忌　神：水（印星）、木（比星）。

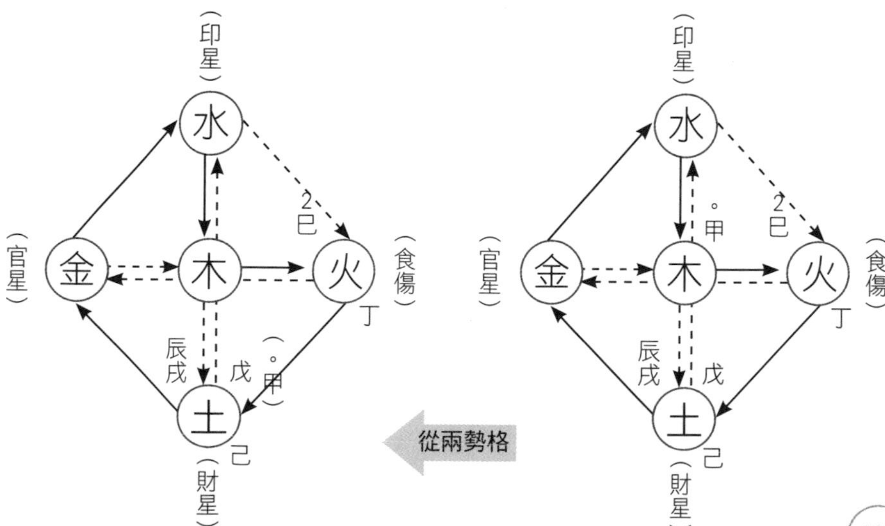

例四、民國八十二年（一九九三）七月十八日亥時

（正財）年癸　酉（傷官）
（食神）月庚　申（食神）
（日主）日戊　子（正財）
（正財）時癸　亥（偏財）

○提示：支申酉金生亥子水，干透癸水，庚金來生助，但日主戊癸不能合化為火，格成日主戊土孤立無依，宜棄命從食傷財星兩勢才有生存空間，以亥中藏甲木，洩旺神水財星，故本造屬從食傷財星兩勢格真格，如不悖運為富貴之命造。

○本造為日弱從食傷財勢格。

喜用神：金（食傷星：進神）、水（財星：旺神）、木（官殺星：洩神）。

忌　神：火（印星）、土（比星）。

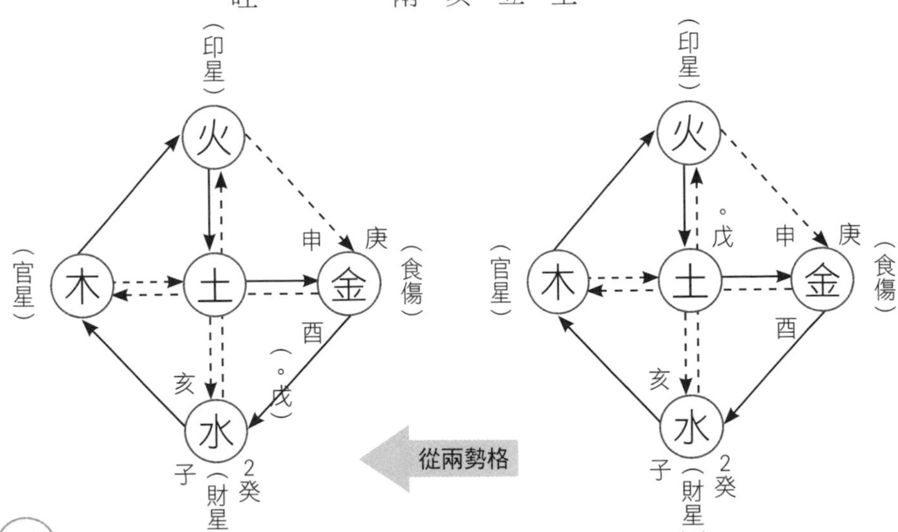

例五、民國五十八年（一九六九）六月初七日 丑時

（傷官）年己　酉（正財）
（正財）月辛　未（傷官）
（日主）日丙　申（偏財）
（傷官）時己　丑（傷官）

○提示：支丑未土生申酉金，干透己土生辛金，全局為土金兩行相生局，但日主丙辛不能合化為水，格成日主丙火孤立無依，宜棄命從食傷財星兩勢才有生存空間，以申中藏壬水及丑中癸水，來洩旺神金財星濁氣，故本造屬從食傷財星兩勢格真格，如不悖運為富貴之命造。

○本造為日弱從食傷財勢格。

喜用神：土（食傷星：進神）、金（財星：旺神）、水（官殺星：洩神）。

忌　神：木（印星）、火（比星）。

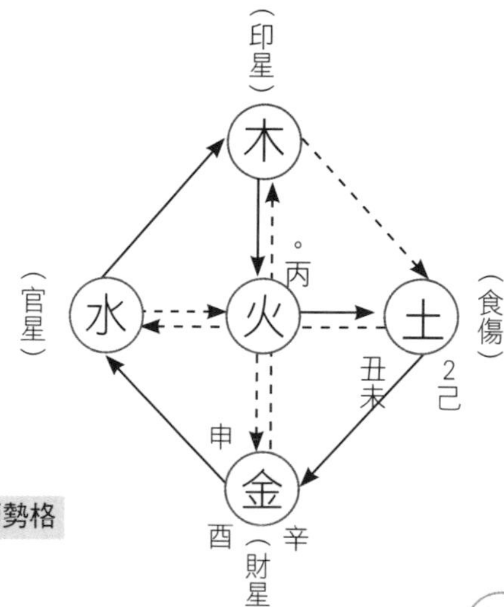

從兩勢格

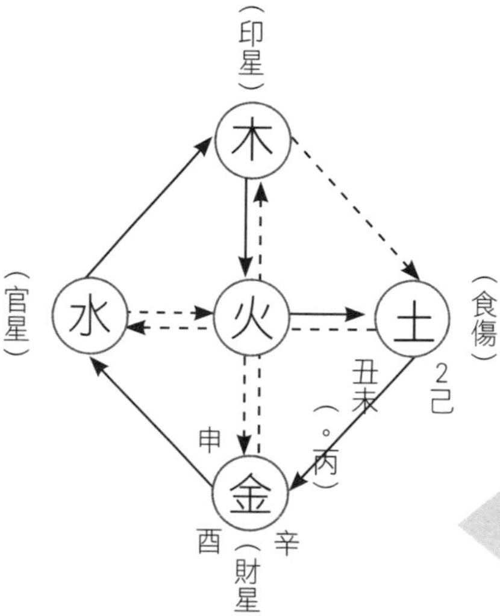

ㄈ、從食傷財勢格破局為正格，格神解密舉例

例一、民國五十二年（一九六三）二月初三日申時

（傷官）年癸　卯（正財）

（偏財）月甲　寅（偏財）

（日主）日庚　子（傷官）

（偏財）時甲　申（比肩）

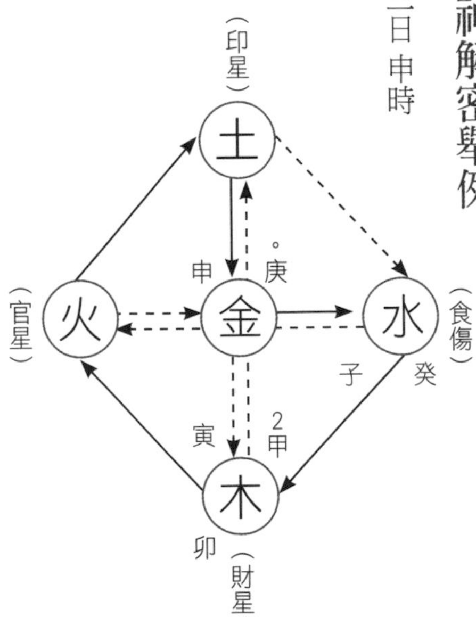

○提示：本造食傷財星水木相生，食傷財星兩旺，但日主庚金有申為根，不能棄命從食傷財勢，日主但缺印生且不得令，故本造屬身弱格論。

○本造從食傷財勢破局，以身弱論。

喜用神：土（印星）、金（比星）。

忌　神：水（食傷星）、木（財星）、火（官殺星）。

例二、民國七十二年（一九八三）八月初一日子時

（正財）年癸　亥（偏財）
（傷官）月庚　申（傷官）
（日主）日戊　戌（比肩）
（偏財）時壬　子（正財）

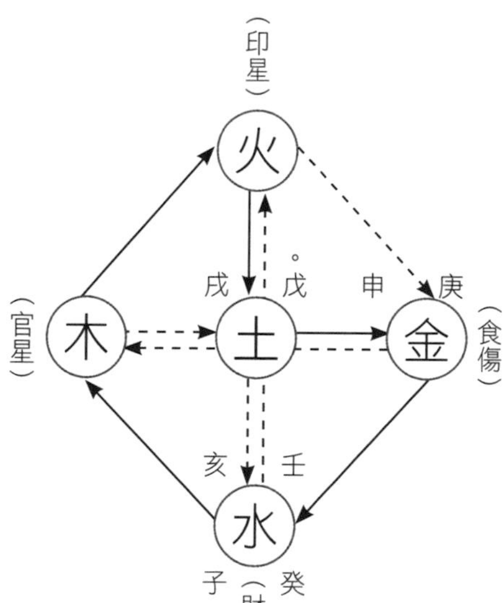

○提示：本造食傷財星金水相生，食傷財星兩旺，但日主戊土不孤立有戌為根，不能棄命從食傷財勢，日主但缺印生又不得令，故本造屬身弱格論。

○本造從食傷財勢破局，以身弱論。

喜用神：火（印星）、土（比星）。

忌　神：水（食傷星）、木（財星）、火（官殺星）。

三、日主化財格之格神解密

ㄅ、格局形成基本條件

1.月令為財星，或支合會為財星局，干又透財星，日主與臨近天干因緣際會合化為財星旺神，且財星化神無被剋破情事者，否則以一般格論。

2.化財格形成，最喜有微官煞星洩旺神財星（財生官），如運來配合，則為化財格局之富貴真格。

3.化財格形成，雖見微比星或印星混局，但被財星或官煞星制合者，仍是化財格論，但化財格，最忌財星（化神）月令被沖，使日主還原為日弱無印依，則有凶禍。

ㄆ、化財格用神原則

喜食傷星生助旺神財星，喜化神財星引化食傷星（食傷生財），兼制印星以衛食傷星；喜官煞星洩旺神財化星（財生官），兼制比星以衛財星；忌印星制食傷喜神兼生比星，忌比星剋制化神財星而有凶禍。

ㄇ、化財格，格神解密舉例

例一、民國七十七年（一九八八）六月初五日　巳時

（偏財）年戊　辰（偏財）

（正財）月己　未（正財）

（日主）日甲　戌（偏財）

（正財）時己　巳（食神）

○提示：時支巳火生辰未戌土財星，干透戊己土，全局土財星最強旺，則日主甲己合化為土，格成日主化財格的生存空間系統，以巳中藏庚金，戌中藏辛金之氣洩旺神土財星，辰中含水調候，故本造屬化財格真格，如運不背離為富貴之命造。

○本造為日弱日主化財格。

喜用神：火（食傷星：進神）、土（財星：旺神）、金（官殺星：洩神）。

忌　神：水（印星）、木（比星）。

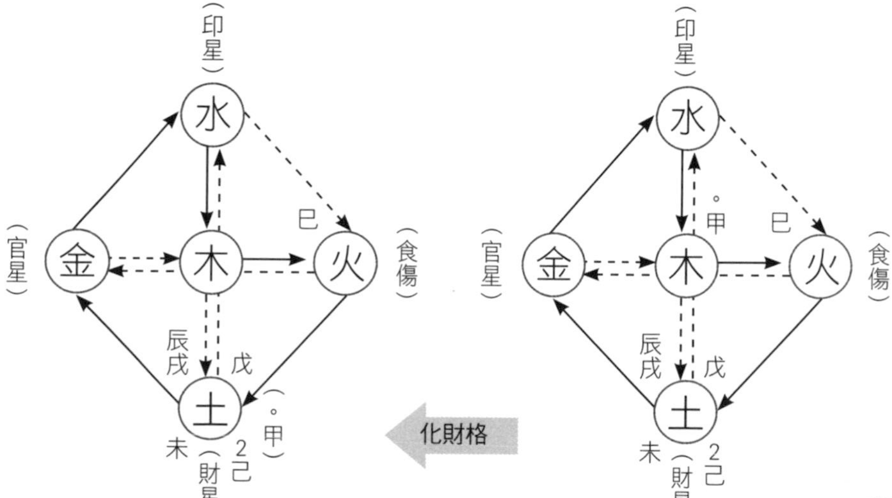

例二、民國四十二年（一九五三）五月初一日巳時

（比肩）年癸　巳（正財）

（正官）月戊　午（偏財）

（日主）日癸　巳（正財）

（偏財）時丁　巳（正財）

○提示：支巳午為一片火海財星，時干透丁火，則日主癸戊合化為火，全局火財星最強旺，格成日主化財格的生存空間系統，午月以癸水為調候用神，巳中戊土為洩化神，故本造屬化財格真格，如運不背離為富貴之命造。

○本造為日主化財格。

喜用神：木（食傷星：進神）、火（財星：旺神）、土（官殺星：洩神）。

忌　神：金（印星）、水（比星）。

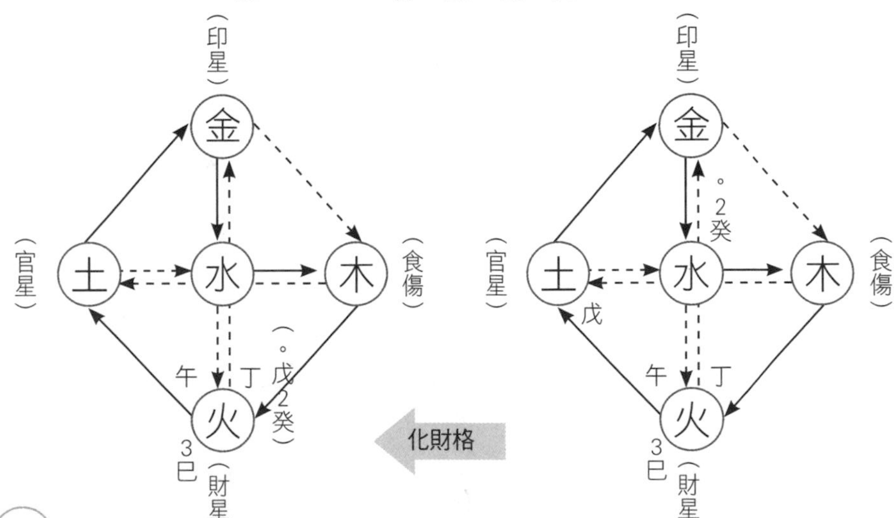

例三、民國六十八年（一九七九）三月十一日巳時

（正財）年己　未（正財）

（偏財）月戊　辰（偏財）

（日主）日甲　辰（偏財）

（正財）時己　巳（食神）

○提示：時支巳火生辰未土財星，干透戊己土，全局土財星最強旺，則日主甲己合化為土，格成日主化財格的生存空間系統，以巳中藏庚金之氣洩旺神土財星，故本造屬化財格真格，如運不背離為富貴之命造。

○本造為日主化財格。

喜用神：火（食傷星：進神）、土（財星：旺神）、金（官殺星：洩神）。

忌　神：水（印星）、木（比星）。

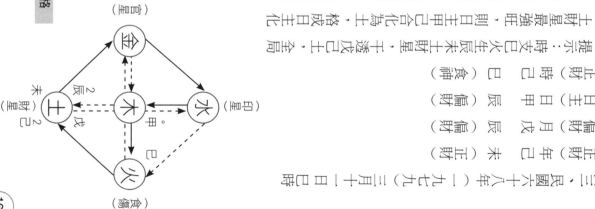

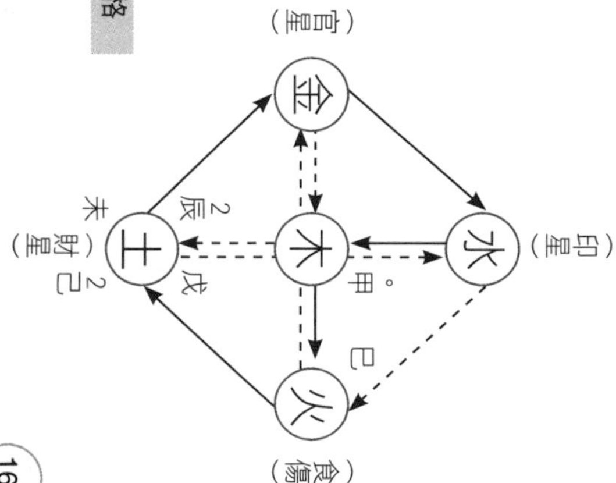

化財格

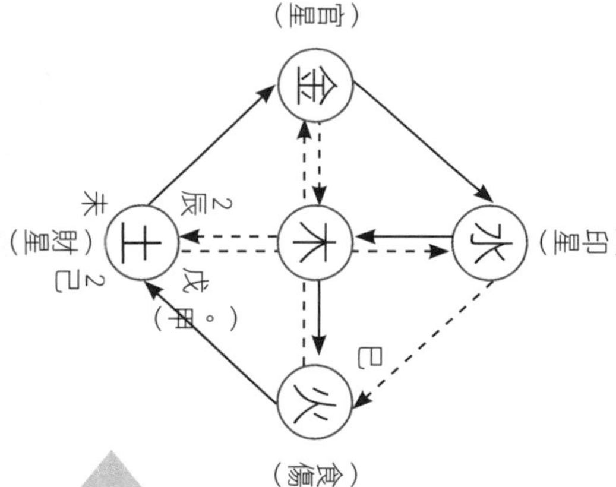

例四、民國七十五年（一九八六）五月十二日午時

（正財）年丙　寅（傷官）
（傷官）月甲　午（偏財）
（日主）日癸　巳（正財）
（正官）時戊　午（偏財）
合火局

○提示：支寅午、巳午合火局，支全一片火海財星，年干透丙火，則日主癸戊合化為火，月干甲木來生成財星，全局火財星最強旺，格成日主化財格的生存空間系統，午月以癸水為調候用神，寅中及巳中戊土為洩化神，故本造屬化財格真格，如運不背離為富貴之命造。

○本造為日主化財格。

喜用神：木（食傷星：進神）、火（財星：旺神）、土（官殺星：洩神）。

忌　神：金（印星）、水（比星）。

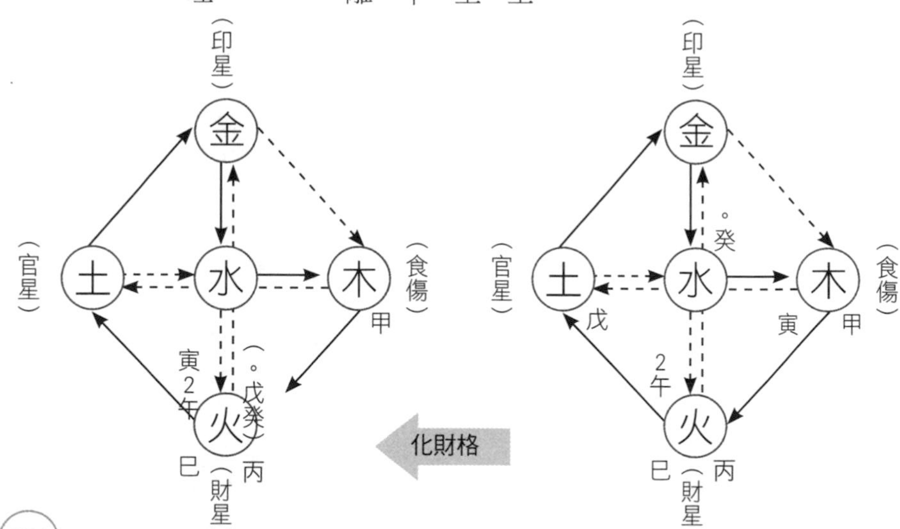

例五、民國九十八年（二〇〇九）三月二十四日 巳時

（正財）年己　丑（正財）
（偏財）月戊　辰（偏財）
（日主）日甲　午（傷官）
（正財）時己　巳（食神）

○提示：時支巳午火生辰丑土財星，干透戊己土，全局土財星最強旺，則日主甲己合化為土，格成日主化財格的生存空間系統，以巳中及丑中藏庚辛金之氣洩旺神土財星，故本造屬化財格真格，如運不背離為富貴之命造。

○本造為日主化財格。

喜用神：火（食傷星：進神）、土（財星：旺神）、金（官殺星：洩神）。

忌　神：水（印星）、木（比星）。

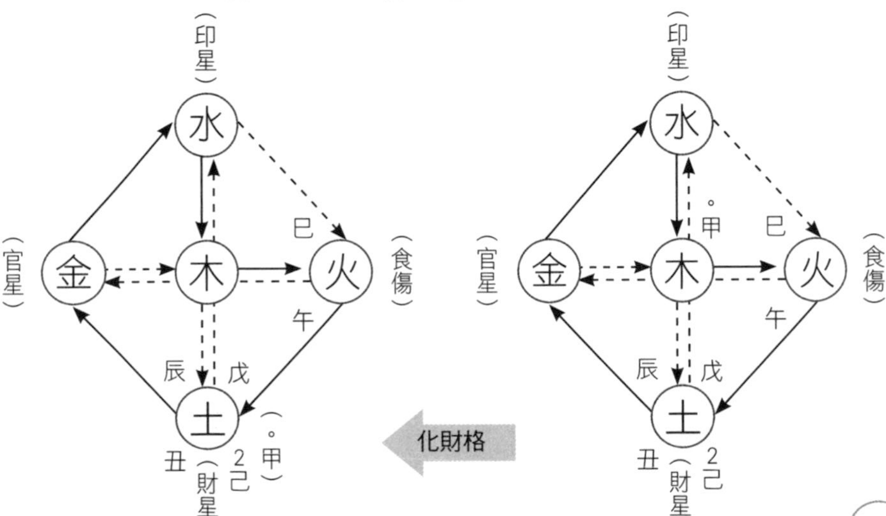

ㄈ、化財格破局為正格，格神解密舉例

例一、民國四十七年（一九五八）十二月十四日巳時

（偏財）年戊　戌（偏財）
（比劫）月乙　丑（正財）
（日主）日甲　辰（偏財）
（正財）時己　巳（食神）

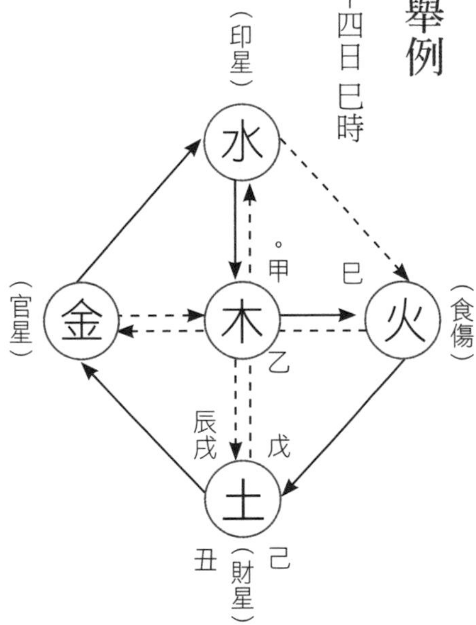

○提示：本造支巳火生旺土，為食傷生財格，年干透戊土，則日主甲己合化為土星，然本造雖日主為化財格，但尚留比劫星乙木制戊土，化神財星被剋制，化財格當然不成立，則甲木歸位，以身弱論。

○本造日主化財格不成而歸位，以身弱論。

喜用神：水（印星）、木（比星）。

忌　神：火（食傷星）、土（財星）、金（官殺星）。

例二、民國六十七年（一九七八）五月初五日 亥時

（正官）年 戊　午（偏財）

（正官）月 戊　午（偏財）

（日主）日 癸　卯（食神）

（比肩）時 癸　亥（比劫）

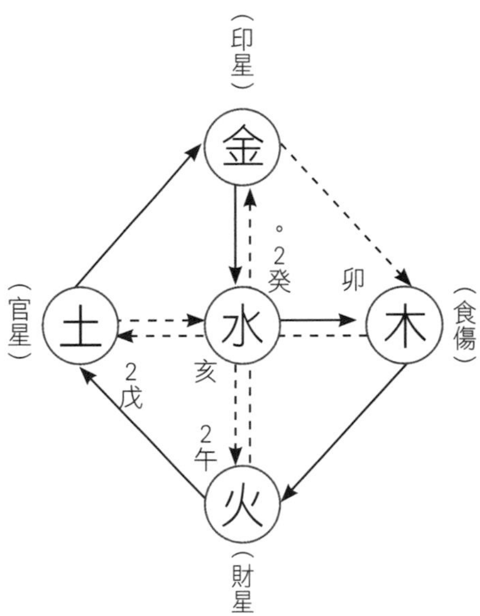

○提示：本造日主癸水生於午月，但干不透火星，則日主戊癸不能合化為火，化財格失局，有情變無情，二戊土制二癸水，本造日主則為缺印星不得令之身弱格論。

○本造化財格破局，以身弱格論。

喜用神：金（印星）、水（比星）木（食傷星）。

忌　神：火（財星）、土（官殺星）。

玖、官星專旺格

一、日弱從官煞格之格神解密

ㄅ、格局形成基本條件

1. 日主比星弱而缺印星生助，官煞星或得令或會合，為全局最強旺之神，日主必須從強勢官煞星才有生存空間者（如不從，為日弱無印之夭命格），但不見食傷星或旺比星剋破財星及官煞星者，否則以一般格論。
2. 從官煞格形成，最喜有微印星洩旺神官煞星（官印相生），如運來配合，則為從官煞格富貴真格。
3. 從官煞格形成，雖見微食傷星或微比星混局，但被印星或官煞星制合者，仍是從官煞格論。

ㄆ、從官煞格用神原則

喜財星生助旺神官煞星，喜官煞星引化財星（財生官），兼制比星以衛財星，喜印星洩旺神官煞星（官印相生），兼制食傷星以衛官煞星；忌比星制財星喜神。忌食傷星制旺神官煞星而變凶。

ㄇ、從官煞格，格神解密舉例

例一、民國六十九年（一九八〇）七月二十九日 未時

（七殺）年 庚 申（七殺）
（偏財）月 乙 酉（正官）
（日主）日 甲 申（七殺）
（正官）時 辛 未（正財）

○提示：甲木生於酉月，時支未土財星生申酉金星，地支金星最強旺，干透乙庚則合化為金星，時干又透辛金，全局金官煞星最強旺，但日主甲木變孤立無依，日主宜棄命從官煞強勢格的生存空間系統，以申中壬水洩旺神官煞星，故本造屬從官煞格真格，如運不背離為富貴之命造。

○本造為日主從官煞格。

喜用神：土（財星：進神）、金（官殺星：旺神）、水（印星：洩神）。

忌　神：木（比星）、火（食傷星）。

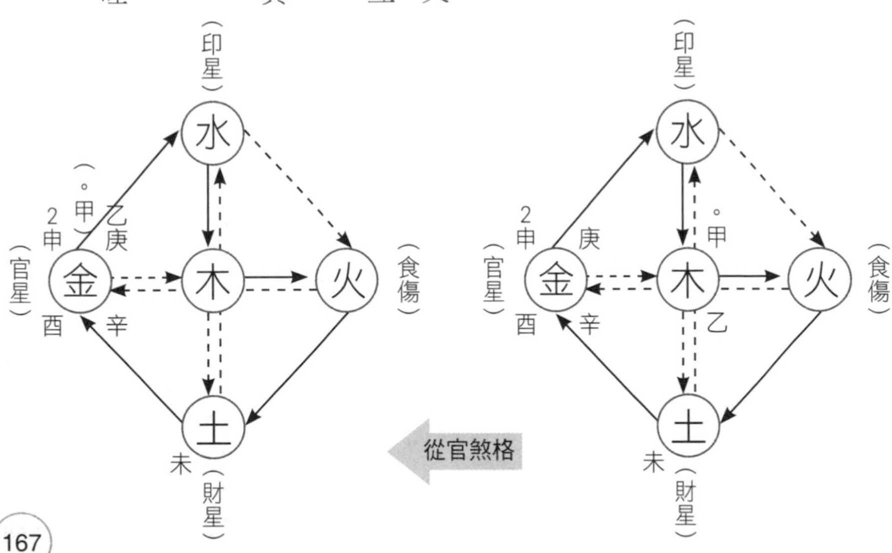

例二、民國十二年（一九二三）十月初三日 亥時

（七殺）年癸　亥（正官）

（七殺）月癸　亥（正官）

（日主）日丁　亥（正官）

（偏財）時辛　亥（正官）

○提示：丁火生於亥水月，支全亥水官星，年月干又透二癸水，時干辛金財來生助水勢，全局水官煞星最強旺，但日主丁火孤立無依，格成日主棄命從官煞強勢格的生存空間系統，又冬水以日主丁火照暖，以亥中甲木洩旺神官煞星濁氣，故本造屬從官煞格真格，如運不背離為富貴之命造。

○本造為日主從官煞格。

喜用神：金（財星：進神）、水（官殺星：旺神）、木（印星：洩神）。

忌　神：火（比星兼調候用神）、土（食傷星）。

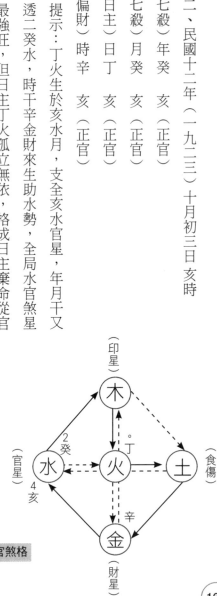

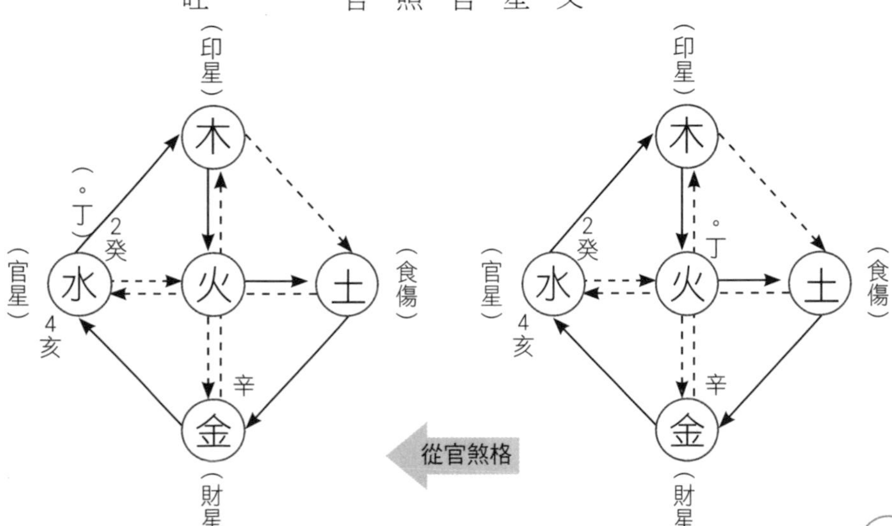

例三、民國五十三年（一九六四）二月十七日寅時

（七殺）年甲　辰（比肩）
（正印）月丁　卯（正官）
（日主）日戊　寅（七殺）
（七殺）時甲　寅（七殺）

合木局

○提示：戊土生於卯木月，支寅卯辰會東方木星，年時干又透二甲木，月干丁火洩旺神木星濁氣，全局官煞星最強旺，但日主戊土變孤立無依，只有棄命從強勢木官煞星，才有生存空間，局中丁火伴演洩化神，辰為水庫為進神財星而不虞，故本造屬從官煞格真格，如運不背離為富貴之命造。

○本造為日主從官煞格。

喜用神：水（財星：進神）、木（官殺星：旺神）、火（印星：洩神）。

忌　神：土（比星）、金（食傷星）。

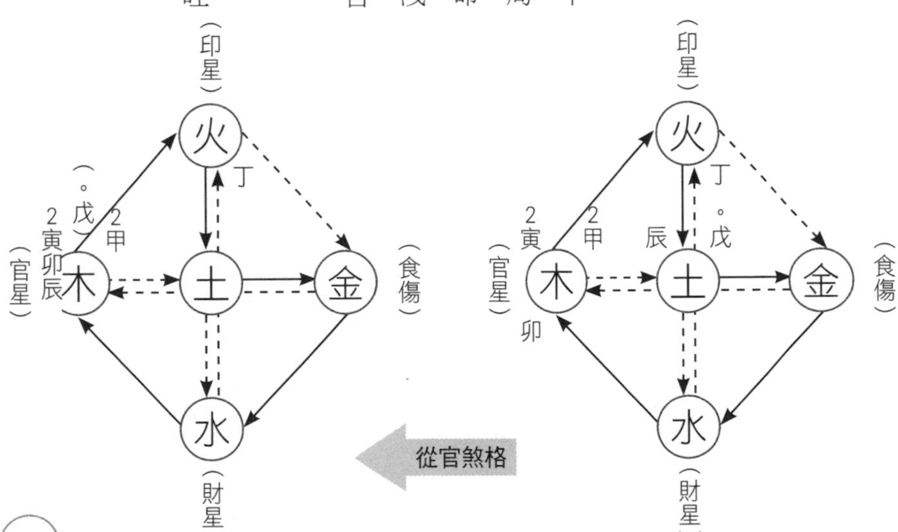

例四、民國六年（一九一七）四月十九日午時

（七殺）年丁　巳（正官）
（正官）月丙　午（七殺）
（日主）日辛　巳（正官）
（正財）時甲　午（七殺）

合火局

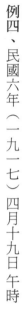

○提示：地支全為火局，年月干透丙丁火，時干甲木財星又來生旺，全局火星超旺，日主辛金又不能與丙火合化，如此日主辛金孤立無依，唯有棄命從強勢火官煞星，才有生存空間，然生於夏月，局中毫無滴水潤局，有進神財星而缺濕土洩化神，雖本造屬從官煞格，命式仍過於燥熱，是從官煞格之下等格局，有早夭之短命徵兆。

○本造為日主從官煞格。

喜用神：木（財星：進神）、火（官殺星：旺神）、土（印星：洩神）。

忌　神：金（比星）、水（食傷星兼調候用神）。

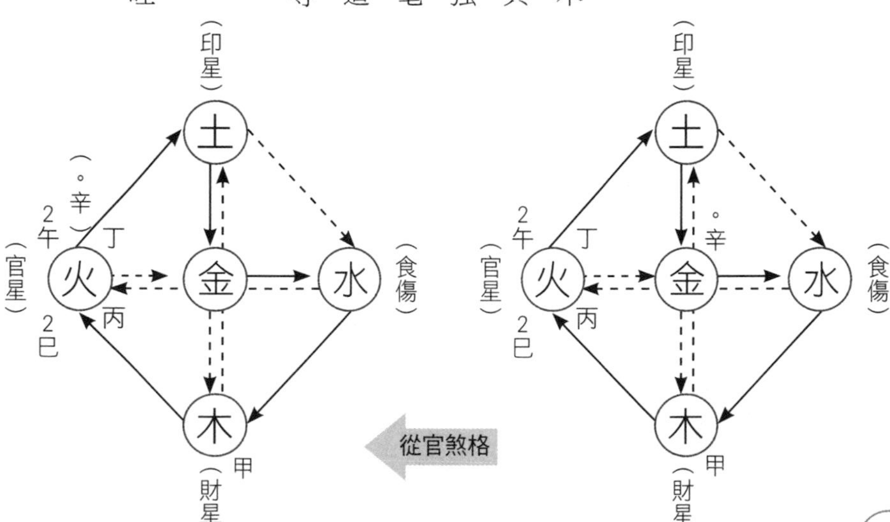

例五、民國四十七年（一九五八）五月二十九日 未時

（正官）年戊　戌（正官）

（七殺）月己　未（七殺）

（日主）日癸　巳（正財）

（七殺）時己　未（七殺）

◎提示：日主癸水不怕生於夏月或燥土月，因為本身就具有調候功能，本造支為巳火生戌未燥土，干又透戊己土，官煞土星獨旺，日主癸水孤立無依，唯有棄命從強勢土官煞星，才有生存空間，局中以戌中藏辛金為洩化神，但因燥土不生金，故只小貴而已。

◎本造為日主從官煞格。

喜用神：火（財星：進神）、土（官殺星：旺神）、金（印星：洩神）。

忌　神：水（比星兼調候用神）、木（食傷星）。

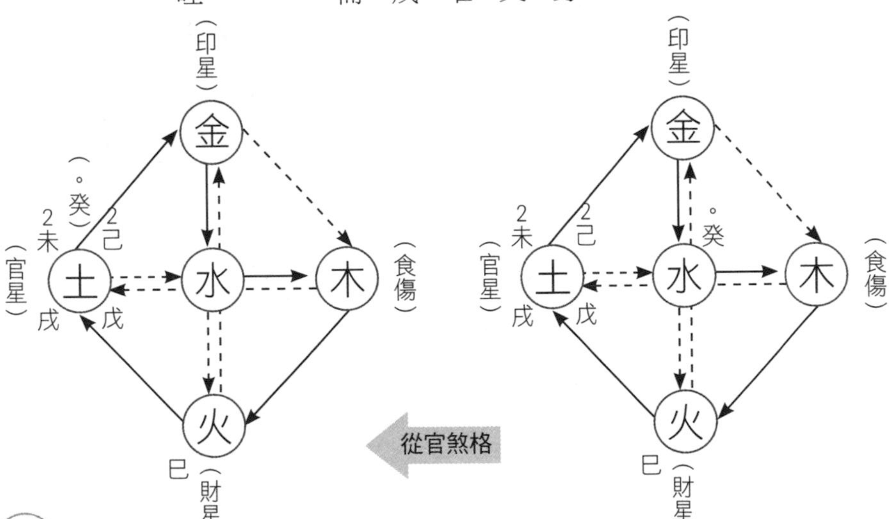

ㄷ、從官煞格破局為正格，格神解密舉例

例一、民國六十八年（一九七九）三月二十日申時

（七殺）年己　未（七殺）

（正官）月戊　辰（正官）

（日主）日癸　丑（七殺）

（正印）時庚　申（正印）

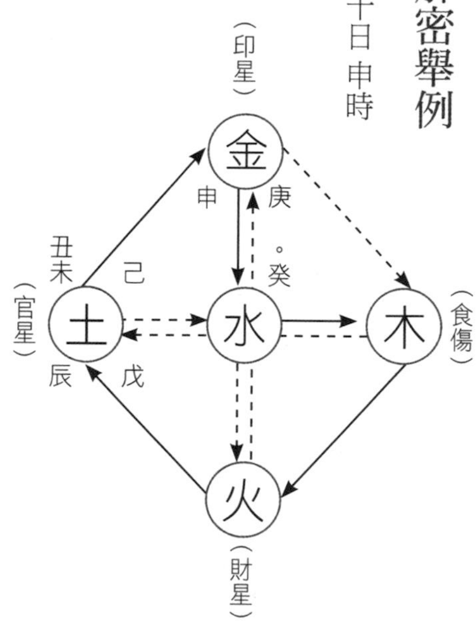

○提示：本造癸水孤立，官煞星強旺，日主本可棄命從官煞格，然時柱庚申金強盛，已不再扮演洩旺神土星的功能，轉而是扮演印星生日主癸水角色，是以本造變成身弱格論。

○本造從官煞格破局，以身弱格論。

喜用神：金（印星）、水（比星）、木（食傷星）。

忌　神：火（財星）、土（官殺星）。

例二、民國八十四年（一九九五）二月二十九日卯時

（七殺）年乙　亥（正財）
（比肩）月己　卯（七殺）
（日主）日己　未（比肩）　合木局
（傷官）時庚　午（偏印）

○提示：本造支亥卯未合為木局，年干透乙木，官煞木星強旺，午火印星來洩旺神木氣，日主己土孤立，本可棄命從官煞格，然時干透庚金制乙木，旺神受傷，格局變成身弱格論。

○本造從官煞格破局，以身弱格論。

喜用神：火（印星）、土（比星）、金（食傷星）。

忌　神：水（財星）、木（官殺星）。

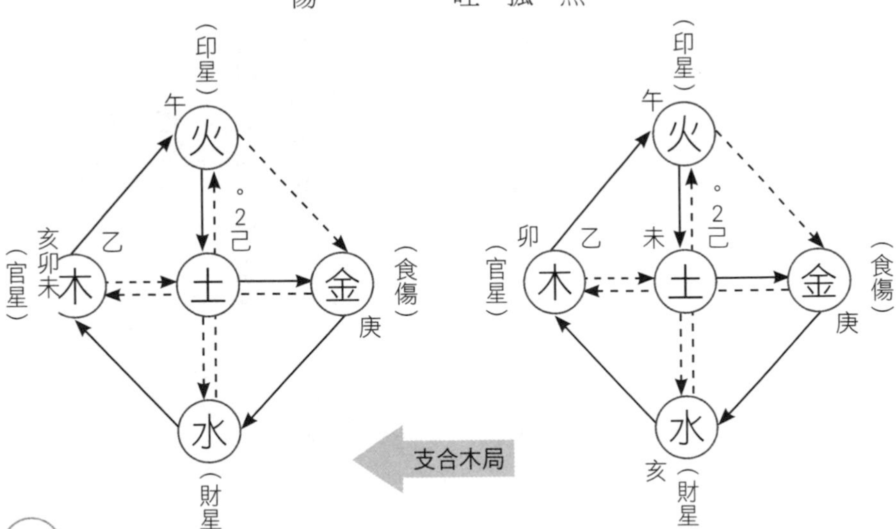

二、日弱從財官兩勢格之格神解密

ㄅ、格局形成基本條件

1. 日主比星弱而缺印星生助，財星及官煞星兩勢相當而相生，為全局最強旺之二神，日主必須從兩強勢才有生存空間者（如不從，為日弱無印之夭命格），但不見食傷星或旺比星剋破財星及官煞星者，否則以一般格論。

2. 從財官兩勢格形成，最喜有微印星洩旺神官煞星（官印相生），如運來配合，則為從財官兩勢格之富貴真格。

3. 從財官兩勢格形成，雖見微食傷星或微比星混局，但被印星或官煞星制合者，仍是從財官兩勢格論。

ㄆ、從財官兩勢格用神原則

喜財星生助旺神官煞星，喜官煞星引化財星（財生官），兼制比星以衛財星，喜印星洩旺神官煞星（官印相生），兼制食傷星以衛官煞星；忌比星制財星喜神。忌食傷星制旺神官煞星而變凶。

ㄇ、從財官兩勢格，格神解密舉例

例一、民國四十七年（一九五八）五月二十九日巳時

（正官）年戊　戌（正官）

（七殺）月己　未（七殺）

（日主）日癸　巳（正財）

（偏財）時丁　巳（正財）

○提示：日主癸水不怕生於燥未土月，因為本身就具有調候功能，本造支為巳火生戌未土，干又透丁火生戊己土，財星及官煞星最強旺，日主癸水孤立無依，唯有棄命從兩強勢火土星，才有生存空間，局中以戌中藏辛金為洩化神，但因燥土不生金，故為平凡之命造。

○本造為日弱從財官兩勢格。

喜用神：火（財星：進神）、土（官殺星：旺神）、金（印星：洩神）。

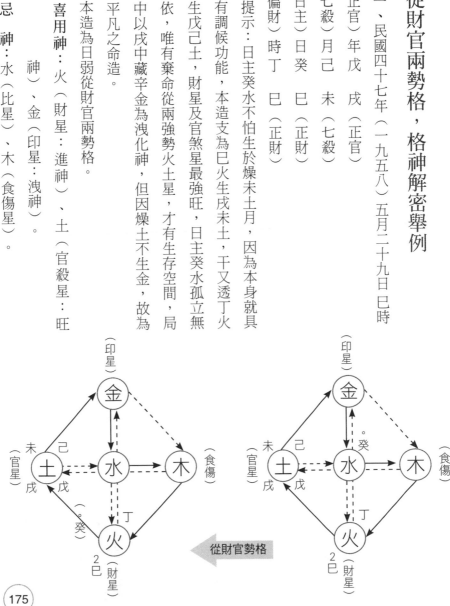

忌　神：水（比星）、木（食傷星）。

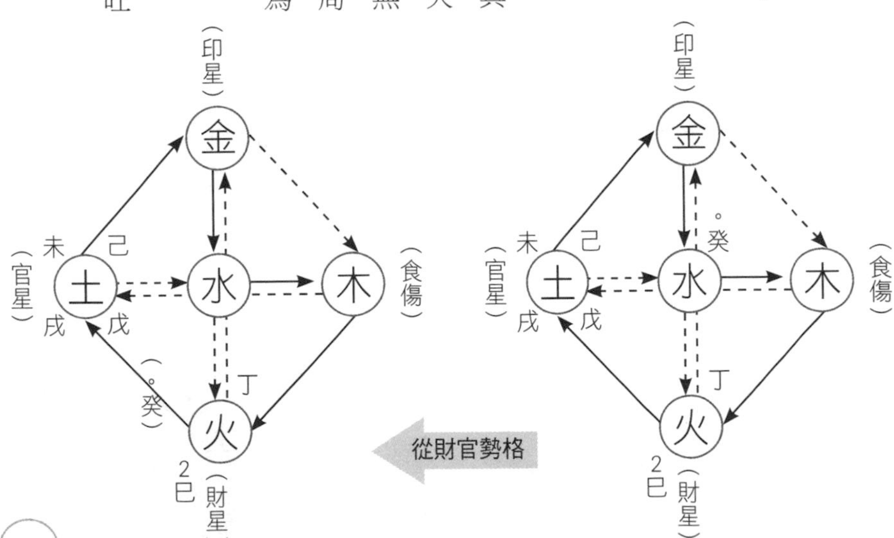

例二、民國五十七年（一九六八）閏七月十九日辰時

（偏財）年戊　申（七殺）

（正官）月辛　酉（正官）

（日主）日甲　申（七殺）

（偏財）時戊　辰（偏財）

○提示：日主甲木孤立無依，干兩戊土生一辛金，支一辰土生三申酉金，全局土金兩旺，甲木唯有棄命從強勢土財星及金官煞星，才有生存空間系統，局中以申辰藏壬癸水為洩化神，故為富貴之命造。

○本造為日弱從財官兩勢格。

喜用神：土（財星：進神）、金（官殺星：旺神）、水（印星：洩神）。

忌　神：木（比星）、火（食傷星）。

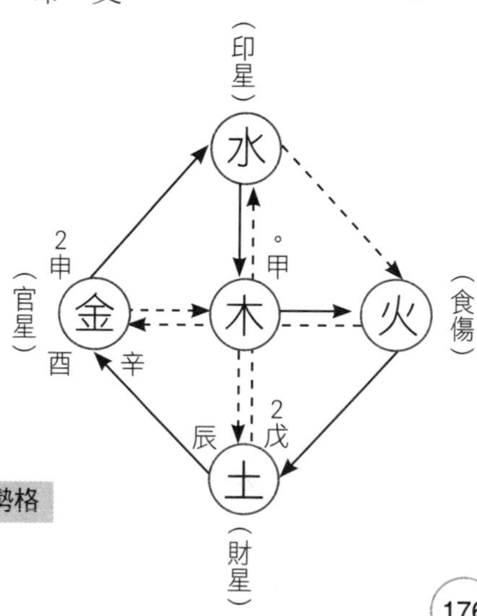

從財官勢格

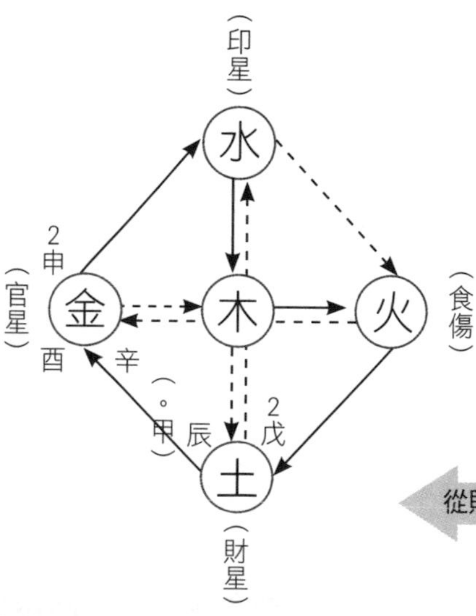

例三、民國三十八年（一九四九）三月二十五日午時

（正官）年己　丑（正官）

（七殺）月戊　辰（七殺）

（日主）日壬　午（正財）

（偏財）時丙　午（正財）

○提示：日主壬水孤立無依，本造干支形成火土二行同心局，財星火及官煞土星強旺，日主唯有棄命從強勢火財星及土官煞星，才有生存空間，局中以丑中藏辛金為洩化神，丑又為濕土能生金，運如不悖，則為富貴之命造。

○本造為日弱從財官兩勢格。

喜用神：火（財星：進神）、土（官殺星：旺神）、金（印星：洩神）。

忌　神：水（比星）、木（食傷星）。

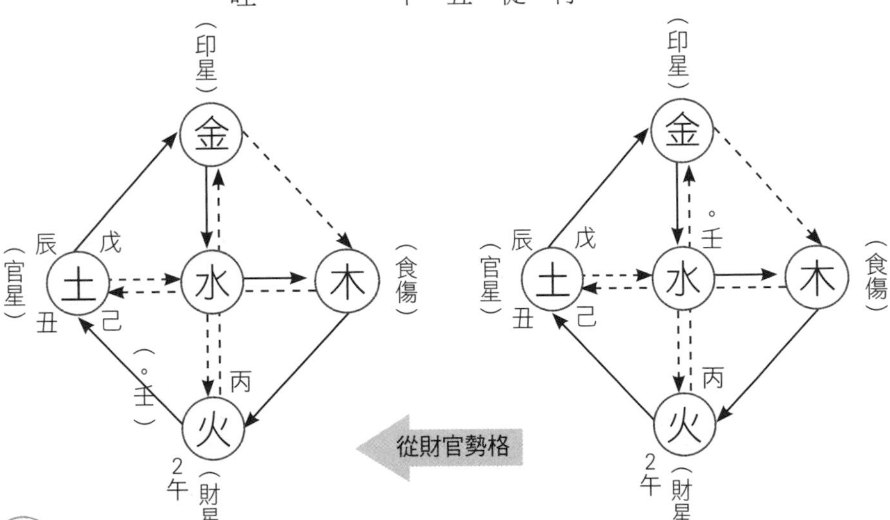

例四、民國七十年（一九八一）十二月初十日子時

（偏財）年辛　酉（偏財）
（正財）月庚　子（七殺）
（日主）日丁　亥（正官）
（正財）時庚　子（七殺）

○提示：日主丁火孤立無依，本造干支形成金水二行同心局，財星金及官煞水星強旺，日主唯有棄命從強勢金財星及水官煞星，才有生存空間，局中以亥中藏甲木為洩化神，如不背運，則為富貴之命造。

○本造為日弱從財官兩勢格。

喜用神：金（財星：進神）、水（官殺星：旺神）、木（印星：洩神）。

忌　神：火（比星）、土（食傷星）。

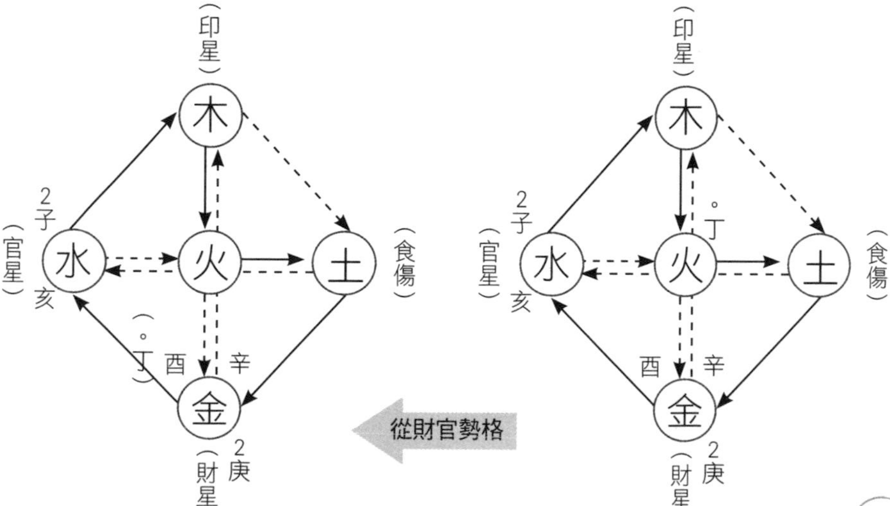

例五、民國七十年（一九八一）十一月初九日辰時

（偏財）年辛　酉（偏財）
（正財）月庚　子（正官）
（日主）日丙　辰（食神）
（七殺）時壬　辰（食神）
（子辰辰）合水局

○提示：日主丙火孤立無依，支子辰合化為水局，本造干支形成金水二行同心局，財星金及官煞水星強旺，日主唯有棄命從強勢金財星及水官煞星，才有生存空間，局中以辰中藏乙木為洩化神，如不背運，則為富貴之命造。

○本造為日弱從財官兩勢格。

喜用神：金（財星：進神）、水（官殺星：旺神）、木（印星：洩神）。

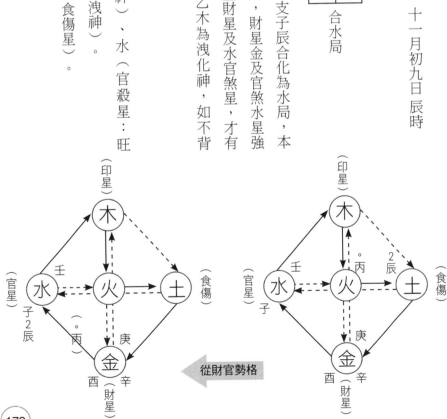

忌　神：火（比星）、土（食傷星）。

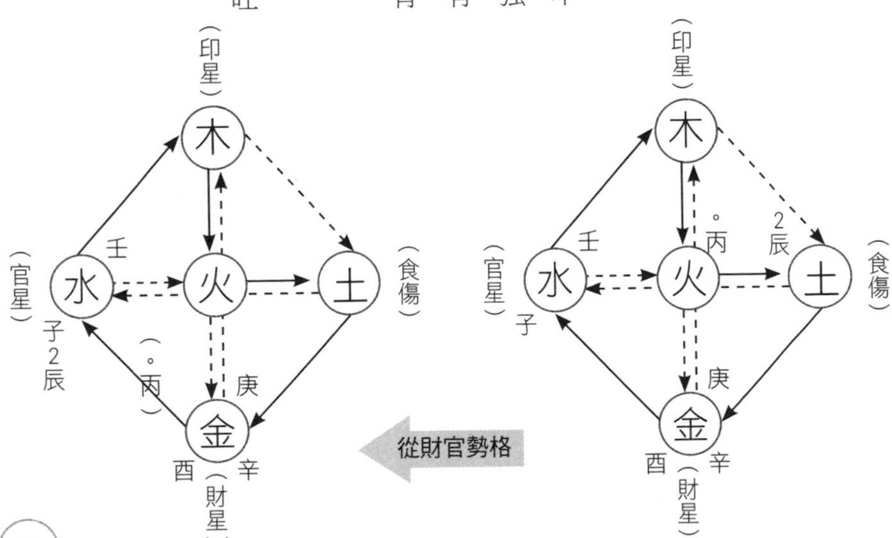

ㄈ、從財官兩勢格破局為正格，格神解密舉例

例一、民國六十年（一九七一）七月初十日子時

（偏財）年辛　亥（正官）
（比劫）月丙　申（正財）
（日主）日丁　亥（正官）
（正財）時庚　子（七殺）

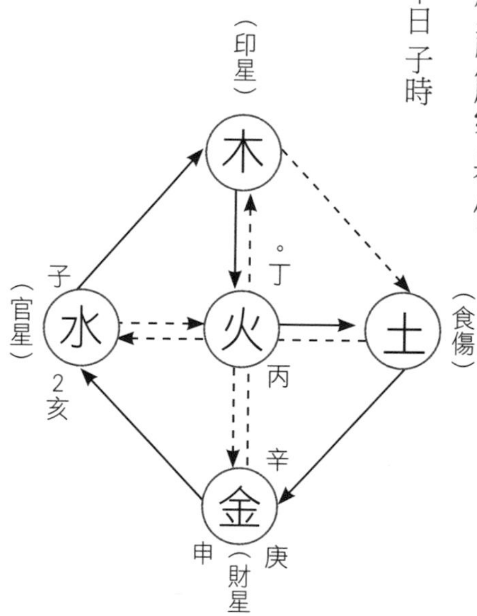

◎提示：本造金水兩旺，但日主丁火有丙火相扶助，日主不孤立，不可棄命從財官兩勢，是以本造日主為缺印不得令之身弱格論。

◎本造從財官兩勢格破局，以身弱格論。

喜用神：木（印星）、火（比星）、土（食傷星）。

忌　神：金（財星）、水（官殺星）。

例二、民國四十八年（一九五九）十一月二十三日卯時

（比劫）年己　亥（偏財）

（偏印）月丙　子（正財）

（日主）日戊　寅（七殺）

（正官）時乙　卯（正官）

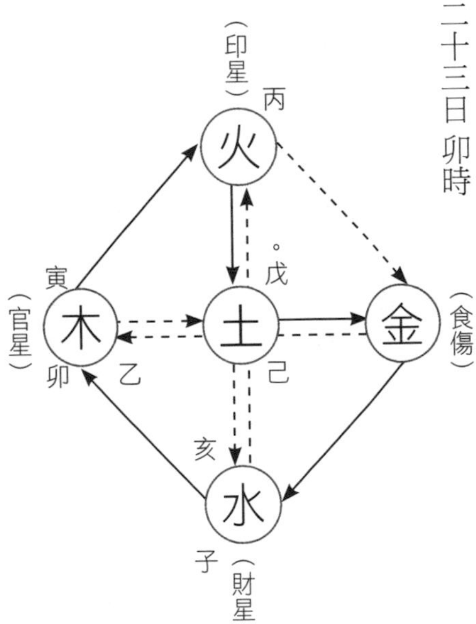

○提示：本造財官兩勢強旺，官煞星也得丙火印星洩旺神之氣，格似從財官兩勢格，只因戊土不孤立，有己土為伴，又得月干丙火生助，丙火不再是洩化神，是扮演了真正的印星角色，是以本造變成身弱格論。

○本造從財官兩勢格破局，以身弱格論。

喜用神：火（印星）、土（比星）、金（食傷星）。

忌　神：水（財星）、木（官殺星）。

三、日主化官煞格之格神解密

ㄅ、格局形成基本條件

1. 月令為官煞星，支或合會為官煞星局，干又透官煞星，日主與臨近天干因緣際會合化為官煞星旺神，且化神官煞星無剋破情事者，否則以一般格論。

2. 化官煞格形成，最喜有微印星洩旺神官煞星（官印相生），如運來配合，則為化官煞格局之富貴真格。

3. 化官煞格形成，雖見微食傷星或為比星混局，但被印星或官煞星制合者，仍是化官煞格論，但化官煞格，最忌官煞星（化神）月令被沖，使日主還原為日弱無印依，則有凶禍。

ㄆ、化官煞格用神原則

喜財星生助旺神官煞化星，喜化神官煞星引化財星（財生官），兼制比星以衛財星，喜微印星洩旺神官煞化星（官印相生），兼制食傷星以衛官煞星；忌比星制財星喜神。忌食傷星制旺神官煞星而變凶。

ㄇ、化官煞格，格神解密舉例

例一、民國五十七年（一九六八）閏七月二十日辰時

（正財）年戊　申（正官）

（七殺）月辛　酉（七殺）

（日主）日乙　酉（七殺）

（正官）時庚　辰（正財）

（酉辰）合金

○提示：日主乙木孤立無依，干戊土生庚辛金，支辰酉合金，申酉又是金，全局金星最強旺，則日主乙庚合化為金官星，才有生存空間，局中以申辰藏壬癸水為洩化神，運如不悖，則為富貴之命造。

○本造為日主化官煞格。

喜用神：土（財星：進神）、金（官殺星：旺神）、水（印星：洩神）。

忌　神：木（比星）、火（食傷星）。

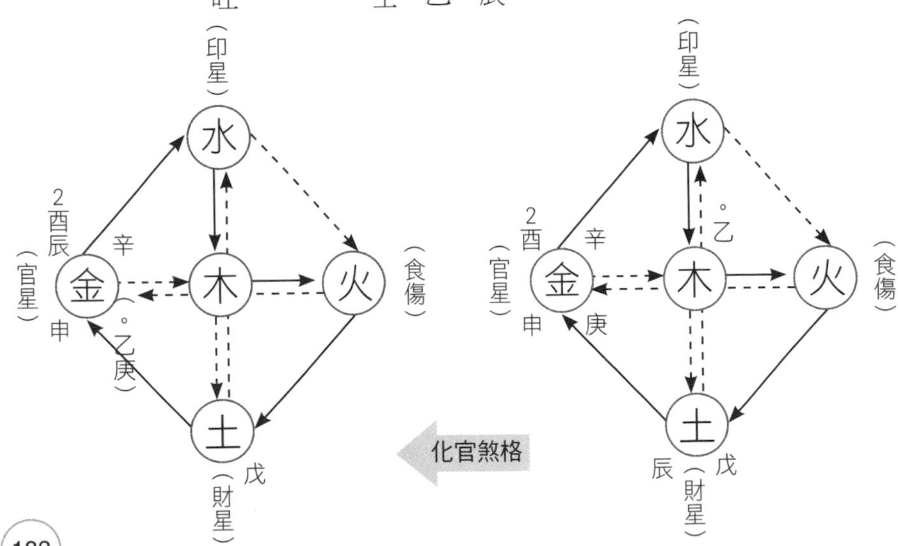

例二、民國八十九年（二〇〇〇）八月二十七日辰時

（正官）年庚　辰（正財）┐
（比肩）月乙　酉（七殺）┘合金
（日主）日乙　酉（七殺）┐
（正官）時庚　辰（正財）┘合金

○提示：支二組辰酉合金，則日主乙庚二組也順勢合化為金，成為日主化官煞格，局中以辰藏癸水為洩化神，運如不悖，則為富貴之命造。

○本造為日主化官煞格。

喜用神：土（財星：進神）、金（官殺星：旺神）、水（印星：洩神）。

忌　神：木（比星）、火（食傷星）。

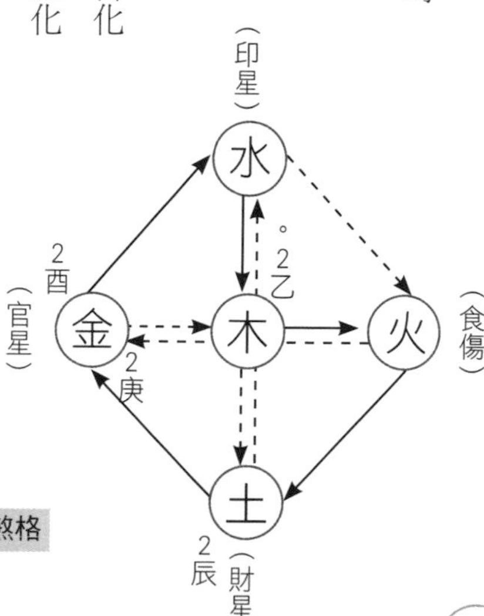

化官煞格

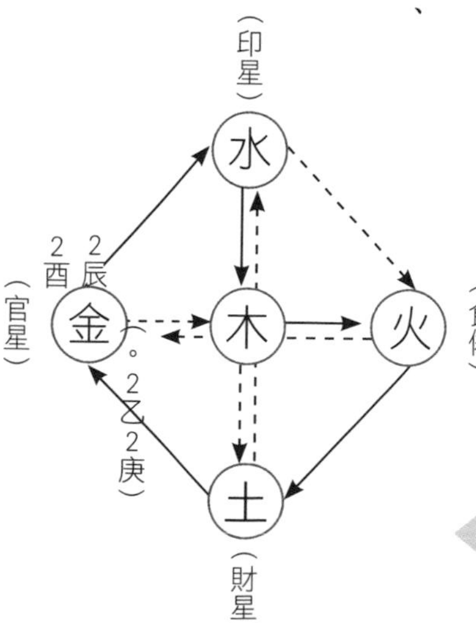

例三、民國二十一年（一九三二）十一月二十四日卯時

（七殺）年壬　申（偏財）
（七殺）月壬　子（正官）
（日主）日丙　辰（食神）
（正財）時辛　卯（正印）

申子辰合水局

◯提示：支申子辰合為水局，年月干透二壬水，水旺則日主丙辛順勢也合化為水官煞星，成為日主化官煞格，局中以卯木印星為洩化神，運如不悖，則為富貴之命造。

◯本造為日主化官煞格。

喜用神：金（財星：進神）、水（官殺星：旺神）、木（印星：洩神）。

忌　神：火（比星）、土（食傷星）。

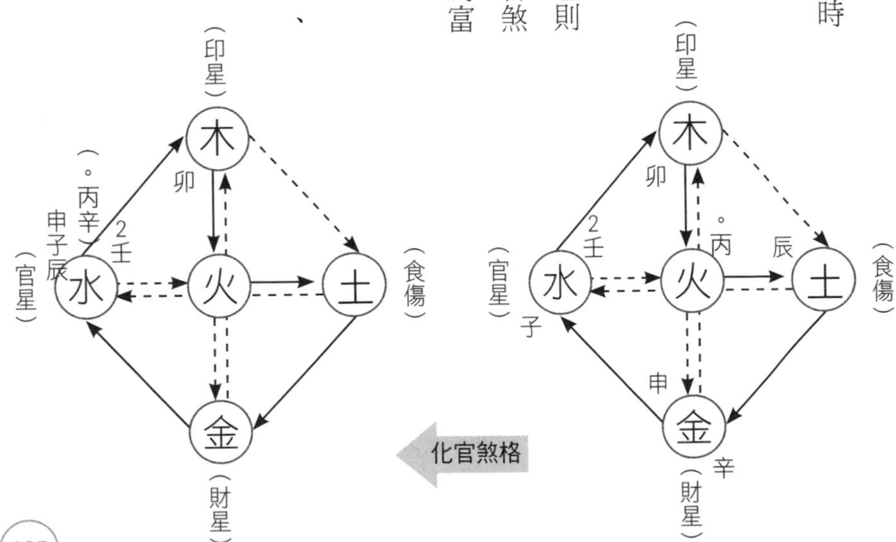

例四、民國六十一年（一九七二）十一月初六日卯時

（七殺）年壬　子（正官）

（七殺）月壬　子（正官）

（日主）日丙　子（正官）

（正財）時辛　卯（正印）

○提示：支三子水局，年月干透二壬水，水旺則日主丙辛順勢也合化為水官煞星，成為日主化官煞格，局中以時支卯木印星為洩化神，運如不悖，則為富貴之命造。

○本造為日主化官煞格。

喜用神：金（財星：進神）、水（官殺星：旺神）、木（印星：洩神）。

忌　神：火（比星）、土（食傷星）。

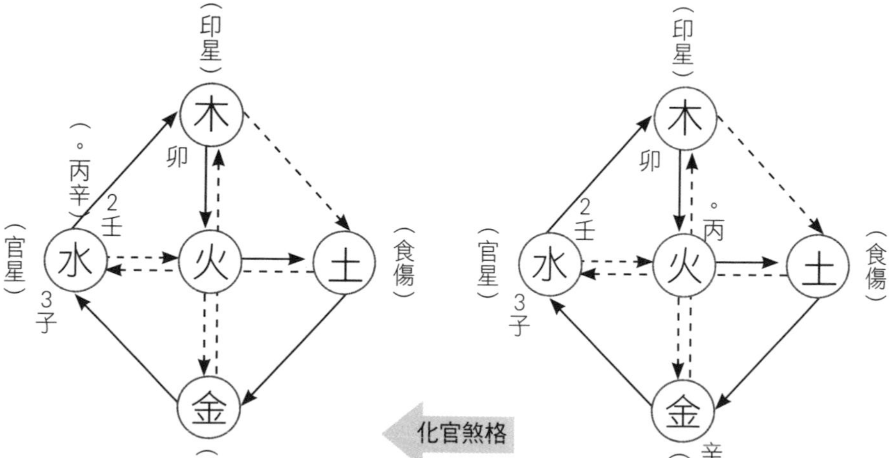

例五、民國九十四年（二〇〇五）三月二十三日 辰時

（比肩）	年乙	酉（七殺）	
（正官）	月庚	辰（正財）	合金
（日主）	日乙	酉（七殺）	
（正官）	時庚	辰（正財）	合金

○提示：支二組辰酉合金，則日主乙庚二組也是順勢合化為金，成為日主化官煞格，局中以辰藏癸水為洩化神，運如不悖，則為富貴之命造。

○本造為日主化官煞格。

喜用神：土（財星：進神）、金（官殺星：旺神）、水（印星：洩神）。

忌　神：木（比星）、火（食傷星）。

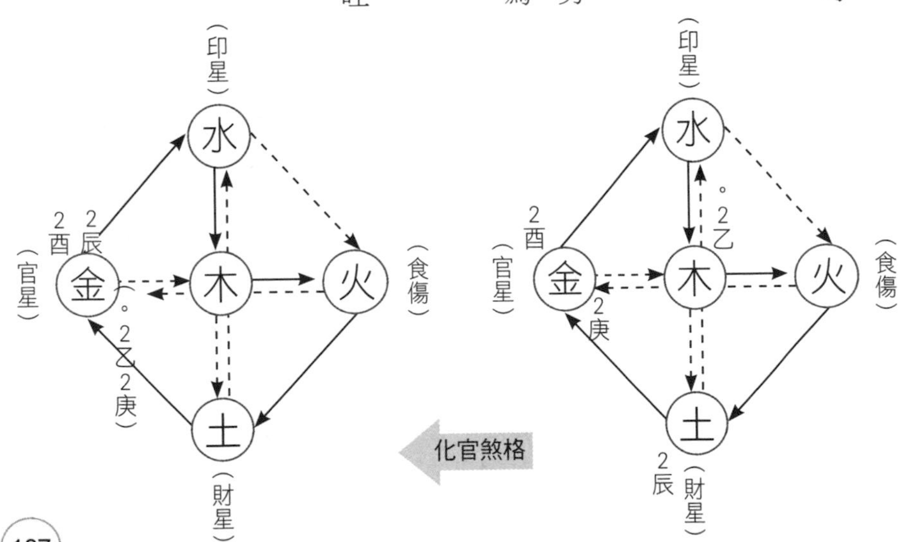

ㄈ、化官煞格破局為正格，格神解密舉例

例一、民國五十七年（一九六八）七月三十日申時

（正財）年戊　申（正官）

（正官）月庚　申（正官）

（日主）日乙　丑（偏財）

（比劫）時甲　申（正官）

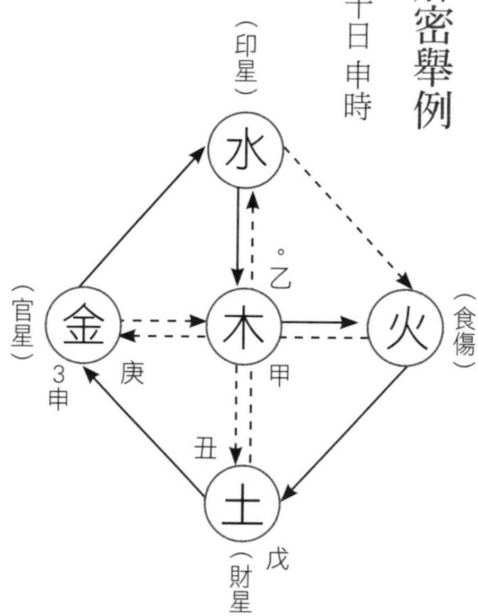

◯提示：本造日主乙木生於申月，支三申金局，則日主乙庚合化為金，財星戊己土生助官煞星，格成化官煞格，只因比星尚留有甲木不化，所以乙木日主還是要歸回本位原局，是以本造仍以身弱格論。

◯本造化官煞格不成，以身弱格論。

喜用神：水（印星）、木（比星）、火（食傷星）。

忌　神：土（財星）、金（官殺星）。

例二、民國四十五年（一九五六）八月十一日辰時

（傷官）年丙　申（正官）
（食神）月丁　酉（七殺）
（日主）日乙　酉（七殺）
（正官）時庚　辰（正財）

合金

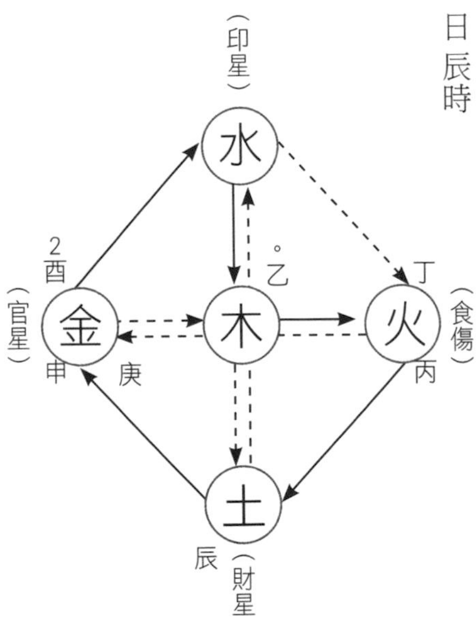

○提示：本造日主乙木生於酉月，辰酉合金，支全為金局，官煞星強旺，則日主乙庚合化為金，為化官煞格，奈因年月干透丙丁火制化神官煞星，化神受創，日主則歸回本位原局，仍以身弱論。

○本造化官煞格不成，以身弱格論。

喜用神：水（印星）、木（比星）、火（食傷星）。

忌　神：土（財星）、金（官殺星）。

拾、印星專旺格

一、日弱從印格（反局專旺印格）之格神解密

ㄅ、格局形成基本條件

1．日主比星弱，但缺食傷及財星，而印星或得令或會合，為全局最強旺之神，日主必須從強勢印星才有生存空間者（如不從，則為身旺無財依之夭命格），但不見財星或旺官煞星剋破印星及日主比星者，否則以一般格論。

2．從印格形成，最喜有微比星（日主自身）洩旺神印星（印生比），如運來配合，則為從印格富貴真格。

3．從印格形成，雖見微財星或微官煞星混局，但被日主比星制合或印星化煞為權者，仍是從印格論，但此格不同於母慈滅子格。

ㄆ、從印格用神原則

喜官煞星生助旺神印星（官煞印相生），喜印星引化官煞星兼制食傷星以衛官煞星，喜比星洩旺神印星（印生弱身），兼制財星以衛印星；忌食傷星洩比星兼制官煞星，忌財星制旺神印星而有凶兆。

ㄇ、從印格，格局與用神解密舉例

例一、民國六十九年（一九八〇）八月二十九日 酉時

（正印）年庚 申（正印）
（食神）月乙 酉（偏印）
（日主）日癸 丑（七殺）
（偏印）時辛 酉（偏印）
合金局

○提示：支申酉丑合化為金局，年干透庚金，則月干乙庚合化為金，全局以印星木最強旺，日主癸水孤立無強根，一方面從印外，一方面也可做為洩旺神印星之洩化神，屬於日弱從印格真格，格局高雅，運如不悖，則為富貴命造。

○本造為日主從印格。

喜用神：土（官殺星：進神）、金（印星：旺神）、水（比星：洩神）。

忌　神：木（食傷星）、火（財星）。

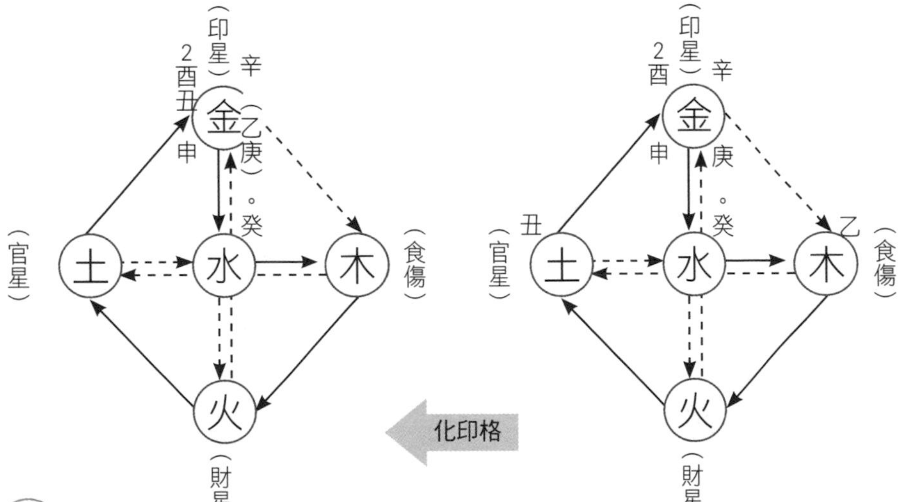

例二、民國六十六年（一九七七）五月十五日寅時

（偏印）年丁　巳（正印）
（正印）月丙　午（偏印）
（日主）日己　未（比肩）
（比肩）時己　巳（正印）

會火局

○提示：支巳午未會為火方，年月干透丙丁火，全局以印星火最強旺，配合己土比星洩旺神印星火，屬於日弱從印格真格，運如不悖，則格局高雅，為富貴命造。

○本造為日主從印格。

喜用神：木（官殺星：進神）、火（印星：旺神）、土（比星：洩神）。

忌　神：金（食傷星）、水（財星）。

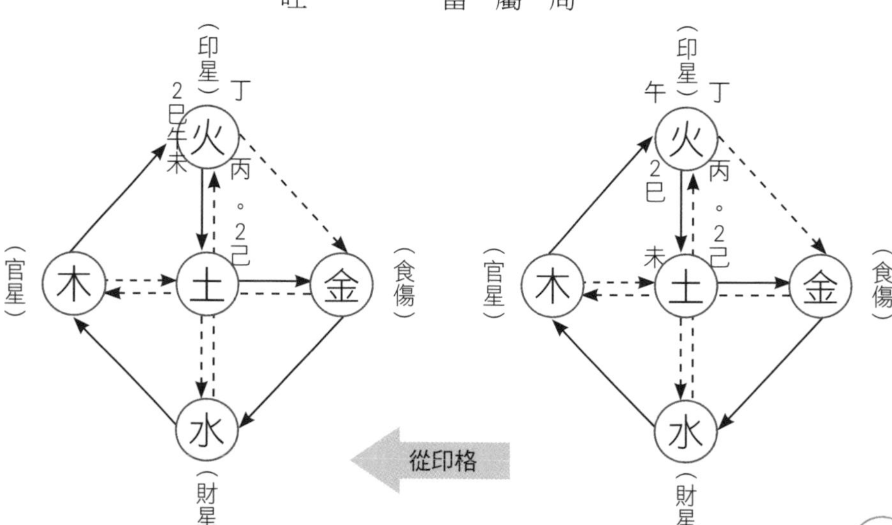

例三、民國二十一年（一九三二）十一月初三日申時

（偏印）	年壬	申	（七殺）
（偏印）	月壬	子	（正印）
（日主）	日甲	子	（正印）
（偏印）	時壬	申	（七殺）

合水局

○提示：支申子合為水局，年月時干透三壬水，日主甲木孤立，全局以印星水最強旺，配合甲木比星洩旺神印星水，屬於日弱從印格真格，格局高雅，運如不悖，則為富貴命造。

○本造為日主從印格。

喜用神：金（官殺星：進神）、水（印星：旺神）、木（比星：洩神）。

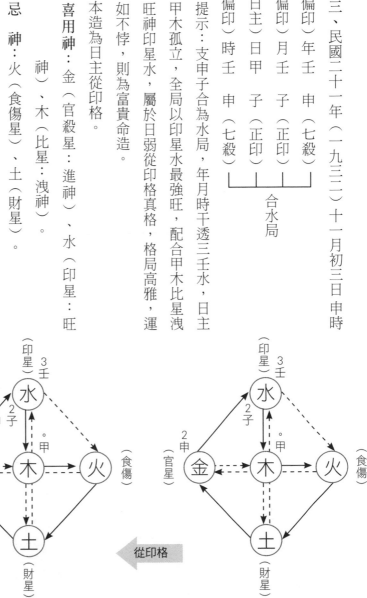

忌　神：火（食傷星）、土（財星）。

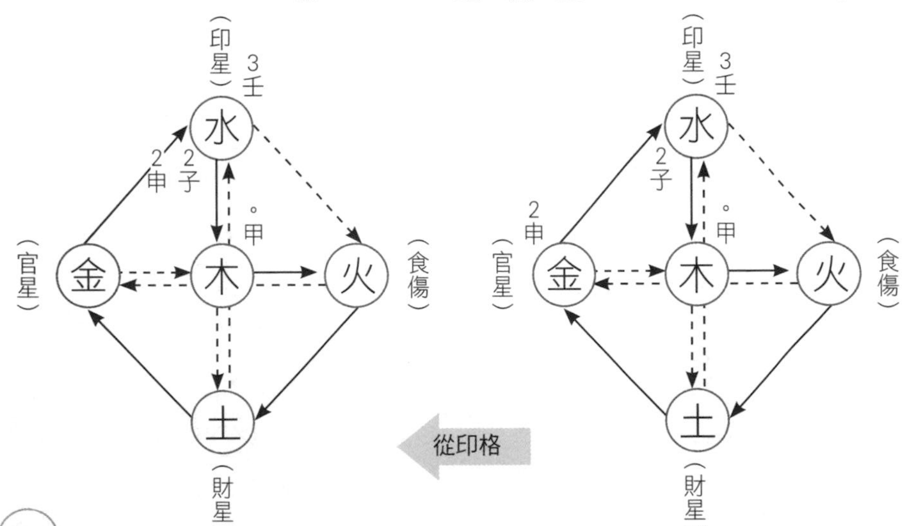

例四、民國七十五年（一九八六）五月十七日巳時

（偏印）年丙　寅（七殺）┐
（七殺）月甲　午（正印）├ 合火局
（日主）日戊　戌（比肩）┘
（正印）時丁　巳（偏印）

○提示：支寅午戌合火局，年時干透丙丁火，全局以印星火最強旺，日主戊土孤立洩旺神火氣，配合甲木殺印相生，屬於日弱從印格真格，格局高雅，運如不悖，則為富貴命造。

○本造為日主從印格。

喜用神：木（官殺星：進神）、火（印星：旺神）、土（比星：洩神）。

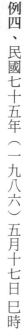

忌　神：金（食傷星）、水（財星）。

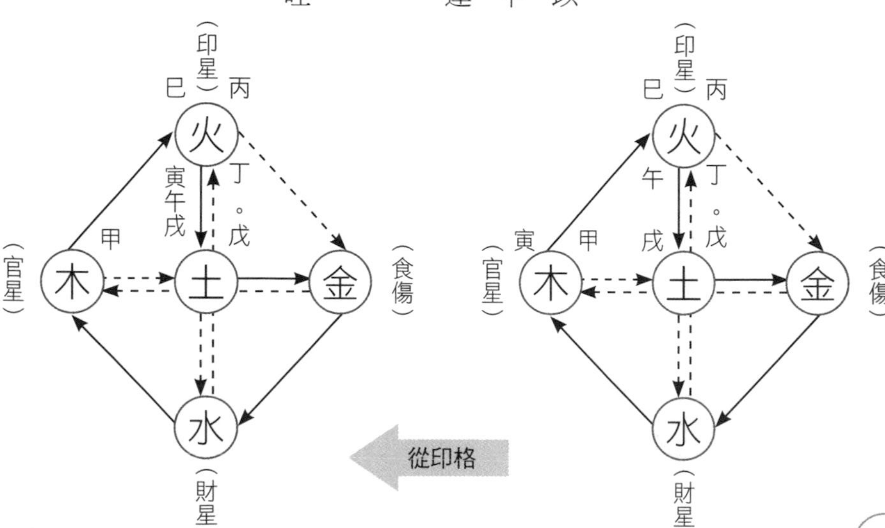

例五、民國八十一年（一九九二）十二月十一日酉時

（偏印）	年壬	申	（七殺）
（偏印）	月壬	子	（正印）
（日主）	日甲	申	（七殺）
（正印）	時癸	酉	（正官）

（申子申：合水局）

○提示：支申子合水局，年月時干透壬癸水，全局以印星水最強旺，日主甲木孤立洩旺神水氣，配合酉金官印相生，屬於日弱從印格真格，格局高雅，運如不悖，則為富貴命造。

○本造為日主從印格。

喜用神：金（官殺星：進神）、水（印星：旺神）、木（比星：洩神）。

忌　神：火（食傷星）、土（財星）。

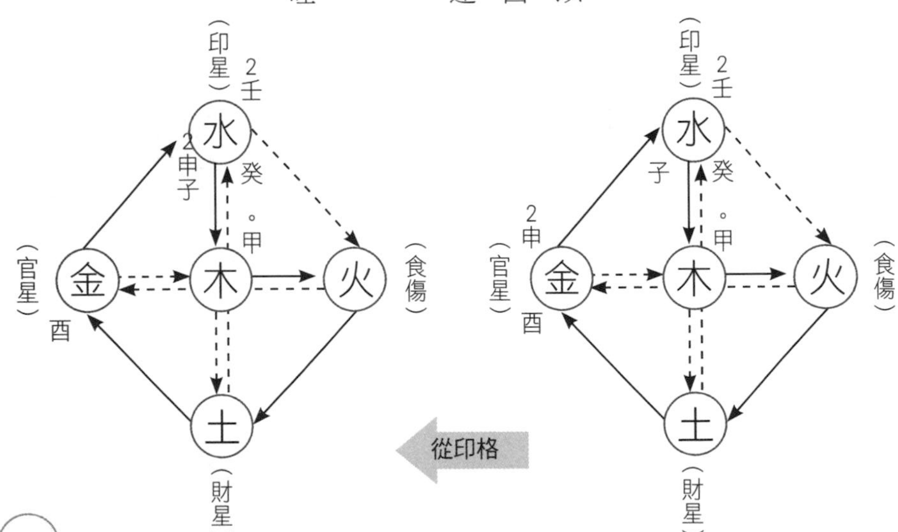

例六、民國三十八年（一九四九）三月十四日戌時

（偏印）年己　丑（偏印）
（正印）月戊　辰（正印）
（日主）日辛　未（偏印）
（正印）時戊　戌（正印）

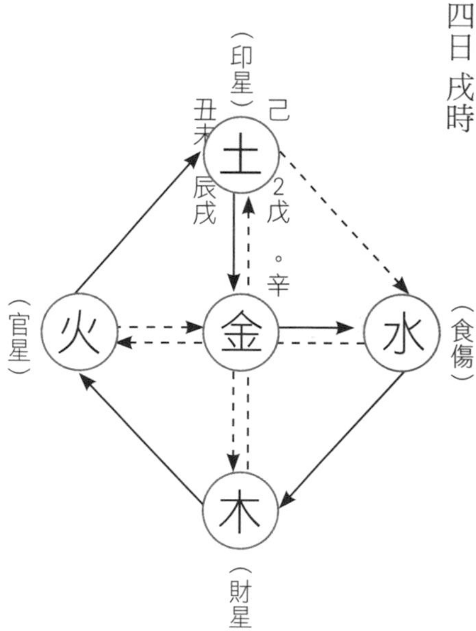

○提示：全局干支一片土，日主辛金孤立洩旺神土氣，雖無微官生化印星，但火官煞運來，不影響官印相生，仍屬於日弱從印格真格，格局高雅，運如不悖，則為富貴命造。

○本造為日主從印格。

喜用神：火（官殺星：進神）、土（印星：旺神）、金（比星：洩神）。

忌　神：水（食傷星）、木（財星）。

ㄈ、從印格破局為正格，格神解密舉例

例一、民國五十一年（一九六二）五月二十八日子時

（偏財）年壬　寅（七殺）
（偏印）月丙　午（正印）　合火局
（日主）日戊　戌（比肩）
（偏財）時壬　子（正財）

○提示：支寅午戌合火局，月干透丙火，全局以印星火最強旺，日主戊土孤立洩旺神火氣，本可從旺神印星，只因水也強旺來逆火，格變成了母慈滅子格論。

○本造從印格破局，以母慈滅子格論。

喜用神：土（比星）、金（食傷星）、水（財星）。

忌　神：木（官殺星）、火（印星）。

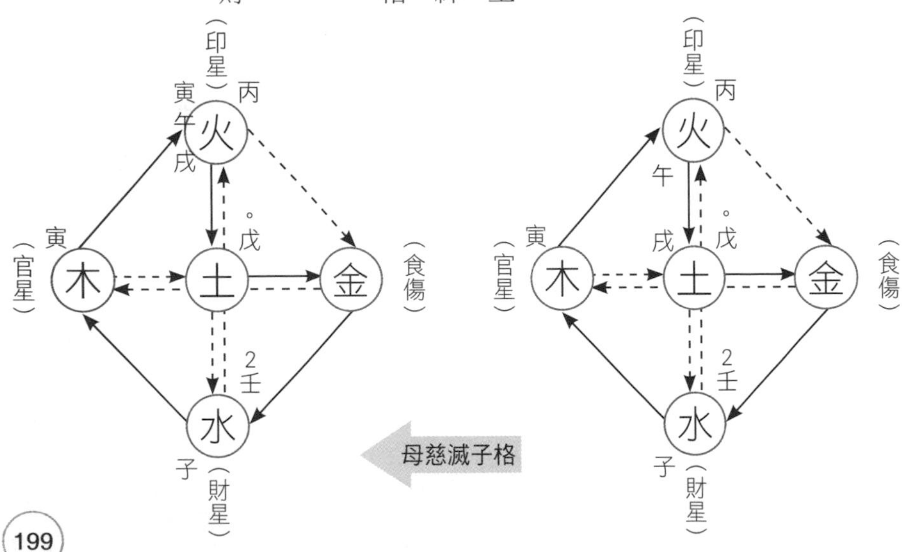

例二、民國六十三年（一九七四）三月初三日 酉時

（偏印）年甲　寅（偏印）

（比劫）月丁　卯（正印）

（日主）日丙　寅（偏印）

（比劫）時丁　酉（正財）

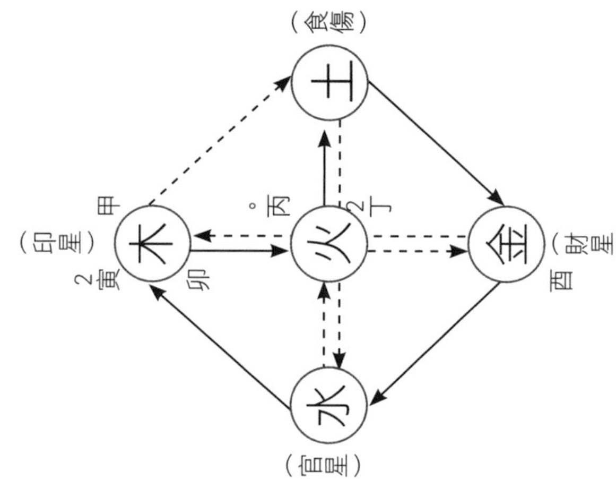

◯ 提示：日主丙火不孤立，雖印星強旺，亦逢時支酉金來逆，故日主無從印之必要性，則本造成為一般的身旺格論。

◯ 本造從印格不成立，以身旺格論。

喜用神：土（食傷星）、金（財星）。

忌　神：水（官殺星）、木（印星）、火（比星）。

二、日弱從官印相生兩勢格之格神解密

ㄅ、格局形成基本條件

1.日主比星弱，而官煞星及印星兩勢相當而相生，為全局最強旺之二神，日主必須從兩強勢才有生存空間者（如不從，為身旺無財依之夭命格），但不見食傷星或財星剋破官煞星與印星者，否則以一般格論。

2.從官煞印星兩勢格形成，最喜有微比星（日主自身）洩旺神印星（印生身），如運來配合，則為從官印兩勢格之富貴真格。

3.從官煞印星兩勢格形成，雖見微食傷星或微財星混局，但被印星或比星制合者，仍是從官印兩勢格論。

ㄆ、從官印兩勢格用神原則

喜官煞星生助旺神印星（煞印相生），喜印星引化官煞星兼制食傷星以衛官煞星，喜比星洩旺神印星（印生弱身），兼制財星以衛印星；忌食傷星洩比星兼制官煞星，忌財星制旺神印星而有凶兆。

ㄇ、日弱從官印相生兩勢格，格神解密舉例

例一、民國十七年（一九二八）七月初六日申時

（七殺）年戊　辰（七殺）
（偏印）月庚　申（偏印）
（日主）日壬　辰（七殺）
（七殺）時戊　申（偏印）

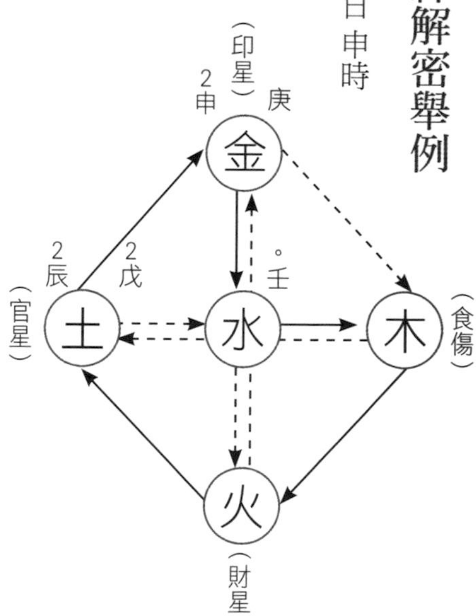

○提示：干支為土金煞印相生局，日主壬水孤立，全局煞印星兩勢相當，配合壬水比星洩旺神印星金氣，屬於日主從煞印相生格真格，格局高雅，如運不悖，則為富貴命造。

○本造為從殺印兩勢格。

喜用神：土（官殺星：進神）、金（印星：旺神）、水（比星：洩神）。

忌　神：木（食傷星）、火（財星）。

例二、民國五十八年（一九六九）六月二十四日申時

（七殺）年己　酉（偏印）

（偏印）月辛　未（七殺）

（日主）日癸　丑（七殺）

（正印）時庚　申（正印）

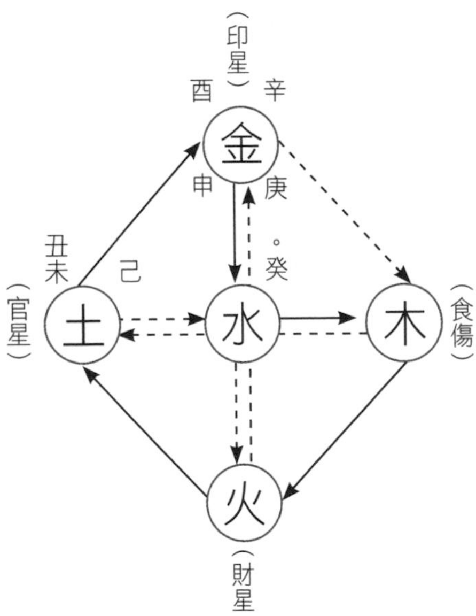

○提示：干支為土金煞印相生局，日主癸水孤立，全局煞印星兩勢相當，配合癸水比星洩旺神印星金氣，屬於日主從煞印相生格真格，格局高雅，如運不悖，為富貴命造。

○本造為從官印兩勢格。

喜用神：土（官殺星：進神）、金（印星：旺神）、水（比星：洩神）。

忌　神：木（食傷星）、火（財星）。

例三、民國七十三年（一九八四）閏十月初七日寅時

（正印）年甲　子（七殺）
（偏印）月乙　亥（正官）
（日主）日丁　卯（偏印）
（正官）時壬　寅（正印）

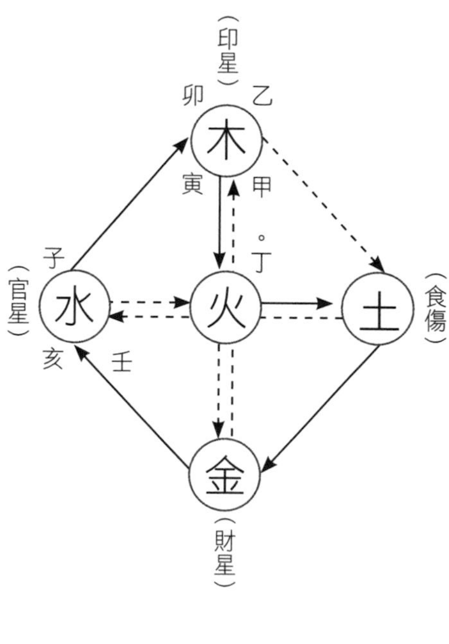

○提示：日主丁火孤立無依，全局干支官煞印水木相生且相當，配合日主丁火比星洩旺神印星木，屬於日主從官印兩勢格真格，格局高雅，如運不悖，為富貴命造。

○本造為從官印兩勢格。

喜用神：水（官殺星：進神）、木（印星：旺神）、火（比星：洩神）。

忌　神：土（食傷星）、金（財星）。

例四、民國七十五年（一九八六）五月十七日卯時

（偏印）年丙　寅（七殺）
（七殺）月甲　午（正印）
（日主）日戊　戌（比肩）　寅午戌合火局
（正官）時乙　卯（正官）

○提示：支寅午戌合火局，成為卯木生火局之勢；干又是甲乙木生年干丙火之勢，干支木火之勢相當，日主戊土孤立洩旺神火氣，屬於日弱從官印相生兩勢格真格，格局高雅，如運不悖，為富貴命造。

○本造為從官印兩勢格。

喜用神：木（官殺星：進神）、火（印星：旺神）、土（比星：洩神）。

忌　神：金（食傷星）、水（財星）。

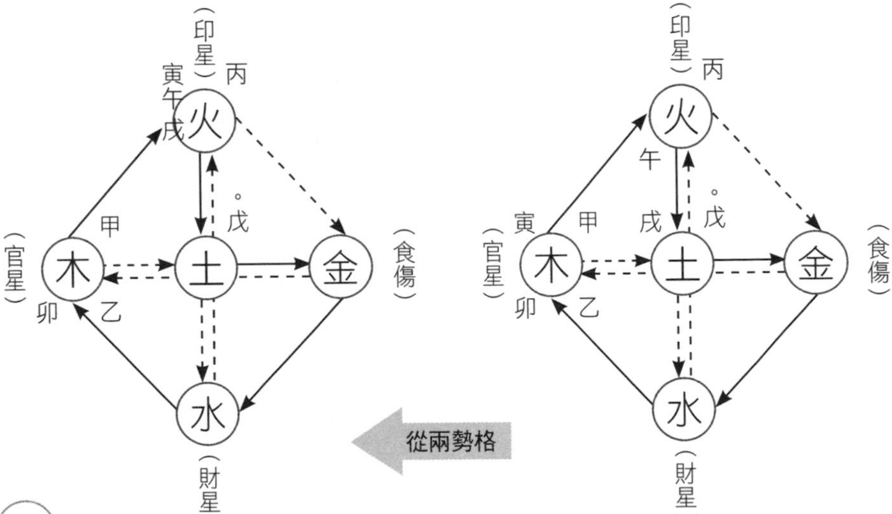

例五、民國七十六年（一九八七）四月二十三日寅時

（偏印）年丁　卯（七殺）

（七殺）月乙　巳（正印）

（日主）日己　巳（正印）

（正印）時丙　寅（正官）

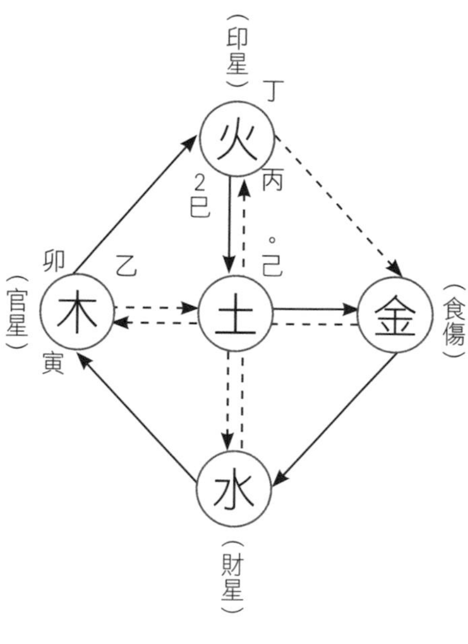

○提示：全局干支為木火官印相生局，干支木火之勢相當，日主己土孤立洩旺神火氣，屬於日弱從官印相生兩勢格真格，格局高雅，如運不悖，為富貴命造。

○本造為從官印兩勢格。

喜用神：木（官殺星：進神）、火（印星：旺神）、土（比星：洩神）。

忌　神：金（食傷星）、水（財星）。

例六、民國五十五年（一九六六）八月二十五日 丑時

（正官）年丙　午（七殺）
（正印）月戊　戌（正印）　合火
（日主）日辛　丑（偏印）
（偏印）時己　丑（偏印）

○提示：年月支午戌合火局，全局干支為官印相生局，干支木火之勢相當，日主辛金孤立洩旺神土氣，屬於日弱從官印相生兩勢格真格，格局高雅，如運不悖，為富貴命造。

○本造為從官印兩勢格。

喜用神：火（官殺星：進神）、土（印星：旺神）、金（比星：洩神）。

忌　神：水（食傷星）、木（財星）。

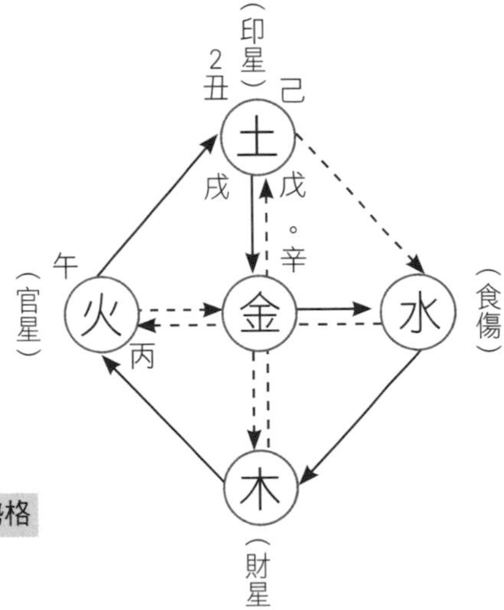

從兩勢格

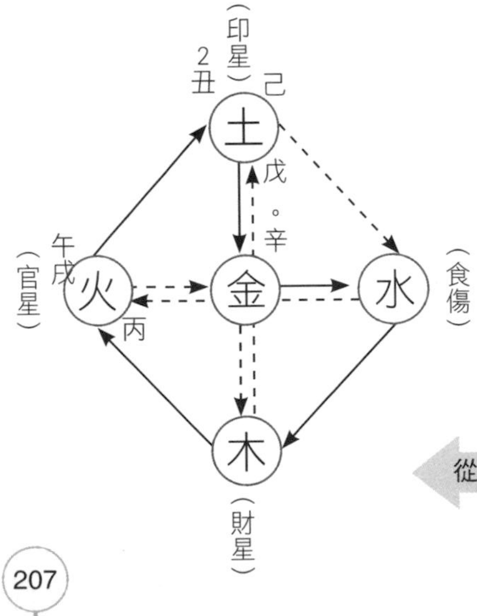

ㄈ、從官印兩勢格破局為正格，格神解密舉例

例一、民國五十八年（一九六九）七月十三日午時

（正官）年己　酉（正印）

（正印）月辛　未（正官）

（日主）日壬　申（偏印）

（偏財）時丙　午（正財）

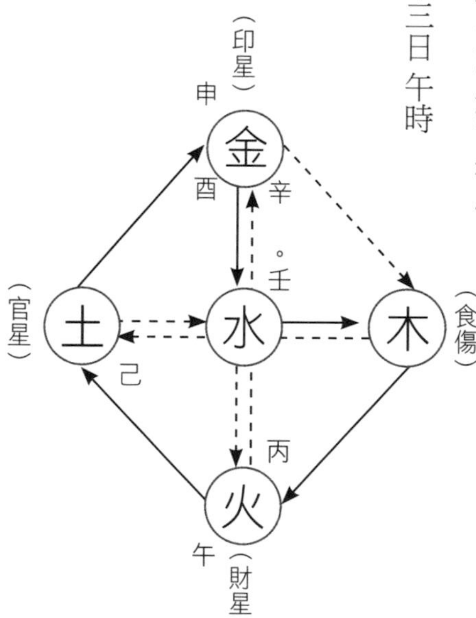

◎提示：日主孤立，官印相生且兩勢相當，本可從官印兩勢格，只因時柱現丙午火財星來逆旺印，整個格局變成母慈滅子格論。

◎本造從官印兩勢格破局，以母慈滅子格論。

喜用神：水（比星）、木（食傷星）、火（財星）。

忌　神：土（官殺星）、金（印星）。

例二、民國六十六年（一九七七）八月二十八日卯時

（正官）年丁　巳（七殺）
（比肩）月庚　戌（正印）
（日主）日庚　子（傷官）
（正印）時己　卯（正財）

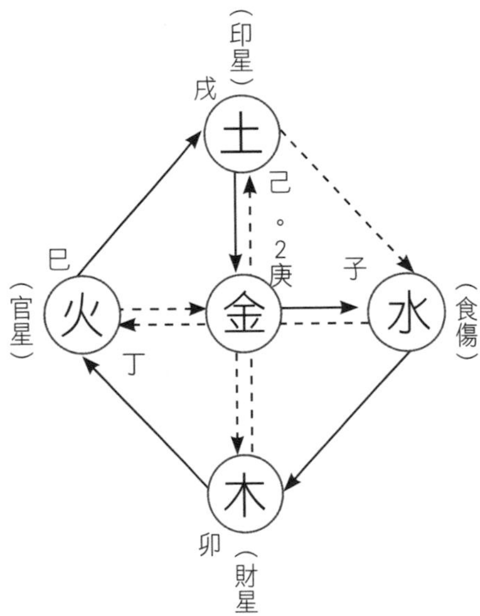

○提示：日主庚金雖孤立，但年干丁火剋庚金，官印不協調，日主則無法相從，此一也；支為傷官生財，此二也，是以本造以身旺格論。

○本造從官印兩勢格破局，以身旺格論。

喜用神：水（食傷星比星）、木（財星）。

忌　神：火（官殺星）、土（印星）、金（比星）。

三、日主化印格之格神解密

ㄅ、格局形成基本條件

1. 月令為印星，支或合會為印星局，干又透印星，日主與臨近天干因緣際會合化為印星旺神，且化神印星無被剋破情事者，否則以一般格論。

2. 化印格形成，最喜有微比星（支藏）洩旺神印星（印生身），如運來配合，則為化印格局之富貴真格。

3. 化印格形成，雖見微財星或為食傷星混局，但被比星或印星制合者，仍是化印格論，但化印格，最忌印星（或化神）月令被沖，使日主還原為身旺無財依，則有凶禍或傷亡。

ㄆ、化印格用神原則

喜官煞星生助旺神印星（煞印相生），喜印星引化官煞星兼制食傷星以衛官煞星，喜比星洩旺神印星（印生弱身），兼制財星以衛印星；忌食傷星洩比星兼制官煞星，忌財星制旺神印星而有凶兆。

ㄇ、化印格，格神解密舉例

例一、民國六十三年（一九七四）正月二十四日寅時

（正印）	年	甲	寅	（正印）
（比劫）	月	丙	寅	（正印）
（日主）	日	丁	亥	（正官）
（正官）	時	壬	寅	（正印）

（寅、寅、亥、寅）合木局

○提示：支寅亥合化為木局，年干透甲，則日主丁壬合化為木，全局以印星木最強旺，配合丙火比星洩旺神印星木，屬於日主化印格真格，格局高雅，如運不悖，為富貴命造。

○本造為日主化印格用。

喜用神：水（官殺星：進神）、木（印星：旺神）、火（比星：洩神）。

忌　神：土（食傷星）、金（財星）。

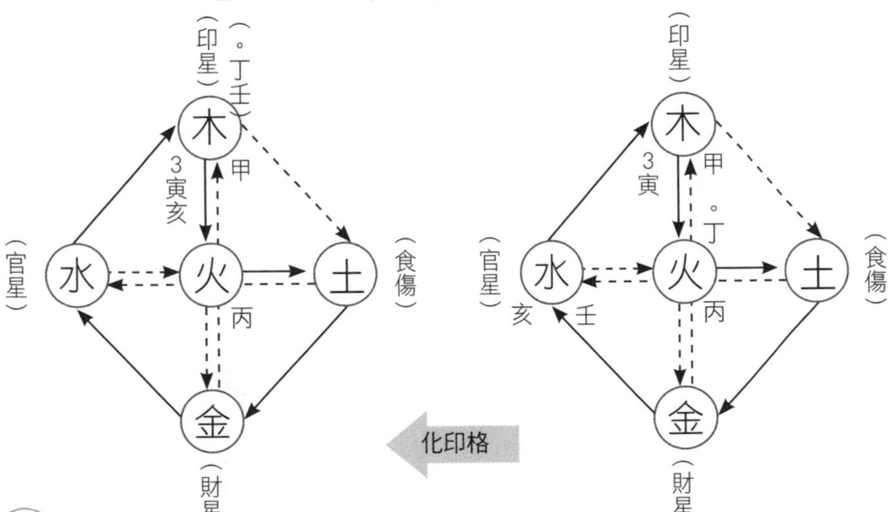

例二、民國五十一年（一九六二）正月十四日寅時

（正官）年壬　寅（正印）
（正官）月壬　寅（正印）
（日主）日丁　亥（正官）
（正官）時壬　寅（正印）
合木局

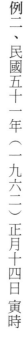

○提示：支寅亥合化為木局，年月時干透壬，則日主丁壬搶合化為木，全局以印星木最強旺，寅中藏丙火比星洩旺神印星木，屬於日主化印格真格，如運不悖，格局高雅，為富貴命造。

○本造為日主化印格。

喜用神：水（官殺星：進神）、木（印星：旺神）、火（比星：洩神）。

忌　神：土（食傷星）、金（財星）。

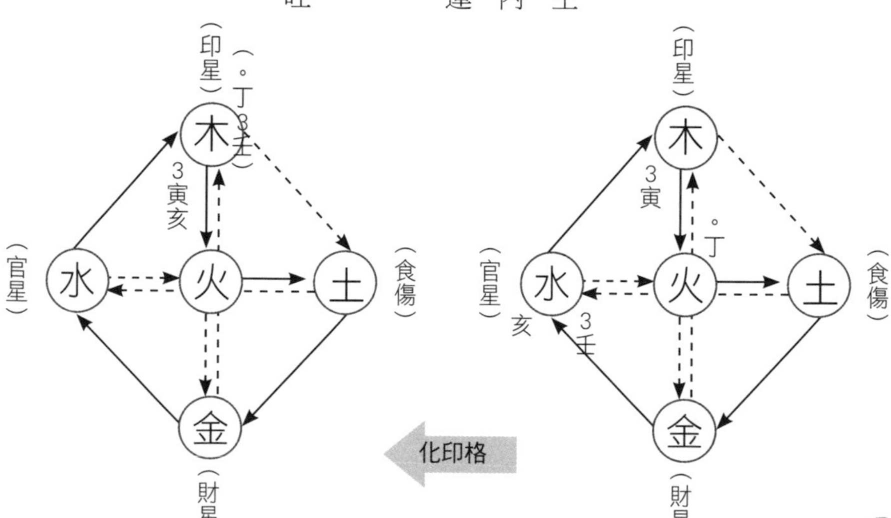

例三、民國八十四年（一九九五）二月十七日寅時

（偏印）年乙　亥（正官）

（食神）月己　卯（偏印）

（日主）日丁　未（食神）

（正官）時壬　寅（正印）

（亥卯未）合木局

○提示：支亥卯未合化為木局，年干透乙木制己土，則日主丁壬合化為木，全局以印星木最強旺，寅中藏丙火比星洩旺神印星木，屬於日主化印格真格，格局高雅，如運不悖，為富貴命造。

○本造為日主化印格。

喜用神：水（官殺星：進神）、木（印星：旺神）、火（比星：洩神）。

忌　神：土（食傷星）、金（財星）。

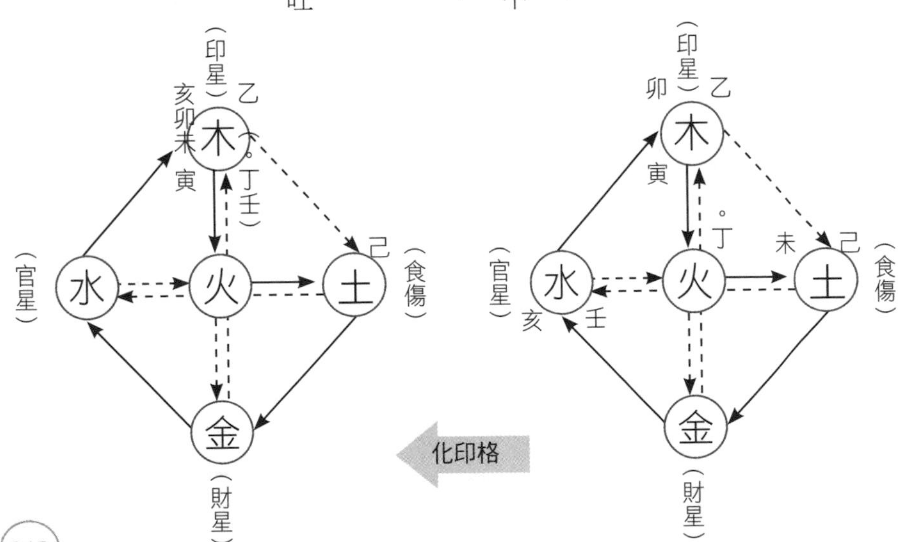

例四、民國六十三年（一九七四）三月初四日寅時

（正印）年甲　　寅（正印）

（比肩）月丁　　卯（偏印）

（日主）日丁　　卯（偏印）

（正官）時壬　　寅（正印）

◯提示：支寅卯為木局，年干透甲，則日主二丁搶合壬水，合化為木，全局以印星木最強旺，寅中藏丙火比星洩旺神印星木，屬於日主化印格真格，格局高雅，為富貴命造。

◯本造為日主化印格。

喜用神：水（官殺星：進神）、木（印星：旺神）、火（比星：洩神）。

忌　神：土（食傷星）、金（財星）。

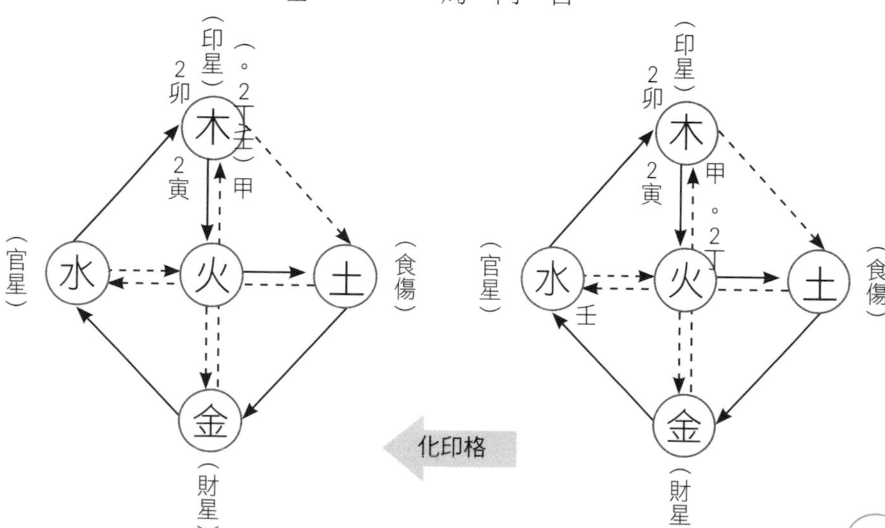

例五、民國七十六年（一九八七）正月初十日寅時

（比肩）年丁　卯（偏印）
（正官）月壬　寅（正印）
（日主）日丁　亥（正官）
（正官）時壬　寅（正印）
合木局

○提示：支寅亥合化為木局，干透二組丁壬亦同時合化為木局，全局以印星木最強旺，寅中藏丙火比星洩旺神印星木，屬於日主化印格真格，格局高雅，如運不悖，為富貴命造。

○本造為日主化印格。

喜用神：水（官殺星：進神）、木（印星：旺神）、火（比星：洩神）。

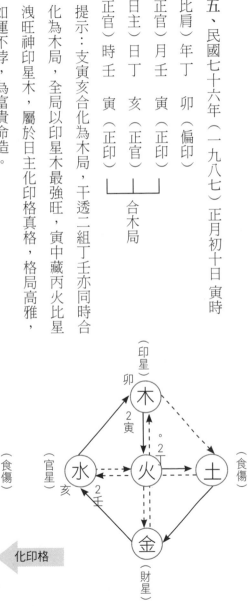

忌　神：土（食傷星）、金（財星）。

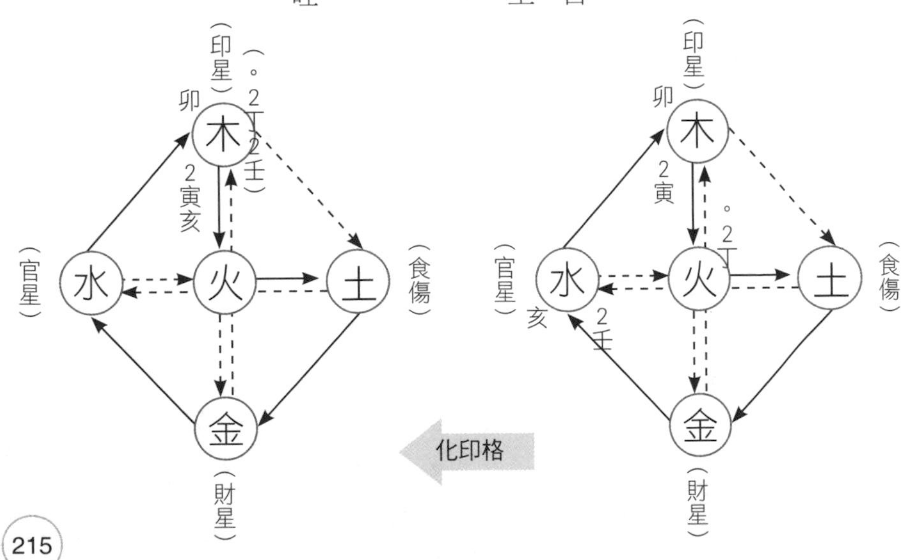

例六、民國五十五年（一九六六）閏三月二十九日巳時

（偏印）年丙　午（正印）

（比劫）月癸　巳（偏印）

（日主）日戊　寅（七殺）

（正印）時丁　巳（偏印）

○提示：日支寅生巳午火局，年時干透丙丁火，則日主戊癸合化為火，全局以印星火最強旺，配合巳中戊土比星洩旺神印星火，屬於日主化印格真格，格局高雅，如運不悖，為富貴命造。

○本造為日主化印格。

喜用神：木（官殺星：進神）、火（印星：旺神）、土（比星：洩神）。

忌　神：金（食傷星）、水（財星）。

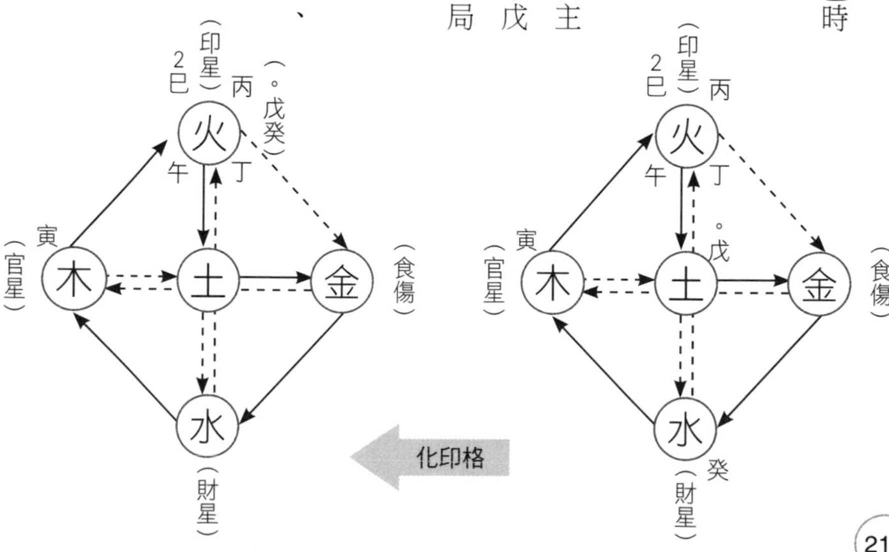

ㄈ、化印格破局為正格，格神解密舉例

例一、民國五十一年（一九六二）正月十四日 戌時

（正官）年 壬　寅（正印）
（正官）月 壬　寅（正印）
（日主）日 丁　亥（正官）
（正財）時 庚　戌（傷官）

寅、寅、亥：合木局

○提示：日主丁火生於寅月，支寅亥合化為木局，則日主丁壬合化為木，但因化神木星被庚金相逆而破局，以是日主必須還回本位，格局又成為母慈滅子格論。

○本造化印格破局，以母慈滅子格論。

喜用神：火（比星）、土（食傷星）、金（財星）。

忌　神：水（官殺星）、木（印星）。

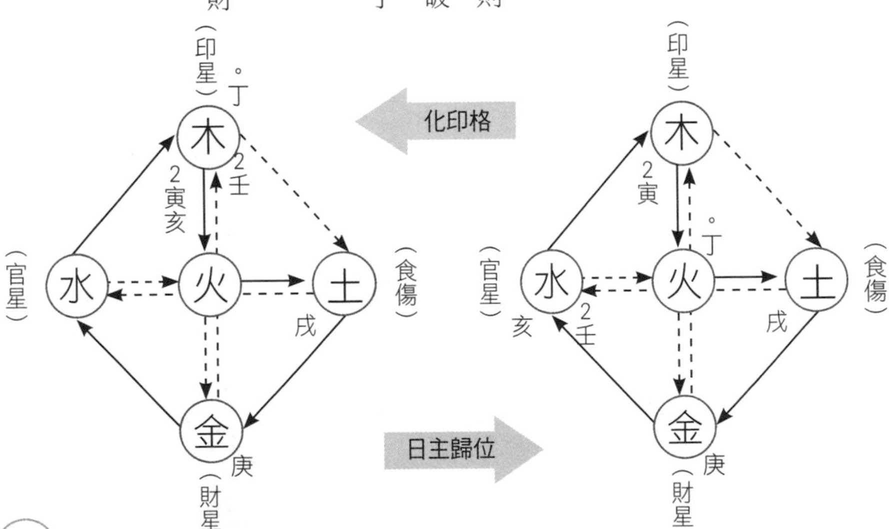

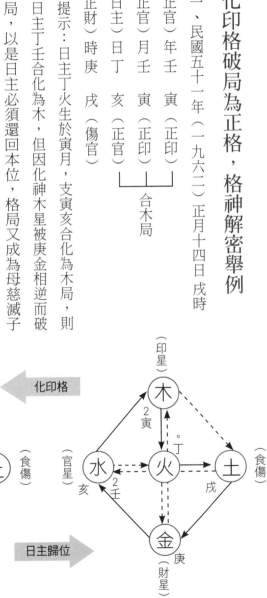

例二、民國七十七年（一九八八）四月初六日子時

（偏印）年丙　寅（七殺）
（正財）月癸　巳（偏印）
（日主）日戊　午（正印）
（偏財）時壬　子（正財）

○提示：日主戊土生於巳火月，日支坐午年干透丙，則日主戊癸合化為火，火星強旺，寅木殺印相生，然見時柱壬子來忤逆旺化神，印星受創，日主戊土只好歸回原位，格局又成為母慈滅子格論。

○本造為日主化印格。

喜用神：土（比星）、金（食傷星）、水（財星）。

忌　神：木（官殺星）、火（印星）。

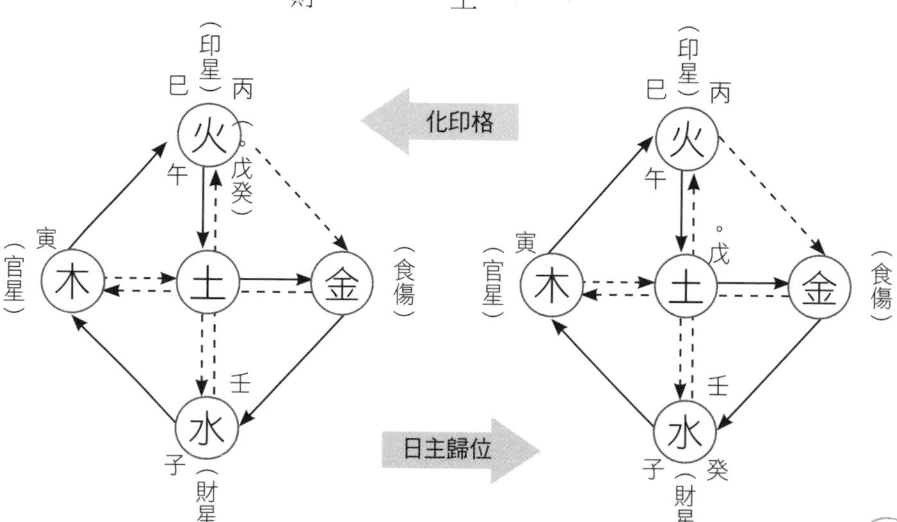

拾壹、身旺從官印相生格

ㄅ、格局形成基本條件

1．日主比星或支合會而不弱，但見局中官煞星生助印星，為官（煞）印相生格局，而不見食傷星或財星來逆局者，否則以一般格論。

2．日主身旺，官（煞）印又來相生，或有食傷洩秀佩印，或有財星為食傷生財而生官不壞印，全局五行氣流順暢無阻者，一生中無蹇運，為富貴真格；但遇財星壞印者，以一般格論。

3．身旺從官印相生格形成，雖見微食傷星或微財星混局，但被印星或比星制合者，仍是以身旺從官印相生格論。

ㄆ、身旺從官印相生格用神原則

喜官煞星生助印星（官印相生），喜印星引化官煞星（化煞為權）生比星，喜比星制財星以衛印星，或喜食傷星洩秀生財星，或喜財星生旺官星等良性互動因子。

ㄇ、身旺從官印相生格，格神解密舉例

例一、民國五十一年（一九六二）四月初五日未時

（七殺）年壬　寅（偏印）
（正印）月乙　巳（比肩）
（日主）日丙　午（比劫）
（正印）時乙　未（傷官）
巳午未合火局

○提示：日主丙火生於巳月，年干透壬水七殺生印星，干支呈現印比二行同心相生局，又無食傷財星混局，格成身旺官印相生格論。

○本造為身旺官印相生格。

喜用神：水（官殺星）、木（印星）、火（比星）、土（食傷星）。

忌　神：金（財星）。

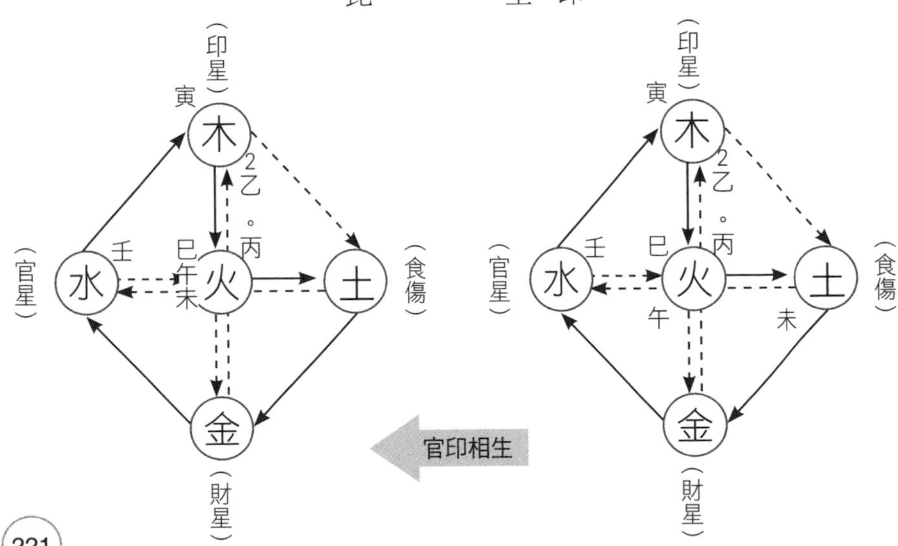

例二、民國九十三年（二〇〇四）十月二十一日午時

（比劫）年甲　申（正官）
（比肩）月乙　亥（正印）
（日主）日乙　卯（比肩）
（正印）時壬　午（食神）

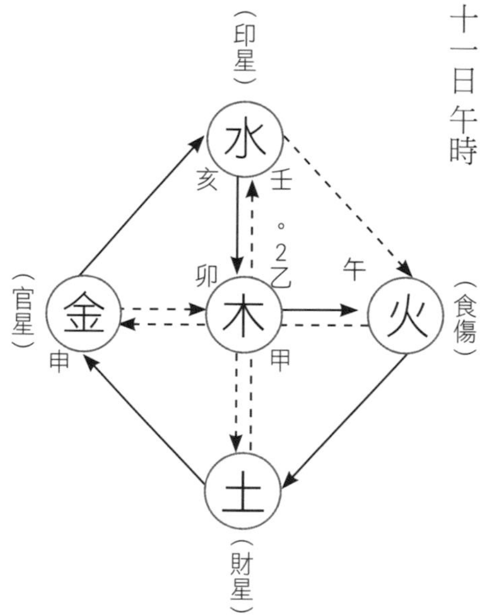

○提示：日主乙木生於亥水月，時干透壬水印星生比星甲乙木，支官印相生，干支呈現印比二行同心相生局，午火食神來洩秀，又無財星來逆局，格成身旺官印相生格論，如運不悖，為富貴命造。

○本造為身旺官印相生格。

喜用神：金（官殺星）、水（印星）、木（比星）、火（食傷星）。

忌　神：土（財星）。

例三、民國五十五年（一九六六）九月十五日 申時

（七殺）年丙　午（正官）

（偏印）月戊　戌（偏印）

（日主）日庚　申（比肩）

（偏財）時甲　申（比肩）

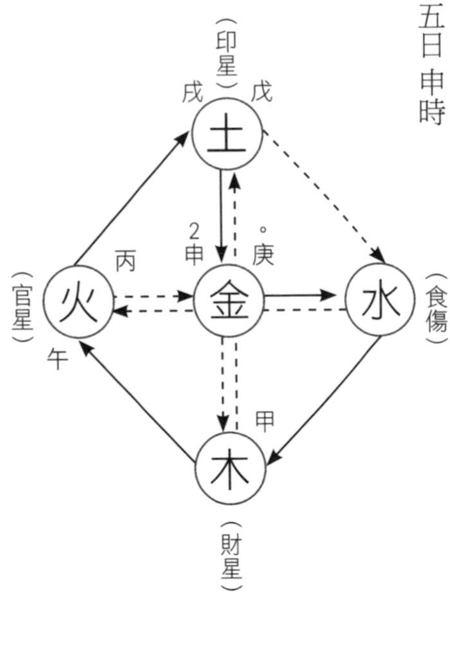

○提示：日主庚金生於戌土月，時干透甲木被庚金制伏，年月柱官印相生，干支呈現印比二行同心相生局，申中藏壬水食神來洩秀，格局高雅，格成身旺官印相生格論，如運不悖，為富貴命造。

○本造為身旺官印相生格。

喜用神：火（官殺星）、土（印星）、金（比星）、水（食傷星）。

忌　神：木（財星：變喜神）。

例四、民國七十三年（一九八四）正月初四日 未時

（正官）年甲　子（偏財）

（正印）月丙　寅（正官）

（日主）日己　巳（正印）

（食神）時辛　未（比肩）

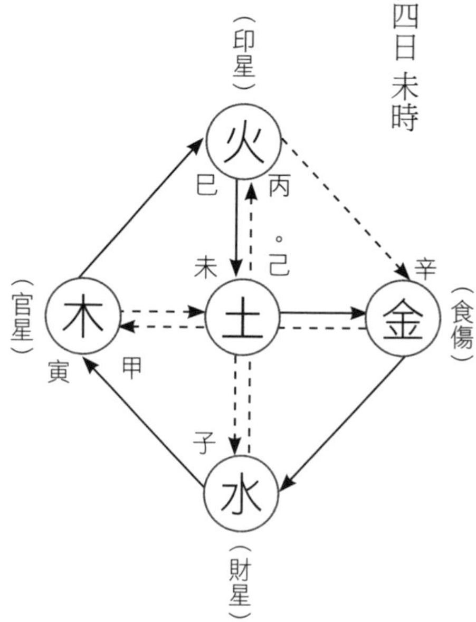

○提示：日主己土生於寅月令，天干由年起，一路木火土金相生，地支由年起，水木火土一路相生，其中包含了官印相生、印比母吾二人同心、食神洩秀、食傷生財、財官相生等良性互動因子，本造成為身旺官印相生格真吉格論，為全吉喜用神，也是富貴命造。

○本造為身旺官印相生格。

喜用神：金（官殺星）、水（印星）、木（比星）、火（食傷星）、土（財星）。

忌　神：無

ㄈ、身旺官印相生格破局為正格，格神解密舉例

例一、民國六十七年（一九七八）八月十六日子時

（正官）	年戊	午	（偏財）
（偏印）	月辛	酉	（偏印）
（日主）	日癸	未	（七殺）
（比劫）	時壬	子	（比肩）

（偏財、偏印：剋）（七殺、比肩：剋）

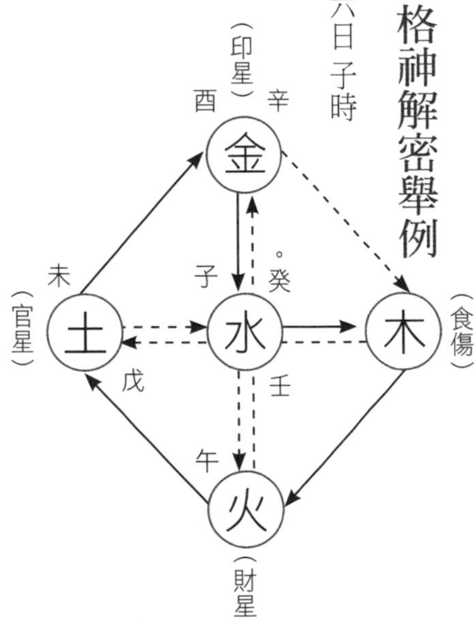

○提示：日主癸水生於酉月令，天干由年起土金水相生，地支則氣流混亂，午火財星剋破印星，七殺土星剋破比星，印比星受創，官印不相生、金水不清不白了……等惡性互動因子，八字就如同一粒老鼠屎壞了一鍋粥一樣，本造則以身旺論。

○本造身旺官印相生格破局，以身旺論。

喜用神：木（食傷星）、火（財星）、土（官殺星：閑神）。

忌　神：金（印星）、水（比星）。

例二、民國八十二年（一九九三）正月二十一日酉時

（正印）年癸　酉（正官）┐
（比肩）月甲　寅（比肩）┘剋
（日主）日甲　子（正印）
（正印）時癸　酉（正官）

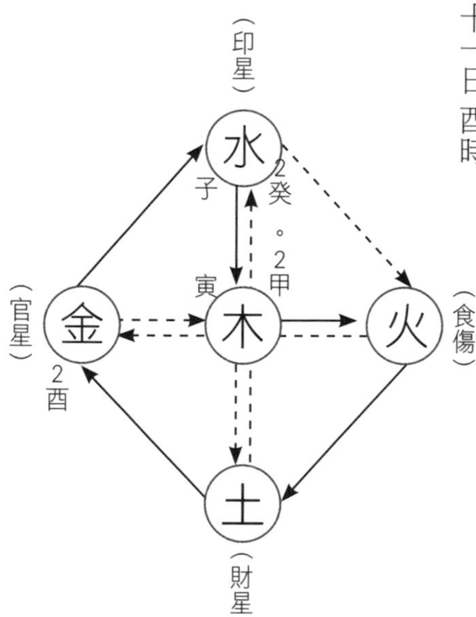

○提示：日主甲木生於寅月令，天干水木印比相生，地支則氣流混亂，原為時支起，官印比一路相生，但到了年支酉金回頭剋寅木，則官印無法相生，八字就如同一人向隅舉座為之不歡一樣，本造則改以身旺論格局了。

○本造身旺官印相生格破局，以身旺論。

喜用神：火（食傷星）、土（財星）。

忌　神：金（官殺星）、水（印星）、木（比星）。

拾貳、母慈滅子格

（母旺子衰格）

ㄅ、格局形成基本條件

1. 印星強旺，日主孤立，局中有食傷財星，且食傷財星無損傷者。
2. 印星強旺，日主孤立，局中有食傷財星無損，但財星壞印者。
3. 印星強旺，但日主有比星相助通根者，不論有否食傷星，皆以一般正格論。

ㄆ、母慈滅子格用神原則

1. 喜比星增強自身，兼洩旺神印星；喜食傷星生助財星；喜財星制旺神印星以衛食傷星；忌官殺星攻弱日比星，忌旺神印星再增旺制食傷星。
2. 滴天髓：君賴臣生理最微，兒能生母洩天機，母慈滅子關頭異，夫健何為又怕妻……知慈母恤孤之道。這是母慈滅子格用神的精神，是喜財制印護比為恤孤之道，而無滅子之心。

ㄇ、母慈滅子格，格神解密舉例

例一、民國三十八年（一九四九）三月十四日 辰時

（偏印）年己　丑（偏印）
（正印）月戊　辰（正印）
（日主）日辛　未（偏印）
（傷官）時壬　辰（正印）

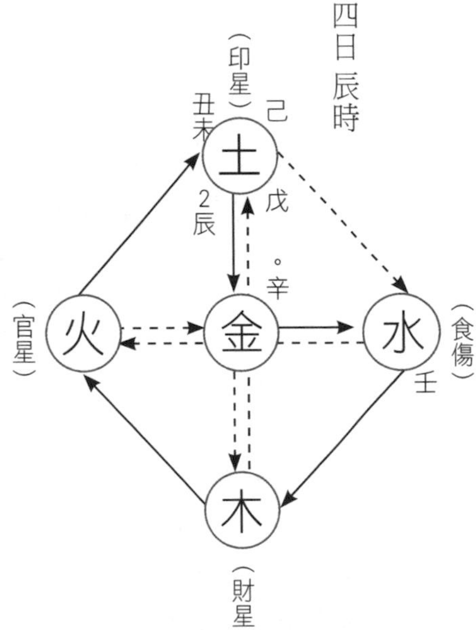

◎提示：日主辛金生於辰土月，干支印星皆土旺，因日主辛金孤立，時干透壬水而不被印星損傷（傷官佩印），屬於日弱母慈滅子格，因印星太旺，會造成命主過重的依賴母親變成無能，男女命婚姻也不美滿，甚至是孤寡，從宗教禮佛之命造。

◎本造為母慈滅子格。

喜用神：金（比星）、水（食傷星）、木（財星）。

忌　神：火（官殺星）、土（印星）。

例二、民國六十一年（一九七二）十一月初五日 戌時

（正印）年壬　子（偏印）

（正印）月壬　子（偏印）

（日主）日乙　亥（正印）

（傷官）時丙　戌（正財）

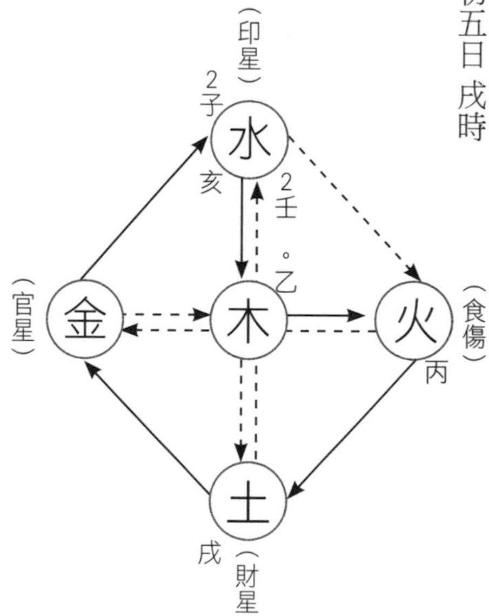

◎提示：干支印星水旺，日主乙木孤立，時干透丙火傷官洩秀，時支戌土制旺印，屬於日弱母慈滅子格，因印星太旺，母親脾氣暴烈也掌家權，幸得戌土制強印，男命婚姻會捲入母親與妻子之間的爭議漩渦，女命婚姻亦不美滿。

◎本造為母慈滅子格。

喜用神：木（比星）、火（食傷星）、土（財星）。

忌　神：金（官殺星）、水（印星）。

例三、民國三年（一九一四）正月十五日子時

（偏印）年甲　寅（偏印）
（比肩）月丙　寅（偏印）
（日主）日丙　寅（偏印）
（食神）時戊　子（正官）

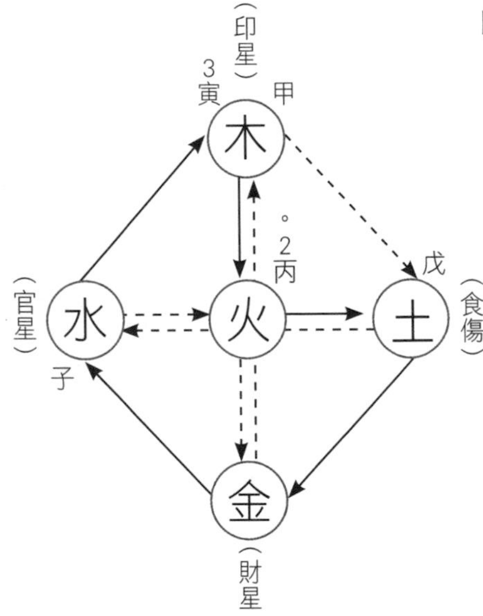

◯提示：時支子水生三寅木，時干木火土一路相生，戊土洩秀比星，日主丙火孤立，屬於日弱母慈滅子格，母親強勢掌家權，男女命婚姻會不美滿或較晚婚。

◯本造為母慈滅子格。

喜用神：火（比星）、土（食傷星）、金（財星）。

忌　神：水（官殺星）、木（印星）。

例四、民國三十九年（一九五〇）二月初五日 未時

（偏財）年庚　寅（偏印）
（傷官）月己　卯（正印）　會木方
（日主）日丙　辰（食神）
（正印）時乙　未（傷官）

○提示：支寅卯辰會木方，時干透乙木，印星強旺，日主丙火孤立，屬於日弱母慈滅子格。

○本造為母慈滅子格。

喜用神：火（比星）、土（食傷星）、金（財星）。

忌　神：水（官殺星）、木（印星）。

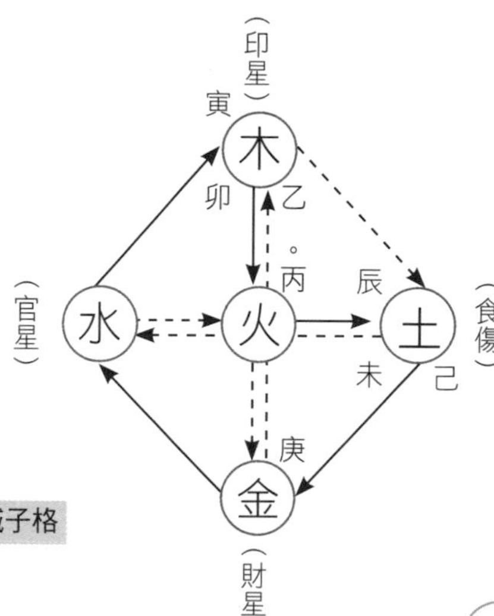

母慈滅子格

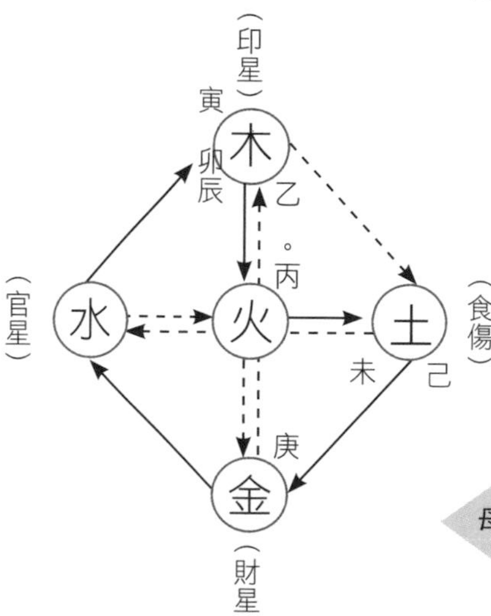

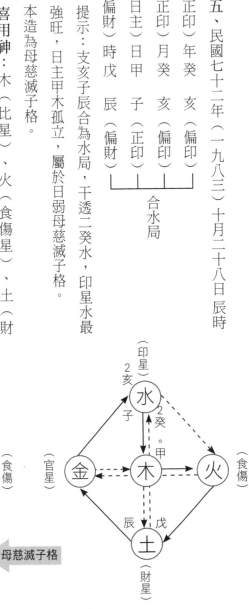

例五、民國七十二年（一九八三）十月二十八日辰時

（正印）年癸　亥（偏印）

（正印）月癸　亥（偏印）

（日主）日甲　子（正印）

（偏財）時戊　辰（偏財）

合水局

○提示：支亥子辰合為水局，干透二癸水，印星水最強旺，日主甲木孤立，屬於日弱母慈滅子格。

○本造為母慈滅子格。

喜用神：木（比星）、火（食傷星）、土（財星）。

忌　神：金（官殺星）、水（印星）。

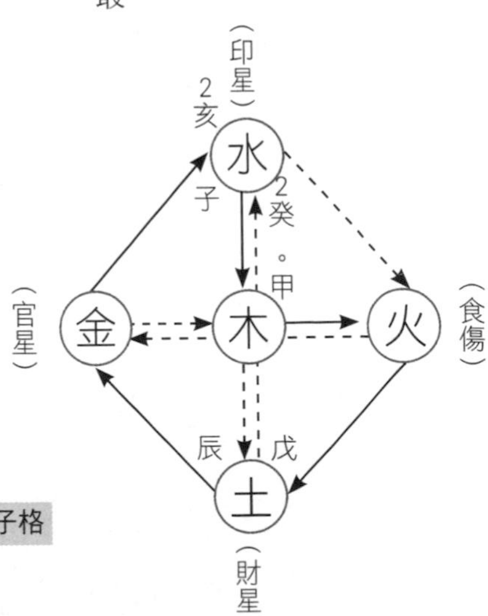

母慈滅子格

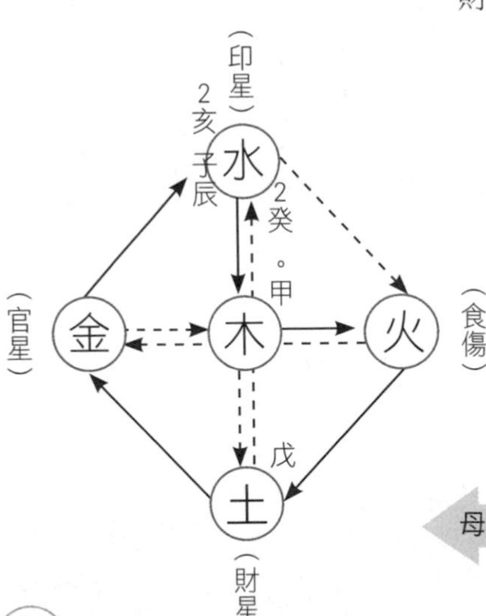

ㄈ、母慈滅子格破局為正格，格神解密舉例

例一、民國六十一年（一九七二）十一月十四日 寅時

（偏印）年壬　子（正印）
（偏印）月壬　子（正印）　合水局
（日主）日甲　申（七殺）
（食神）時丙　寅（比肩）

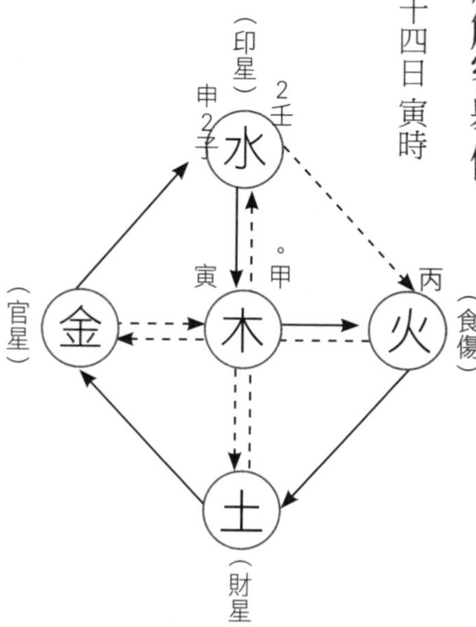

○提示：日主甲木生於子月，支申子合水局，則時支寅申不沖，日主得寅支木為強根，雖水獨旺亦不能從印，也不能為母慈滅子格，如是當以身旺論格局。

○本造母慈滅子格破局，以身旺論。

喜用神：火（食傷星）、土（財星）、金（官殺星）。

忌　神：水（印星）、木（比星）。

例二、民國六十年（一九七一）二月二十七日酉時

（偏財）年辛　亥（正官）
（偏財）月辛　卯（偏印）
（日主）日丁　未（食神）
（食神）時己　酉（偏財）

亥卯未合木局

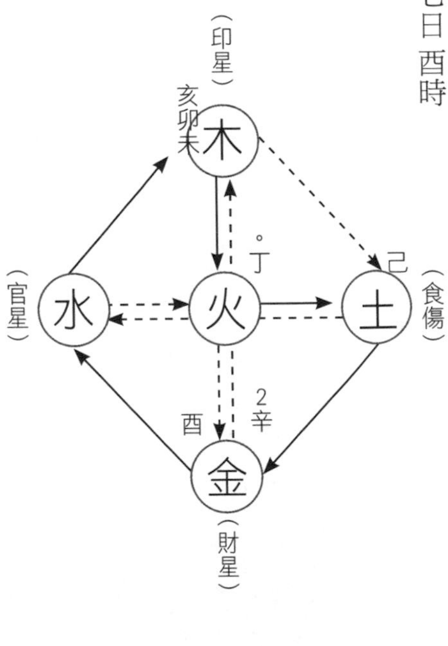

○提示：日主丁火孤立，支亥卯未合木局，格似母慈滅子格，但土金兩旺且相生，也因印星強旺，日主不能棄命從食傷財勢，格局還是回到身旺論，喜食傷財，忌官煞印比星。（格局較特殊）

○本造母慈滅子格破局，以身旺論。

喜用神：土（食傷星）、金（財星）。

忌　神：水（官殺星）、木（印星）、火（比星）。

拾參、兩停對峙格

一、煞刃兩停對峙格之格神解密

ㄅ、格局形成基本條件

1．日主強旺，而缺印星生助，但格成比星與官煞星兩勢相當，或相剋或相沖之格局者。

2．比星與官煞星兩停對峙格，不論比星或官煞星得令，皆是官煞星勝而比星敗，但遇官煞星被食傷星剋制情事者，或有印星生助比星者，則為一般正格論。

3．比星與官煞星兩停對峙，雖日主強旺，但受到強旺的官煞星對沖者，日主由強轉弱到無財、無印依者，多數為歹命格（身旺無財依也是身弱無印依）。

ㄆ、煞刃兩停對峙格用神原則

以印星為通關用神，也就是借官煞星之力，行運時經由印星做媒介，傳送給比星，使官煞星之氣引流給比星，使格局成為官印相生，則為印星通關之旨意，因日主強，而無法成為從官煞格。

ㄇ、煞刃兩停對峙格，格神解密舉例

例一、民國七十年（一九八一）二月初三日 酉時

（七殺）	年辛	酉	（七殺）
（七殺）	月辛	卯	（比肩）
（日主）	日乙	酉	（七殺）
（比肩）	時乙	酉	（七殺）

沖

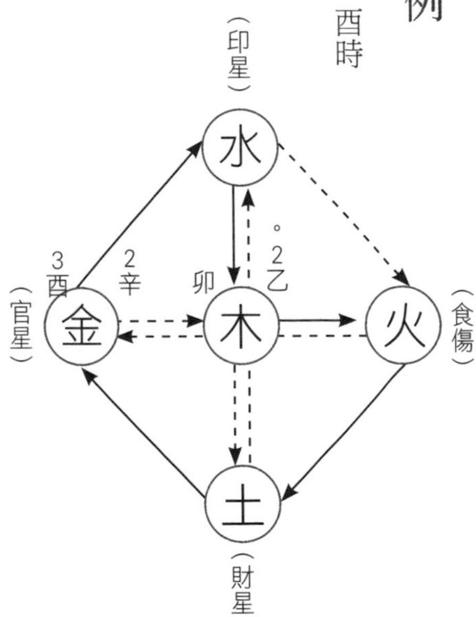

◯提示：支卯酉對沖，金木之根被除，干亦是二辛金剋二乙木，全局呈現金木交戰格局，金勝而木敗，日主乙木為求生存，必求助於印星水來調和，印星水成為通關用神，但本造干支毫無滴水可通關，通關用神助力減退，則屬於金木交戰之犧牲格，有車禍意外傷亡之兆，為短命格。

◯本造為煞刃兩停對峙格。

喜用神：水（通關用神：印星）。

忌　神：木（比星）、火（食傷星）、土（財星）、金（官殺星）。

例二、民國十二年（一九二三）三月二十九日午時

（七殺）年癸　亥（正官）
（比肩）月丁　巳（比劫）
（日主）日丁　亥（正官）
（比劫）時丙　午（比肩）

亥巳亥：沖

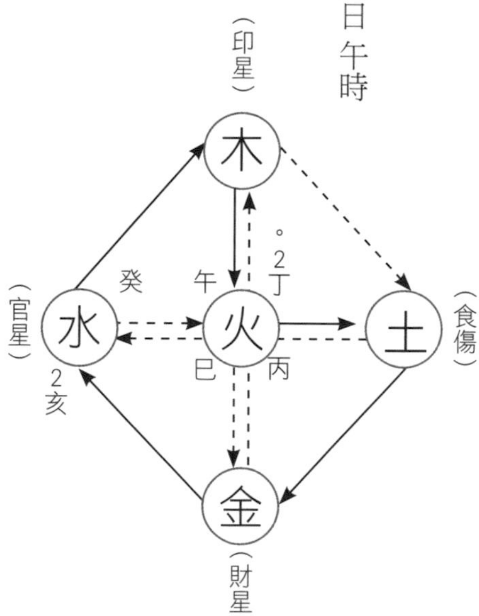

○提示：月支巳亥對沖，水火之根被除，但尚留時支午火，日主丁火根復生，干癸水變虛浮，無力制伏丙丁旺火，全局雖呈現水火交戰不容格局，交戰結果火勝而水敗，日主乙木為求生存之道，必求助於印星木來調和，印星木成為通關用神，但本造亥支所藏甲木也被沖毀，通關用神助力減退，則屬於金木交戰之犧牲格，有水火意外傷亡之兆，為短命格。

○本造為煞刃兩停對峙格。

喜用神：木（印星：通關用神）。

忌　神：火（比星）、土（食傷星）、金（財星）、水（官殺星）。

例三、民國六十三年（一九七四）三月十六日戌時

（正官）年甲　寅（正官）
（比劫）月戊　辰（比劫）
（日主）日己　卯（七殺）
（正官）時甲　戌（比劫）

寅、辰、卯：合木局

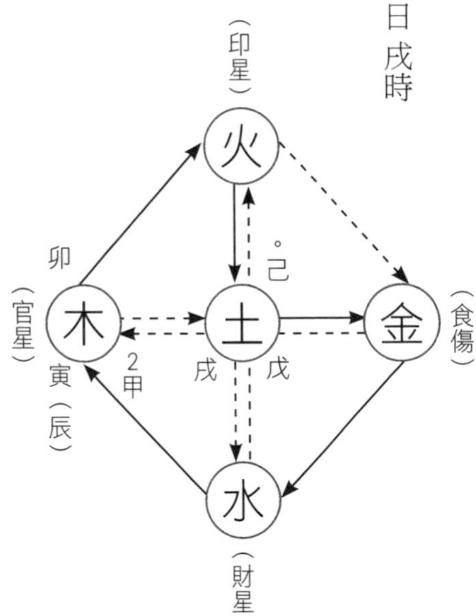

◎提示：支寅卯辰合為木局，干支呈現木土對峙格局，日主己土不能與甲合化，有情變無情，對峙結果木勝而土敗，日主己土為求生存之道，必以印星來調停，印星火成為通關用神，而本造寅中藏丙火，戌又是火庫，可以做洩旺神木氣之根，成為官印相生格，如運來配合，尚有一番作為，否則是痛苦指數高，也是生活在不穩定平衡的命運裡。

◎本造為煞刃兩停對峙格。

喜用神：火（印星：通關用神）。

忌　神：土（比星）、金（食傷星）、水（財星）、木（官殺星）。

例四、民國六十九年（一九八〇）三月二十四日酉時

（比劫）年庚　申（比劫）
（比肩）月辛　巳（正官）
（日主）日辛　巳（正官）
（七殺）時丁　酉（比肩）

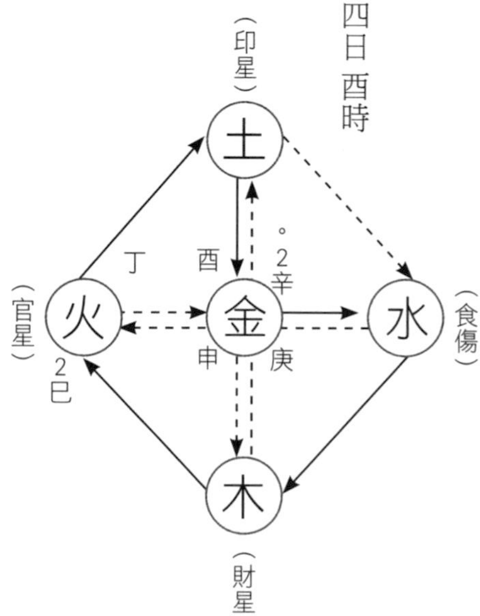

○提示：天干庚辛金，支巳申不能合為化，則全局干支呈現火金對峙局面，日主己土不能與甲合化，有情變無情，對峙結果木勝而土略敗，日主己土為求生存之道，化乖戾為祥和之道，必求助於印星土來調和，印星土成為通關用神，而本造申中壬水可為調候用神，巳中藏戊土，可以做通關用神根氣，如運來配合，尚有一番作為，否則是平庸多災難之格。

○本造為煞刃兩停對峙格。

喜用神：土（印星：通關用神）。

忌　神：金（比星）、水（食傷星）、木（財星）、火（官殺星）。

例五、民國十七年（一九二八）二月初八日寅時

（比肩）年戊　辰（比肩）
（七殺）月甲　寅（七殺）
（日主）日戊　戌（比肩）
（七殺）時甲　寅（七殺）

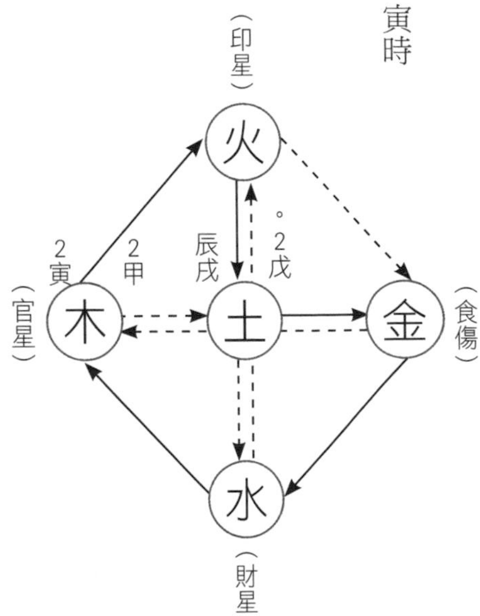

○提示：支二寅木對二辰戌土，干二甲木對二戊土，木土兩勢對峙格局，日主戊土為求生存之道，必求助於印星火來調和，印星火成為通關用神，而本造寅中藏丙火，戌又是火庫，為通關用神之根氣，成為官印相生格，如運不悖，尚有一番作為，否則是潦倒、災禍連連之命。

○本造為煞刃兩停對峙格。

喜用神：火（印星：通關用神）。

忌　神：土（比星）、金（食傷星）、水（財星）、木（官殺星）。

ㄈ、煞刃兩停格破局為正格，格神解密舉例

例一、民國七十九年（一九九〇）七月初五日 卯時

（比肩）年庚　午（正官）
（七殺）月丙　戌（偏印）
（日主）日庚　申（比肩）
（正印）時己　卯（正財）

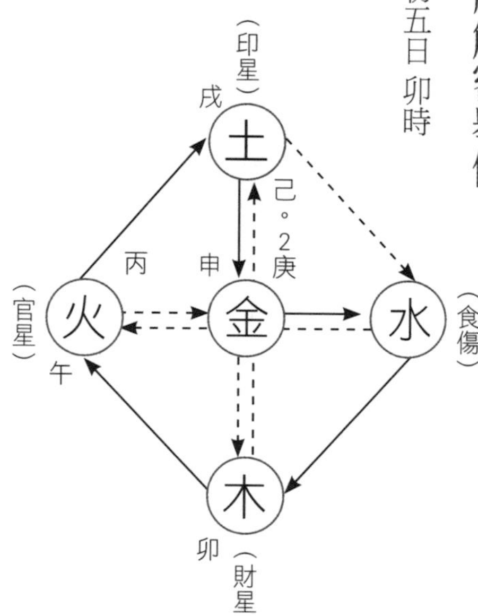

◎提示：日主庚金生於申月，時支卯木財星被申金制伏，月干丙火七殺剋庚金，但支午火正官生戌土為官印相生，官煞星就成了閑神，因印比星強旺，成為母吾同心局論。

◎本造煞刃兩停格破局，以母吾同心格論。

喜用神：土（印星）、金（比星）、水（食傷星）。

忌　神：木（財星）、火（官殺星：閑神）。

例二、民國三十九年（一九五〇）八月初五日 午時

（七殺）年庚　寅（比肩）

（比劫）月乙　酉（正官）

（日主）日甲　寅（比肩）

（七殺）時庚　午（傷官）

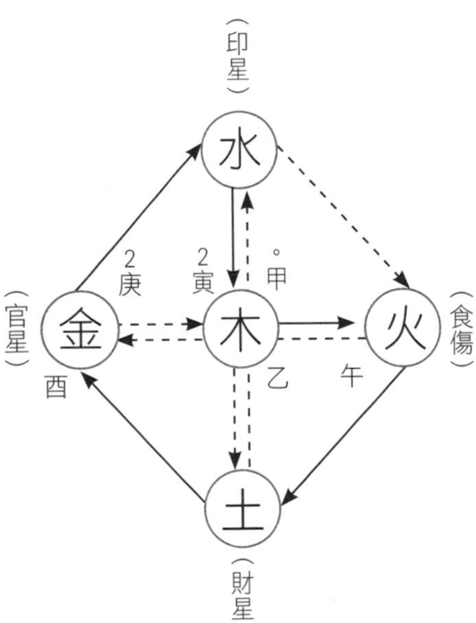

○提示：本造干支金木對峙，當以印星為通關用神，只因時支午火洩旺神木氣兼制官煞金氣，格局變成不是單純的煞刃兩停，日主甲木也就成了缺印生助的身弱格論。

○本造為煞刃兩停格破局，以身弱格論。

喜用神：水（印星）、木（比星）、火（食傷星）。

忌　神：土（財星）、金（官殺星）。

二、比星劫財兩停對峙格之格神解密

ㄅ、格局形成基本條件

1. 日主強旺，而缺印星生助，但格成比星與財星兩勢相當，或相剋或相沖之格局者。
2. 比星與劫財兩停對峙格，不論比星或財星得令，皆是比星勝財星敗，但遇官煞星制比星情事者，或食傷星生助財星者，則為一般正格論。
3. 比星與劫財兩停對峙格，因日主強旺，但財星受到強旺的比星對沖者，日主由強轉弱到無財、無印依者，多數為歹命格（身旺無財依也是身弱無印依）。

ㄆ、劫財兩停對峙格用神原則

以食傷星為通關用神，也就是借比星之力，行運時經由食傷星做媒介，傳送給財星，使比星之氣引流給財星，使格局成為食傷生財，則為食傷星通關之旨意，因日主強，而無法成為從財格。

ㄇ、劫財兩停對峙格，格神解密舉例

例一、民國七十七年（一九八八）正月十三日辰時

（偏財）年戊　辰（偏財）
（比肩）月甲　寅（比肩）
（日主）日甲　寅（比肩）
（偏財）時戊　辰（偏財）

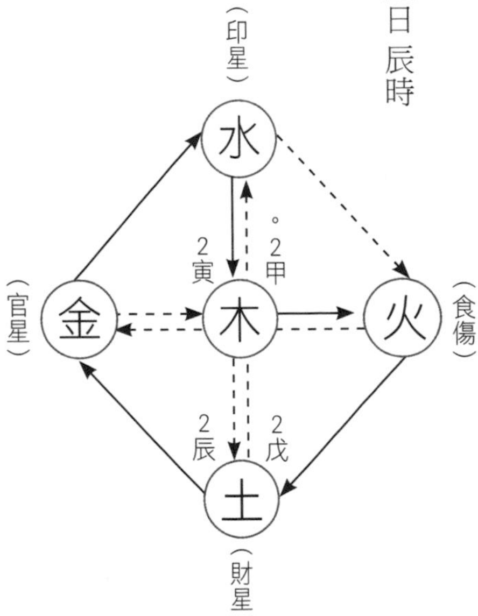

○提示：支二寅木對二辰土，干亦是二甲木對二戊土，全局呈現木土對峙格局，木勝而土敗，以食傷星來調停，食傷星就成為通關用神，而本造二寅支藏丙火可為通關之根，如順運不悖，則會造就食傷生財格之小富命，但運過是劫財命，更有木土意外傷亡之虞。

○本造為劫財兩停對峙格。

喜用神：火（通關用神：食傷星）。

忌　神：土（財星）、金（官殺星）、水（印星）、木（比星）。

例二、民國四十五年（一九五六）八月二十二日酉時

（比肩）年丙　申（偏財）

（比劫）月丁　酉（正財）

（日主）日丙　申（偏財）

（比劫）時丁　酉（正財）

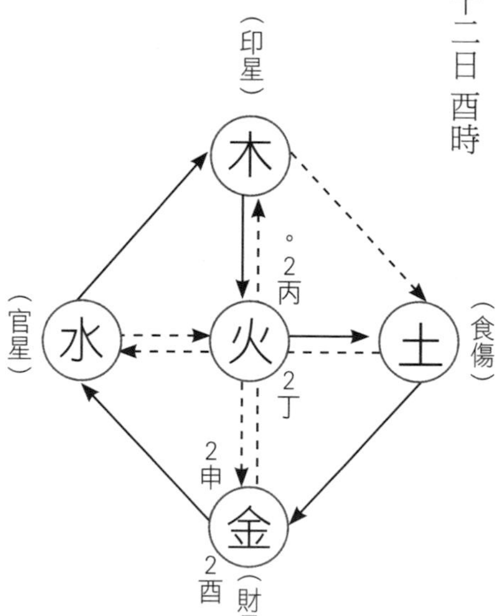

○提示：天干全為丙丁火星，對地支全為申酉金星，全局呈現火金對峙格局，火勝而金敗，以食傷星為通關用神，而本造二申支藏戊土可為通關之根，如運來配合通關用神而得力，則屬於食傷生財之小富命，運遷又是在不穩定中度日，更有火金意外傷亡之虞。

○本造為劫財兩停對峙格。

喜用神：土（通關用神：食傷星）。

忌　神：金（財星）、水（官殺星）、木（印星）、火（比星）。

例三、民國六十九年（一九八〇）四月十一日午時

（正財）年庚　申（正財）
（偏財）月辛　巳（比劫）
（日主）日丁　酉（偏財）
（比劫）時丙　午（比肩）

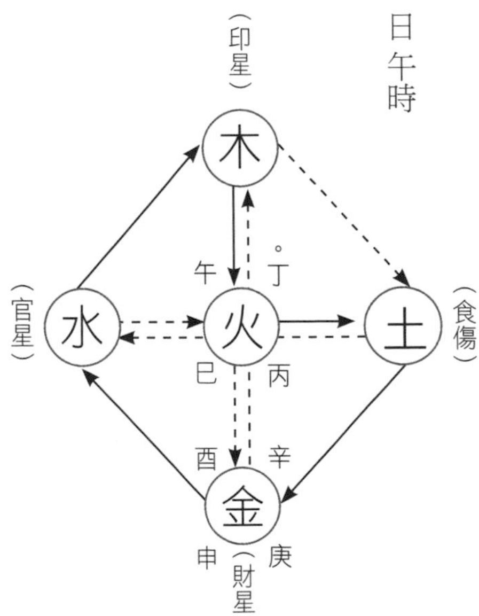

○提示：天干為丙丁火對庚辛金，地支為巳午火對申酉金星，全局呈現火剋金對峙格局，火勝而金敗，以食傷星為通關用神，而本造申巳支藏戊土可為通關之根，通關用神得力，時來運轉配合，則屬小富命，如終生不出運，則是在不穩定中度日，更有火金意外傷亡之災。

○本造為劫財兩停對峙格。

喜用神：土（通關用神：食傷星）。

忌　神：金（財星）、水（官殺星）、木（印星）、火（比星）。

例四、民國四十七年（一九五八）十月初七日子時

（比肩）年戊　戌（比肩）
（正財）月癸　亥（偏財）
（日主）日戊　戌（比肩）
（偏財）時壬　子（正財）

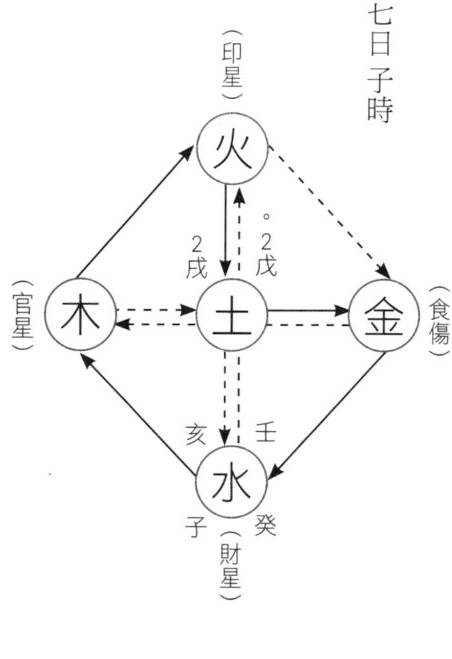

○提示：日主戊土生於亥水，則戊癸不能合化為火；天干成為二戊土剋二壬癸水，支亦是二戌土制二亥子水，全局呈現土剋水對峙格局，土勝而水敗，以食傷星為通關用神，而本造戌支藏辛金可為通關之根，如運來相惜，則屬於食傷生財小富命，吉運過又回到劫財命中度日，更有土水意外傷亡之兆。

○本造為劫財兩停對峙格。

喜用神：金（通關用神：食傷星）。

忌　神：水（財星）、木（官殺星）、火（印星）、土（比星）。

例五、民國六十四年（一九七五）七月初六日 酉時

（正財）年乙　卯（正財）
（偏財）月甲　申（比肩）
（日主）日庚　寅（偏財）
（正財）時乙　酉（比劫）

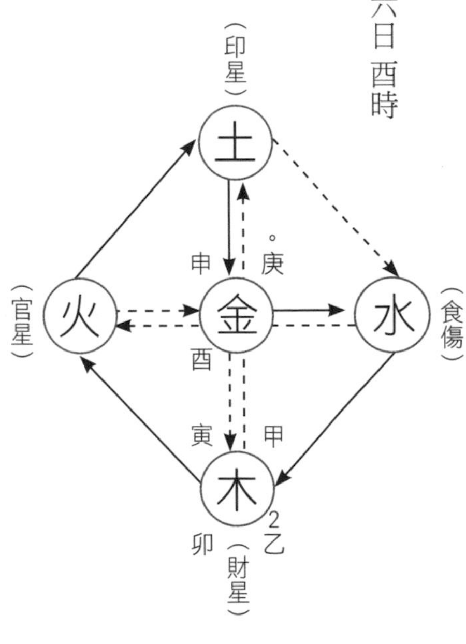

○提示：日主庚金生於申金月，時柱乙酉，則日主乙庚可合化為金（或不合化亦可），干透甲乙被庚金所制，支為申酉金制寅卯木，全局金木對峙格局，以食傷星為通關用神，而本造申支藏壬水可為通關之根，如運來配合，或有可取之處，運悖則是艱困難熬，更有金木意外傷亡之災。

○本造為劫財兩停對峙格。

喜用神：水（通關用神：食傷星）。

忌　神：木（財星）、火（官殺星）、土（印星）、金（比星）。

例六、民國元年（一九一二）五月初二日巳時

（比劫）年壬　子（比肩）┐
（正財）月丙　午（偏財）┘沖
（日主）日癸　亥（比劫）┐
（偏財）時丁　巳（正財）┘沖

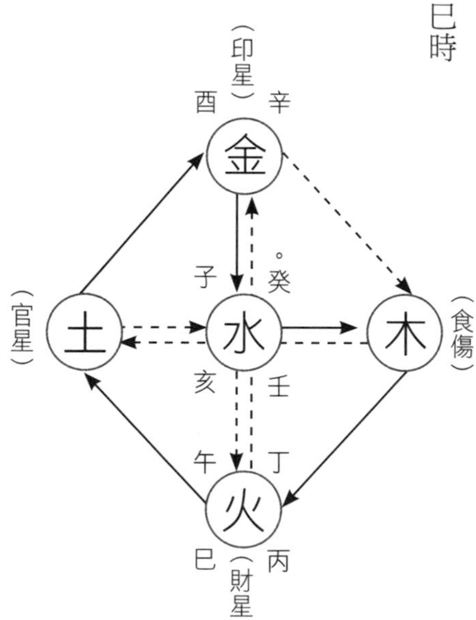

○提示：支子午、巳亥交戰對沖，水火之根被拔除，兩敗俱傷，天干丙丁壬癸皆變虛浮，全局水火交戰慘烈，根基動搖，通關用神亥中甲木也蕩然無存，終生無法出運，屬於貧病交迫，及水火意外傷亡之短命格。

○本造為劫財兩停對峙格。

喜用神：木（通關用神：食傷星）。

忌　神：火（財星）、土（官殺星）、金（印星）、水（比星）。

ㄈ、劫財兩停格破局為正格，格神解密舉例

例一、民國三十九年（一九五〇）七月二十日未時

（比肩）	年	庚	寅	（偏財）
（偏財）	月	甲	申	（比肩）
（日主）	日	庚	子	（傷官）
（傷官）	時	癸	未	（正印）

沖（年支寅、月支申）
剋（日支子、時支未）

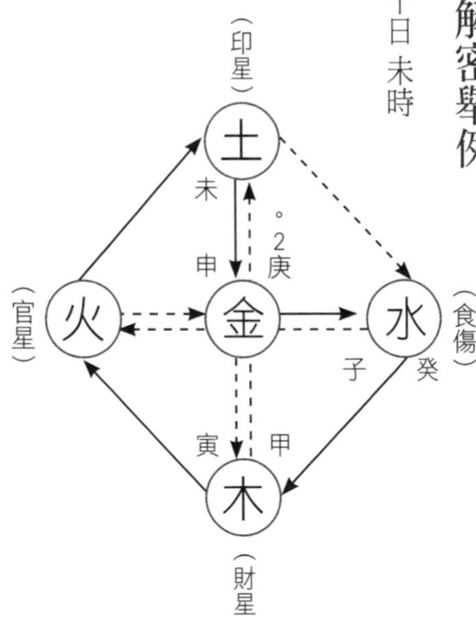

○提示：本造年月柱反吟，為金木交戰格局，財星破敗，時支未土剋制著子水，而留時干癸水傷官洩秀，格成為不健全的母吾同心局論。

○本造劫財兩停格破局，以不健全的母吾同心格論。

喜用神：土（印星）、金（比星：申運破敗）、水（食傷星）。

忌　神：木（財星）、火（官殺星）。

例二、民國四十七年（一九五八）十月初七日申時

（比肩）年戊　戊（比肩）

（正財）月癸　亥（偏財）

（日主）日戊　戊（比肩）

（食神）時庚　申（食神）

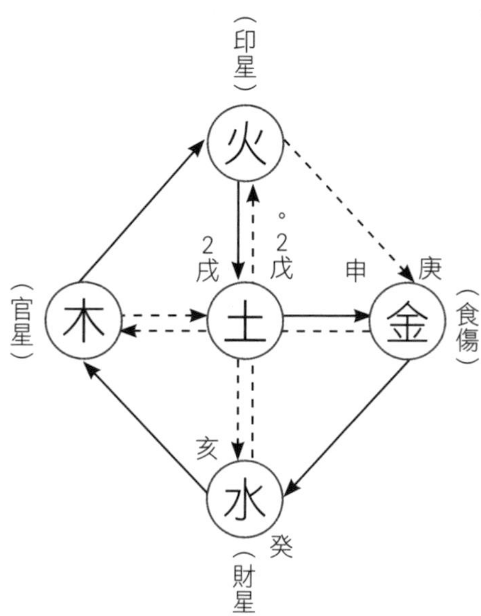

○提示：年月柱土水相剋反吟，財星完全破敗；日時柱是土金相生，食神洩秀但不生財，如此金水之和的質量大於比星土，日主成為身弱論。

○本造為身弱格論。

喜用神：火（印星）、土（比星）、金（食傷星）。

忌　神：水（財星）、木（官殺星）。

三、財來壞印兩停對峙格之格神解密

ㄅ、格局形成基本條件

1．日主弱極無強根，但印星強旺著，格成食傷星與印星兩勢相當，或相剋或相沖之格局者。

2．財來壞印兩停對峙格，不論印星或財星得令，皆是財勝印敗，但遇過重的官殺星生助印星，或過重的比星制財星，或有食傷星生助財星情事者，則為一般正格論。

3．財來壞印兩停對峙格，因日主弱極，在印星干支都被強旺的財星制伏者，格局可視為日弱從財格，若是財印對沖兩停格者，則為夭命格。

4．財來壞印成為嚴重的兩停交戰格（地支對沖格）時，多數為歹命格（身弱無印依）。

ㄆ、財來壞印兩停對峙格用神原則

以官煞星為通關用神，也就是借財星之力，行運時經由官煞星做媒介，傳送給印星，使財星之氣引流給印星，使格局成為財來輸官，則為官煞星通關之旨意，但也會出現從財格之格局。

ㄇ、財來壞印兩停對峙格，格神解密舉例

例一、民國四十七年（一九五八）十月初四日 未時

（正財）年 戊　戊（正財）

（偏印）月 癸　亥（正印）

（日主）日 乙　未（偏財）

（偏印）時 癸　未（偏財）

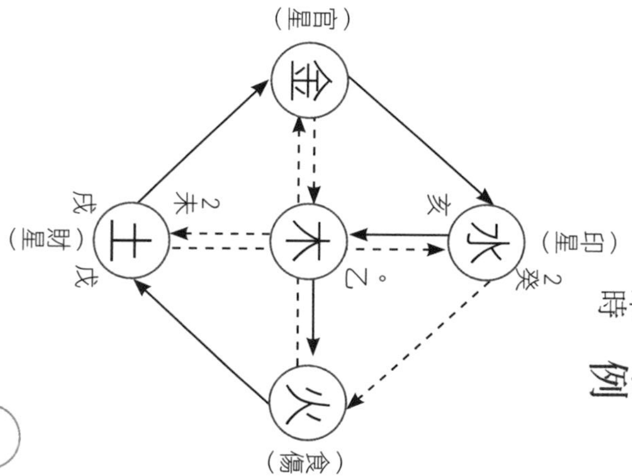

○提示：日主乙木孤立，支戌未土制亥水，干亦是戊土制癸水，全局呈現土水對峙格局，以官煞為通關用神，而本造戌支藏辛金可為通關之根，如運來配合，則屬財來助官之格，或許有小貴之命，但本造可視為日弱從財格，通官用神金，仍為喜用神而不變，只是喜用神廣度變大，這也是命理會往好的一面走之因，但本造非純然從財格，更有土水意外傷亡之虞。

○本造為財印兩停對峙格，可兼看從財格。

喜用神：火（食傷星：進神）、土（財星：旺神）、金（官煞星：通關用神、洩神）。

忌　神：水（印星）、木（比星）。

例二、民國六十九年（一九八〇）七月十一日寅時

（偏財）年	庚	申	（偏財）
（偏印）月	甲	申	（偏財）
（日主）日	丙	寅	（偏印）
（偏財）時	庚	寅	（偏印）

（月支申、日支寅：沖）

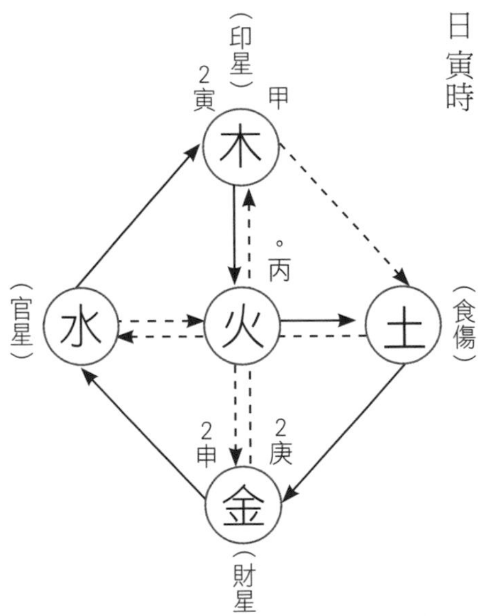

○提示：日主丙火孤立，支二組寅申對沖，干亦是二庚剋一甲木，全局呈現金木交戰，傷亡慘烈格局，日主丙火以官煞為通關用神，而本造申支藏壬水本可為通關之根，但被沖已蕩然無存，則本命造屬於夭命格（身弱無印依）。

○本造為財印兩停對峙格。

喜用神：金（通關用神：官殺星）。

忌　神：水（印星）、木（比星）、火（食傷星）、土（財星）。

例三、民國七十一年（一九八二）五月十四日巳時

（正財）年癸　亥（偏財）
（偏印）月丙　午（正印）
（日主）日戊　子（正財）　午子沖
（正印）時丁　巳（偏印）

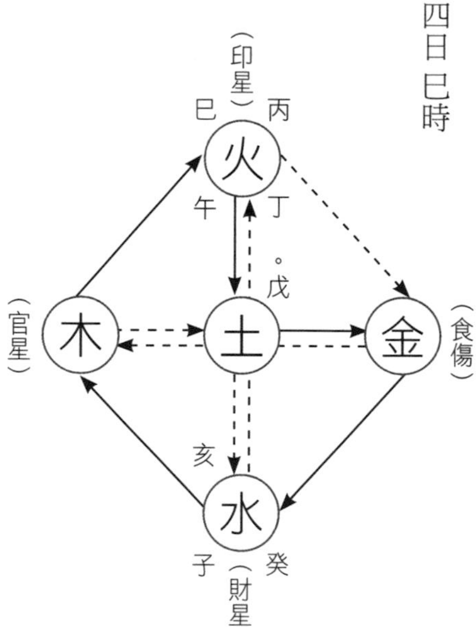

○提示：日主戊土孤立，支子午對沖，水火之根被拔，雖巳亥遙隔，也必然要沖，干丙丁火虛浮被癸水掃除，全局呈現水火交戰，根基動搖之短命格（身弱無印依）。

○本造為財印兩停對峙格。

喜用神：木（通關用神：官殺星）。

忌　神：火（印星）、土（比星）、金（食傷星）、水（財星）。

例四、民國七十六年（一九八七）十二月二十九日寅時

（正印）年戊　辰（正印）

（正財）月甲　寅（正財）

（日主）日辛　丑（偏印）

（比劫）時庚　寅（正財）

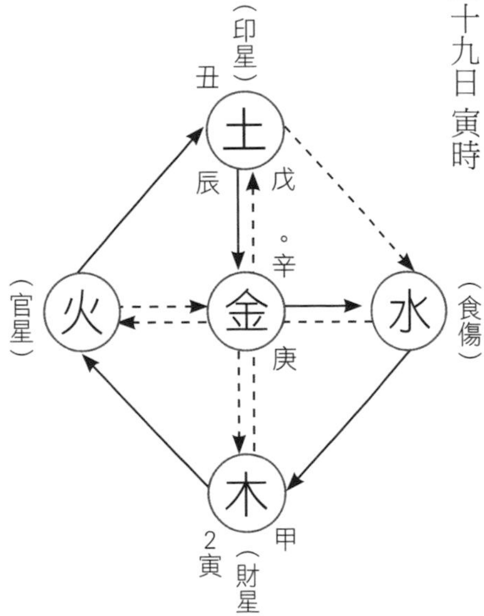

○提示：日主辛金得庚金比劫之扶，干支呈現木土對峙格局，但時干庚金制甲木，則非純粹木土對峙格局了，必兼以身旺格來看。

○本造為財印兩停對峙格，兼身旺格論。

喜用神：水（食傷星）木（財星）、火（通關用神：官殺星）。

忌　神：土（印星）、金（比星）。

例五、民國五十五年（一九六六）七月二十七日申時

（正財）年丙　午　（偏財）
（偏財）月丁　酉　（偏印）
（日主）日癸　酉　（偏印）
（正印）時庚　申　（正印）

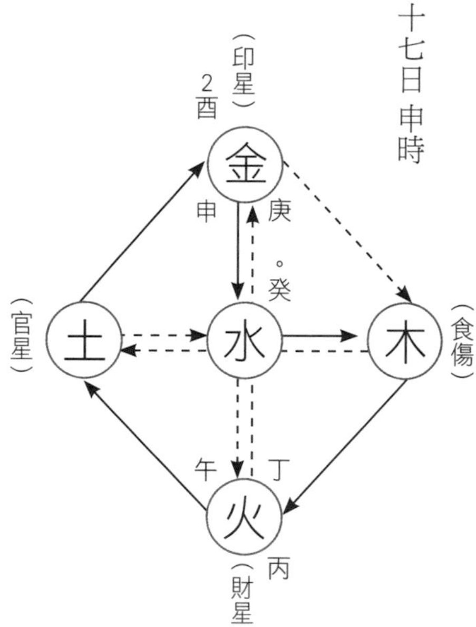

○提示：日主癸水孤立，干支呈現火金對峙格局，必以土官煞星為通關用神，日主方有生存空間，以申中戊土或午中己土為通關用神之根，若運來配合則有小貴之造，但亦可兼看為從財格，喜用官煞星，通關或為洩化神仍是不變，因本造非純然從財，平時宜留意金刀之傷之兆。

○本造為財印兩停對峙，兼從財格。

喜用神：木（食傷星：進神）、火（財星：旺神）、土（官殺星：通關用神、洩神）。

忌　神：金（印星）、水（比星）。

ㄈ、財印兩停格破局為正格，用神解密舉例

例一、民國三十年（一九四一）閏六月二十一日申時

（偏印）	年辛	巳	（正財）	合水
（正財）	月丙	申	（正印）	
（日主）	日癸	巳	（正財）	合水
（正印）	時庚	申	（正印）	

○提示：乍看日主癸水孤立，支火金對峙格，但因日主癸水生於申月，申含水氣充足，則二組巳申可合化為水局，接著年月干丙辛亦合化為水，整個格局變成日主專旺潤下格。

○本造財印兩停格，變成潤下格。

喜用神：金（印星：進神）、水（比星：旺神）、木（食傷星：洩神）。

忌　神：火（財星）、土（官煞星）。

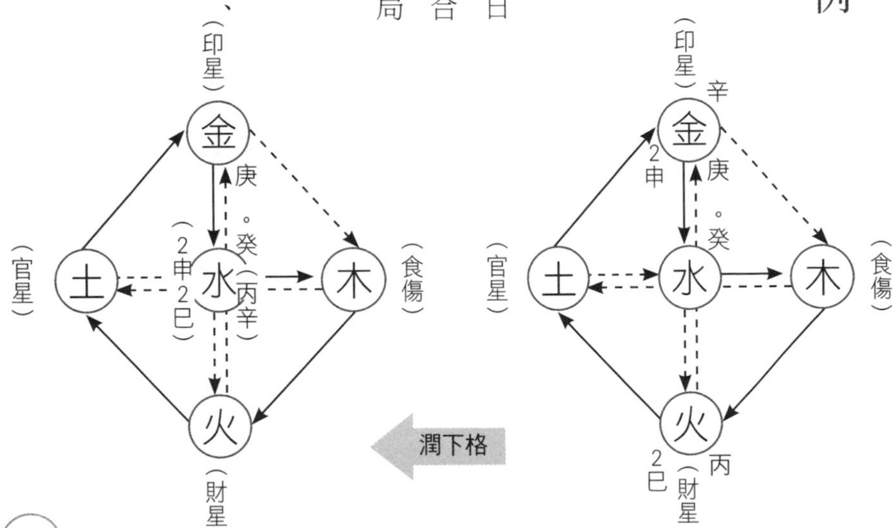

例二、民國四十七年（一九五八）十月初七日申時

（偏財）年丙　申（偏印）
（食神）月甲　午（正財）
（日主）日壬　申（偏印）
（比劫）時癸　卯（傷官）

剋

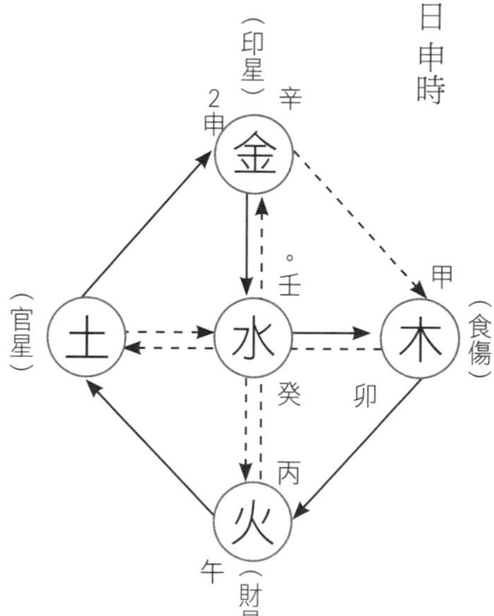

○提示：日主壬水生於午火月不得令，夏火炎炎，午火剋二申金，印星受創無法生比星，然午月時干透癸水調候，生命、財產、貴氣有了保障，而本造年干透丙火，又得甲卯木食傷星傳導，為食傷生財，財氣通門戶之佳格，格變成吾子同心財旺之局，為富貴命造。

○本造財印兩停格，變成吾子同心格。

喜用神：水（比星）、木（食傷星）、火（財星）。

忌　神：土（官煞星）、金（印星）。

四、梟印奪食兩停對峙格之格神解密

ㄅ、格局形成基本條件

1. 日主弱極無強根，但印星強旺著，格成印星與食傷星兩勢相當，或相剋或相沖之格局者。
2. 梟印奪食兩停對峙格，不論印星或食傷星得令，皆是印星略勝一籌，但遇印星被財星剋制情事者，則為一般正格論。
3. 梟印奪食兩停對峙格，因日主弱極，在食傷星干支都被強旺的印星制伏者，格局可視為反局專旺印格（從印格），如日主不很弱，或視為母吾同心格，或為身弱格者，取用神依所有格方式取捨。
4. 梟印奪食成為嚴重的兩停交戰格（地支對沖格）時，多數為歹命格（身弱無印依或身旺無財依）。

ㄆ、梟印奪食兩停對峙格用神原則

以比星為通關用神，也就是借印星之力，行運時經由比星做媒介，傳送給食傷星，使印星之氣引流給食傷星，使格局成為食傷洩秀，則為比星通關之旨意。

ㄇ、梟印奪食兩停對峙格，格神解密舉例

例一、民國八十五年（一九九六）四月十一日卯時

（食神）年丙　子（正印）
（正印）月癸　巳（食神）
（日主）日甲　子（正印）
（傷官）時丁　卯（比劫）

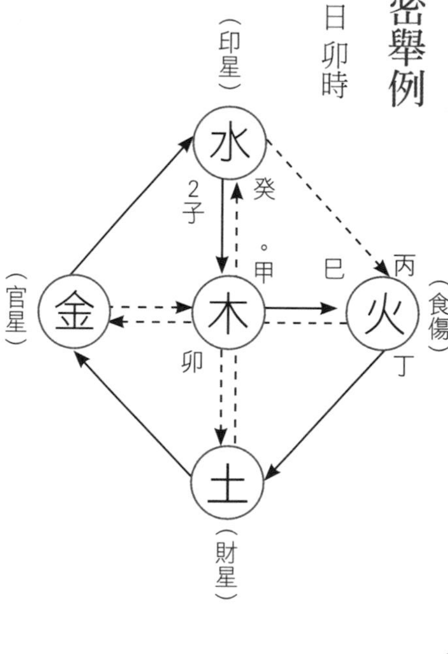

○提示：日主甲木得卯根，生於巳火月得月干癸水調候，但因全局水旺剋制食傷丙丁巳火，全局呈現水火梟印奪食局面，以比星為通關用神，食傷星被剋制，幾乎已失作用，但留傷官丁火洩秀，反而格成母吾二行同心格，丁火成了洩化神。

○本造印食兩停，變成母吾同心格。

喜用神：水（印星：進神、條候用神）、木（比星：旺神、通關用神）、火（食傷星：洩神）。

忌　神：土（財星）、金（官殺星）。

例二、民國四十七年（一九五八）十月二十日 戌時

（正印）年戊　戌（正印）

（食神）月癸　亥（傷官）

（日主）日辛　亥（傷官）

（正印）時戊　戌（正印）

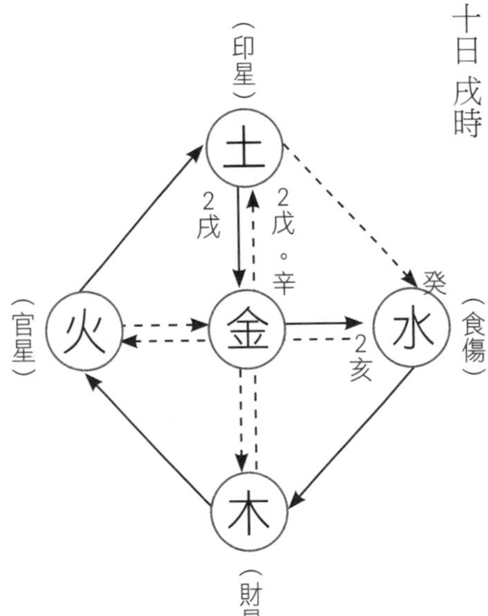

◎提示：日主辛金孤立生於亥水月，二亥水被戌燥土所制，月干透癸水亦被二戌土剋制，格成梟印奪食，食傷星也蕩然無存局面，則日主扮演通關用神也失去意義，日主必然要棄命從印，是為從印格（不可視為母慈滅子格）。

◎本造印食兩停，變成日主從印格。

喜用神：火（官殺星：進神）、土（印星：旺神）、金（比星：洩神）。

忌　神：水（食傷星）、木（財星）。

例三、民國四十年（一九五一）二月二十七日申時

（偏印）年辛　卯（食神）
（偏印）月辛　卯（食神）
（日主）日癸　酉（偏印）
（偏印）時辛　酉（偏印）

沖

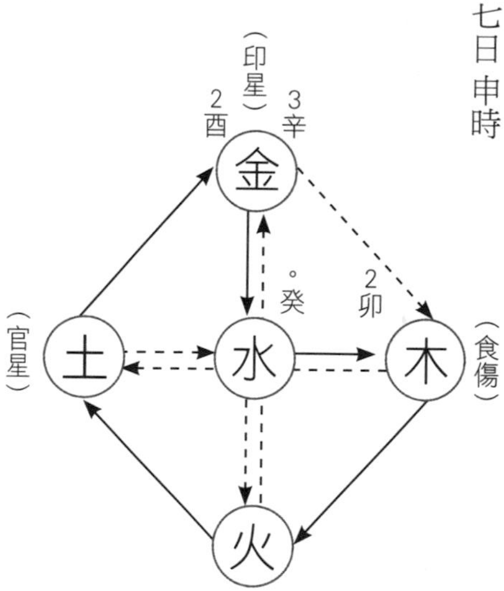

○提示：日主癸水孤立，支卯酉二組對沖，金木交戰根被拔除，根基動搖，辛金也變虛浮，比星可為通關用神，但因日主癸水孤立無依，本造也可視為從印格（不可視為母慈滅子格）。

○本造印食兩停，變成從印格。

喜用神：土（官煞星：進神）、金（印星：旺神）、水（比星：洩神或通關用神）。

忌　神：木（食傷星）、火（財星）。

例四、民國三十九年（一九五〇）八月二十三日卯時

（偏印）年庚　寅（食神）

（傷官）月乙　酉（正印）

（日主）日壬　申（偏印）

（比劫）時癸　卯（傷官）

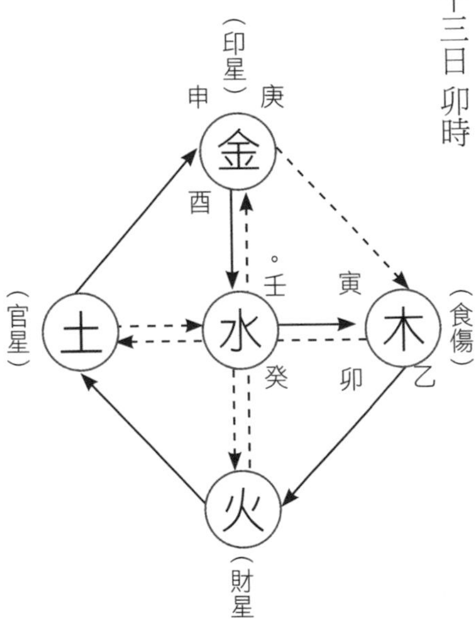

○提示：日主壬水得癸水之助，年干庚金制乙木，支申酉金剋寅卯木，干支都是金木交戰格局，比星本可做通關用神，但食傷星已失作用，格局則變成母吾同心局（不可視為母旺子衰格）。

○本造印食兩停，變成母吾同心格。

喜用神：土（官煞星：進神）、金（印星：旺神）、水（比星：洩神或通關用神）。

忌　神：木（食傷星）、火（財星）。

例五、民國六十四年（一九七五）十二月十六日辰時

（偏印）年乙　卯（偏印）
（食神）月己　丑（食神）
（日主）日丁　卯（偏印）
（正印）時甲　辰（傷官）

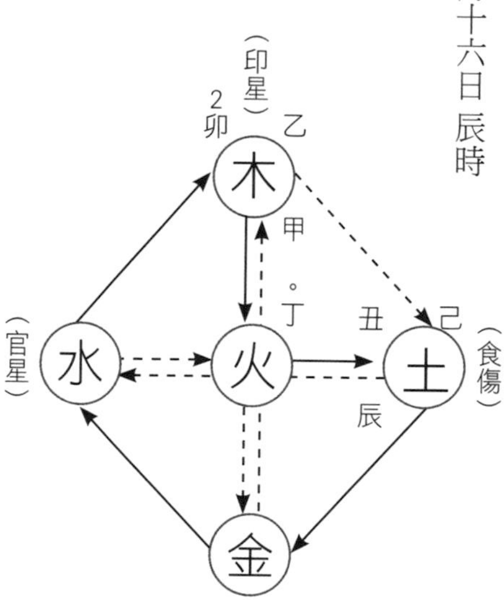

○提示：日主丁火孤立，支二卯剋制丑辰二土，年干乙木制己土，木土對峙，食傷土星失去運作功能，日主丁火轉而從印星強勢，格變為從印格（不可視為母慈滅子格）。

○本造印食兩停對峙，變成從印格。

喜用神：水（官煞星：進神）、木（印星：旺神）、火（比星：洩神或通關用神）。

忌　神：土（食傷星）、金（財星）。

ㄈ、印奪食兩停格破局為正格，格神解密舉例

例一、民國八十五年（一九九六）四月初一日辰時

（食神）年丙　子（正印）
（正印）月癸　巳（食神）　反吟
（日主）日甲　寅（比肩）
（偏財）時戊　辰（偏財）

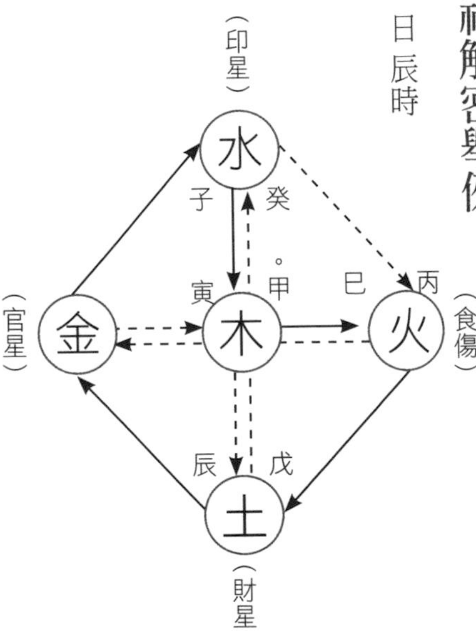

◎提示：本造年月柱水火反吟，為梟印奪食之局，而水勝火敗，然格局火星得令，土星不弱，火土之旺度勝印比星，日主當以身弱論。

◎本造印食兩停，變成身弱格。

喜用神：水（印星）、木（比星）。

忌　神：火（食傷星）、土（財星）、金（官殺星）。

例二、民國六十三年（一九七四）四月十四日午時

（偏印）年甲　寅（偏印）
（食神）月戊　辰（食神）
（日主）日丙　午（比劫）
（偏印）時甲　午（比劫）

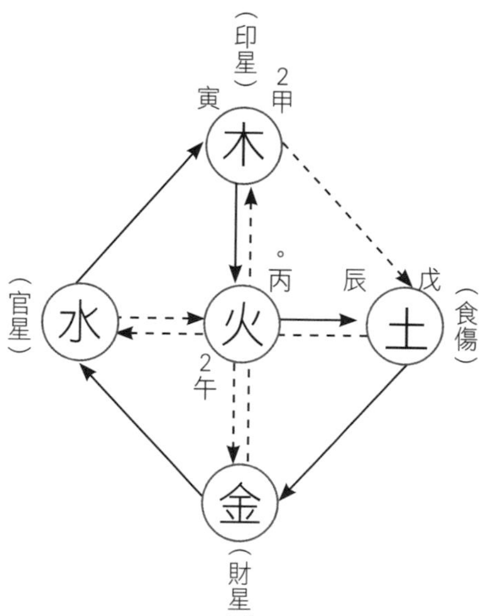

○提示：本造年月柱木土反吟，為梟印奪食之局，而木勝土敗，又日主丙火得二午火根，木火印比星強旺成相生之局，而無財官星來混局，則本造為母吾同心格論。

○本造印食兩停，變成母吾同心格。

喜用神：木（印星）、火（比星）。

忌　神：土（食傷星）、金（財星）、水（官殺星：閑神）。

五、食傷制官煞兩停對峙格之格神解密

ㄅ、格局形成基本條件

1. 日主弱極無強根，也缺印星生助者，格成食傷星與官煞星兩勢相當，或相剋或相沖之格局者。
2. 食傷制官煞兩停對峙格，不論食傷或官煞得令，皆是食傷勝官煞敗，但遇印星制食傷星或生助日主比星者，或財星生助官煞星者，則為一般正格論。
3. 食傷制官煞兩停對峙格，因日主弱極又無印星生助，在食傷星強旺剋制官煞星情況下，可視為從兒格。
4. 食傷制官煞成為嚴重的兩停交戰格（地支對沖格）時，多數為歹命格（身弱無印依）。

ㄆ、食傷制官煞兩停對峙格用神原則

以財星為通關用神，也就是借食傷星之力，行運時經由財星做媒介，傳送給官煞星，使食傷之氣引流給官煞星，使格局成為食傷生財，財來生官煞，則為財星通關之旨意，但以整個格局制煞結果論，亦屬日弱從食傷兒格（從兒格）論。

ㄇ、食傷制官煞兩停對峙格，格神解密舉例

例一、民國四十五年（一九五六）八月二十日午時

（食神）年丙　申　（七殺）
（傷官）月丁　酉　（正官）
（日主）日甲　午　（傷官）
（七殺）時庚　午　（傷官）

剋

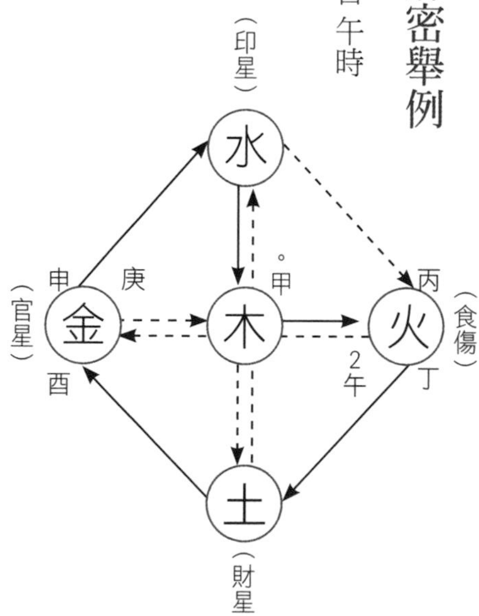

◎提示：日主甲木孤立無依，全局火金兩神對峙，日主以財星為通關用神，若又因兩停對峙結果，官煞星全被制伏，故無官貴可言，則格局又可兼為日弱從食傷兒星最為理想，則本造又屬從兒格論。

◎本造為食傷制官煞兩停對峙，兼為從兒格。

喜用神：木（比星：進神）、火（食傷星：旺神）、土（財星：洩神兼通關用神）。

忌　神：金（官殺星）、水（印星）。

例二、民國十二年（一九二三）五月二十九日早子時

（正官）年癸　亥　（七殺）
（傷官）月己　未　（傷官）
（日主）日丙　戌　（食神）
（食神）時戊　子　（正官）

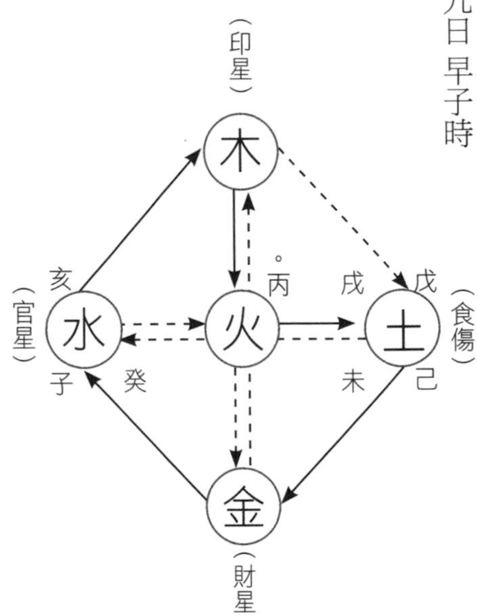

○提示：日主丙火孤立無依，全局土水食傷制官煞兩神對峙，日主宜棄命居中以財星為通關用神，又因局中官煞星都被食傷所制伏，食傷星強旺，兼以日弱從食傷格論最為合理。

○本造為食傷制官煞兩停對峙，兼為從兒格。

喜用神：火（比星：進神）、土（食傷星：旺神）、金（財星：洩神兼通關用神）。

忌　神：水（官殺星）、木（印星）。

例三、民國三十九年（一九五〇）六月二十九日 酉時

（傷官）	年庚	寅	（正官）	沖
（正官）	月甲	申	（傷官）	
（日主）	日己	卯	（七殺）	沖
（偏財）	時癸	酉	（食神）	

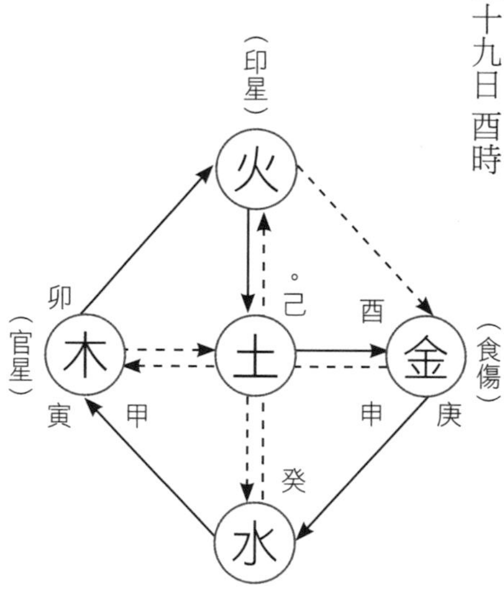

○提示：日主己土孤立無依，地支四沖而動搖，全局呈現金木兩神交戰，金木之根被除的局面，故不能以日弱從食傷格來看待，則以局中癸水財星為通關用神，然官煞食傷星被毀，為身弱無印依之短命格造。

○本造為食傷制官煞兩停對峙格。

喜用神：水（財星：通關用神）。

忌　神：木（官殺星）、火（印星）、土（比星）、金（食傷星）。

例四、民國四十七年（一九五八）十月十六日未時

（傷官）年戊　戌　（傷官）
（七殺）月癸　亥　（正官）
（日主）日丁　未　（食神）
（比肩）時丁　未　（食神）

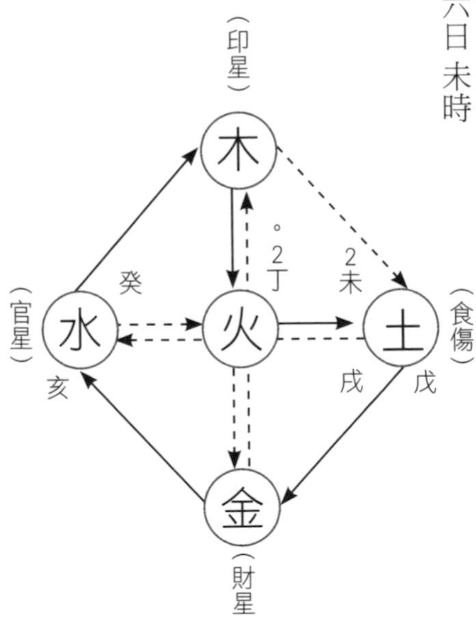

○提示：日主丁火生於亥水月，亥水被戌未土剋制，月干癸水癟被戊土制，全局土水食傷制官煞兩神對峙，土旺水敗，本造金財星可做為通關用神，也可視為日主從兒格論。

○本造食傷制官煞兩停對峙，兼為從兒格。

喜用神：火（比星：進神）、土（食傷星：旺神）、金（財星：洩神兼通關用神）。

忌　神：水（官殺星）、木（印星）。

例五、民國三十年（一九四一）閏六月二十二日午時

（正官）年辛　巳　（食神）
（食神）月丙　申　（七殺）
（日主）日甲　午　（傷官）
（七殺）時庚　午　（傷官）

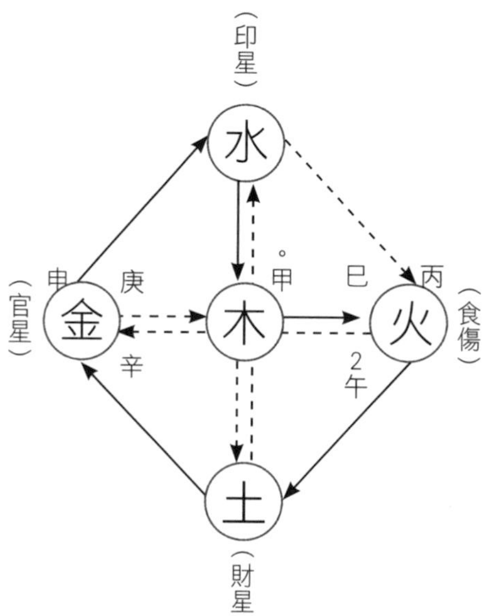

○提示：日主甲木孤立無依，全局火金兩神對峙，火勝金敗，日主從旺火食傷格（從兒格），或以財星為通關用神。

○本造食傷制官煞兩停對峙，兼為從兒格。

喜用神：木（比星：進神）、火（食傷星：旺神）、土（財星：洩神兼通關用神）。

忌　神：金（官殺星）、水（印星）。

ㄈ、食傷制官煞格破局為正格，格神解密舉例

例一、民國四十五年（一九五六）五月初八日午時

（食神）年丙　申（七殺）
（正印）月癸　巳（食神）
（日主）日甲　申（七殺）
（七殺）時庚　午（傷官）

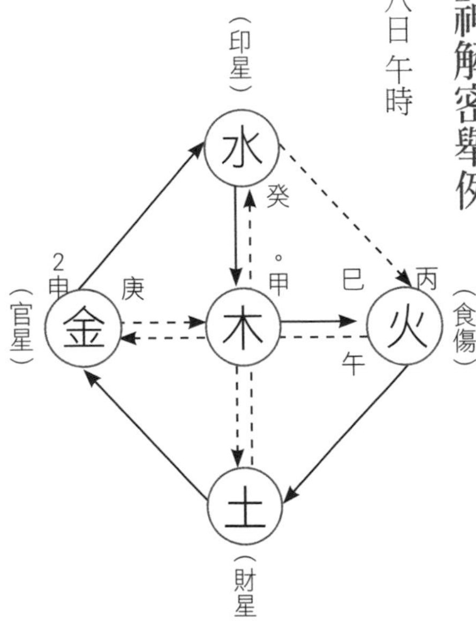

○提示：日主甲木孤立無依，支火金兩神對峙，但月干癸水生甲木且制丙火，食傷星受傷，日主不能從食傷格論，而為一般正格，則屬日主身弱格論。

○本造食傷制官煞兩停對峙格，變身弱格論。

喜用神：水（印星）、木（比星）。

忌　神：火（食傷星）、土（財星）、金（官殺星）。

例二、民國四十一年（一九五二）閏五月十三日午時

（傷官）年壬　辰（正印）
（正官）月丙　午（七殺）
（日主）日辛　亥（傷官）
（正財）時甲　午（七殺）

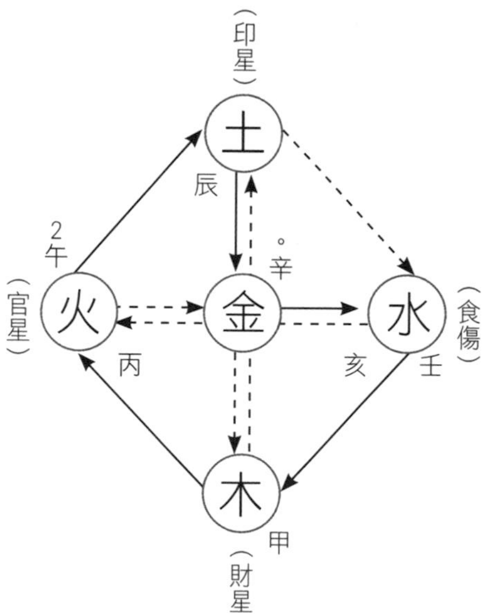

○提示：日主辛金生於午火月，天干壬水制丙火，地支亥水制二午火，為食傷剋官煞之局，雖有甲木財星通關，但仍有時支辰正印星暗生日主，格成日主身弱論。

○本造食傷制官煞兩停格，變為身弱格。

喜用神：土（印星）金（比星）、水（食傷星）。

忌　神：木（財星）、火（官殺星）。

拾肆、殘病孤貧夭命格

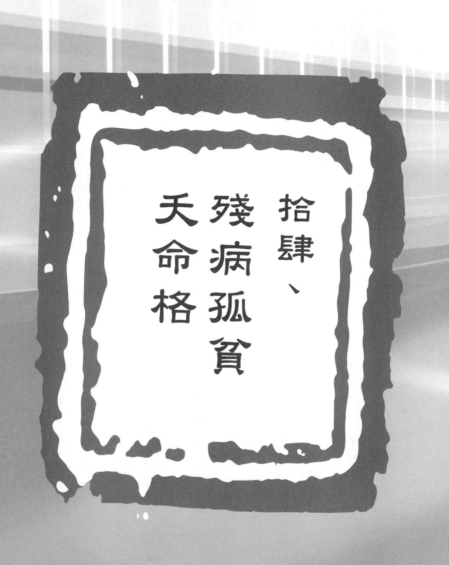

一、身弱無印依之格神解密

ㄅ、格局形成基本條件

1．印為生我者，日主孤立無依，則為從化格，又無印生助，是為無依無靠，此類型格局有兩種現象：（一）日主被從化去了。（二）日主無法從化，是屬身弱無印依者，則為孤貧夭命格；但日主有根者，以一般正格論。

2．日主身弱無印生助，又不能以從化格論，必然食傷、財、官星強旺來洩剋耗日主，或有微印或微比星，但被財星或官煞星沖剋者，皆屬於身弱無印依之格。

3．日弱或從化格不成而必須歸原位者，格局仍屬於身弱無印依格；或從化格已形成，但在行運時，月令被沖而一字還原為原局者，此時亦屬身弱無印之格而有凶禍發生。

ㄆ、身弱無印依格用神原則

1．喜印星生助比星兼制食傷星，喜比星增強弱日兼制財星以衛印星。

2．若行運不配合吉神運之到來，一生運悖則為無解命盤，是孤貧夭命格（無喜用神）。

3．地支四沖而無解者，是殘病孤貧之夭命格（無喜用神）。

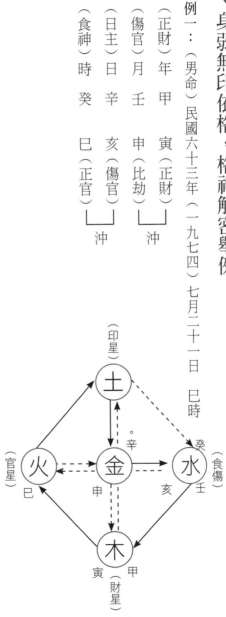

ㄇ、身弱無印依格，格神解密舉例

例一：（男命）民國六十三年（一九七四）七月二十一日　巳時

（正財）年	甲	寅（正財）	沖	
（傷官）月	壬	申（比劫）	沖	
（日主）日	辛	亥（傷官）		沖
（食神）時	癸	巳（正官）		沖

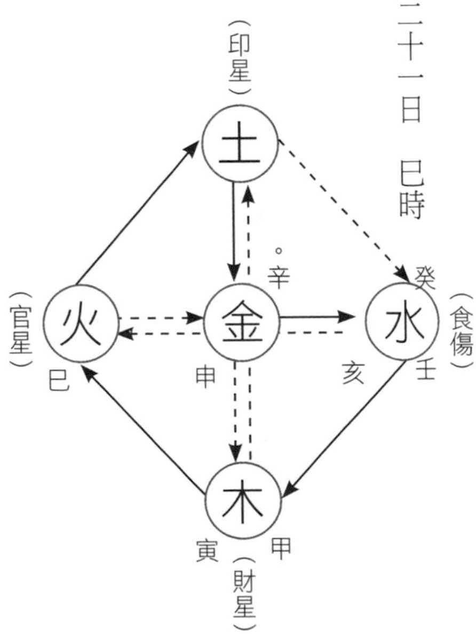

◎提示：日主辛金生於申金月，支寅申巳亥沖，地基整個動搖，日主辛金變成孤立無依，為身弱無印依格，人生一切希望被摧毀，與六親緣薄，為孤貧夭命格，屬非孤則貧，非貧則殘，非殘則夭之命。

◎本造為身弱無印依，以身弱格論。

喜用神：土（印星）、金（比星）。

忌　神：水（食傷星）、木（財星）、火（官殺星）。

例二：（男命）民國五十一年（一九六二）七月二十八日　卯時

（正官）	年	壬	寅（正印）	沖（寅申）
（傷官）	月	戊	申（正財）	
（日主）	日	丁	酉（偏財）	沖（酉卯）
（七殺）	時	癸	卯（偏印）	

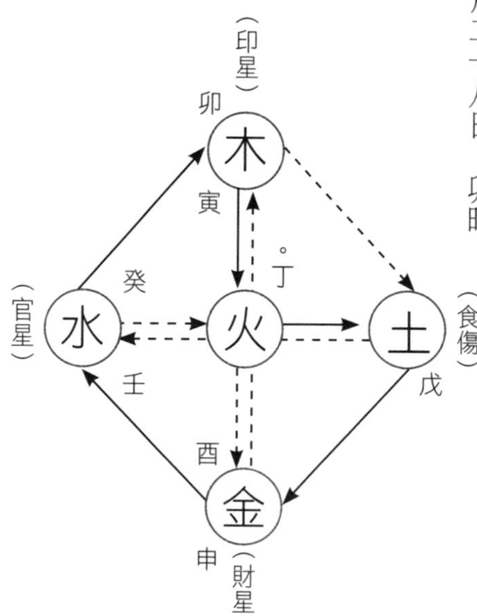

○提示：日主丁火生於申金月，支寅申卯酉沖，地基整個動搖，印星崩塌，日主丁火變成孤立無印生助，為身弱無印依格，人生一切希望被摧毀，與六親緣薄，為孤貧夭命格，屬非孤則貧，非貧則殘，非殘則夭之命。

○本造為身弱無印依，以身弱格論。

喜用神：木（印星）、火（比星）。

忌　神：土（食傷星）、金（財星）、水（官殺星）。

ㄈ、身弱無印依破局為正格，格神解密舉例

例一：（男命）民國七十五年（一九八六）五月二十一日　酉時

（偏財）年	丙	寅（食神）	
（食神）月	甲	午（正財）	合火局
（日主）日	壬	寅（食神）	
（七殺）時	戊	申（偏印）	

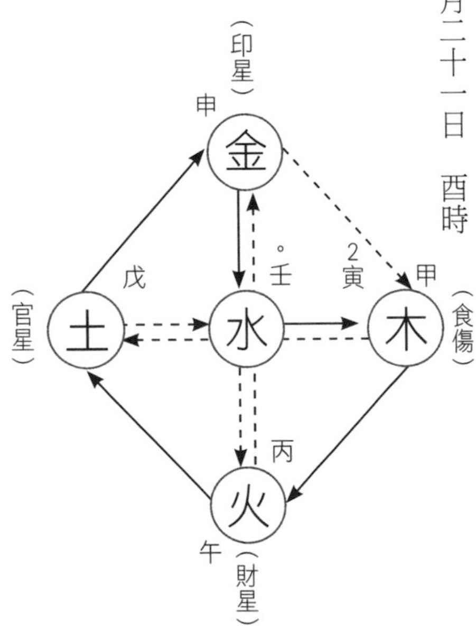

○提示：日主壬水生於午火月，年月日支寅午合火局，而解除日時支寅申之沖，否則是身弱無印依之夭命格，今申印得以保存，是以本造應以身弱論格局。

○本造不以身弱無印依，而為有印之身弱格。

喜用神：金（印星）、水（比星）。

忌　神：木（食傷星）、火（財星）、土（官殺星）。

例二：（男命）民國五十七年（一九六八）三月初八日　戌時

（正財）年　戊　申（正官）

（傷官）月　丙　辰（正財）

（日主）日　乙　巳（傷官）

（傷官）時　丙　戌（正財）

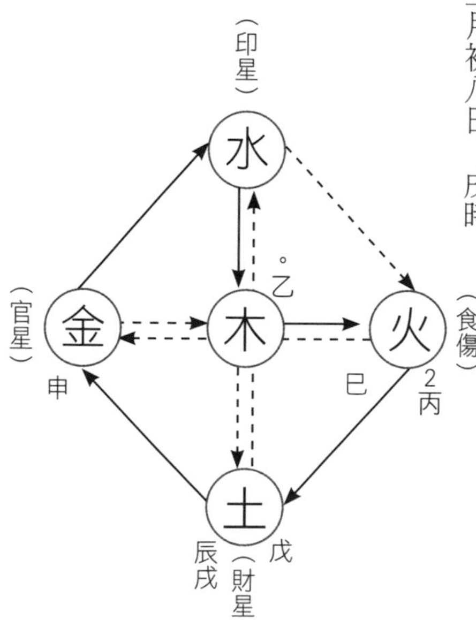

○提示：日主乙木孤立缺印生助，不能說是身弱無印依之命；因為全局火土兩旺，申金洩旺財土星穢氣，格成日主棄命從食傷財星兩勢格，有進神食傷星不弱，有旺神財星為財庫，再是有洩化神申金官星，成為標準的從勢格。

○本造不以身弱無印依，而為日弱從食傷財星兩勢格。

喜用神：火（食傷星：進神）、土（財星：旺神）、金（官煞星：洩神）。

忌　神：水（印星）、木（比星）。

二、身旺無財依之格神解密

ㄅ、格局形成基本條件

1．財為養命之源，無財則無以養命，若身旺（印比強旺）又官煞印不相生，而缺食傷、財星者，為身旺無財依之孤貧夭命格；若是官煞印相生者，以一般正格論。

2．身旺（印比星強旺），雖無財星，但見食傷星佩印（印不奪食傷者謂之佩印，印奪食傷者謂之梟印）者，不以身旺無財依論，但見食傷微星或微財星同時被奪劫者，仍是身旺無財依格。

3．滴天髓：何知其人夭，氣濁神枯了。

ㄆ、身旺無財依格用神原則

1．喜食傷星洩旺神比星兼生財星，喜財星引化食傷星（食傷生財）兼制印星。

2．若行運不配合吉神運之到來，一生運悖則為無解命盤，是為孤貧夭命格（無喜用神者）。

ㄇ、身旺無財依格，格神解密舉例

例一：民國四十八年（一九五九）八月二十五日　酉時

（正官）年　己　亥（比肩）
（比劫）月　癸　酉（正印）
（日主）日　壬　子（比劫）
（正官）時　己　酉（正印）

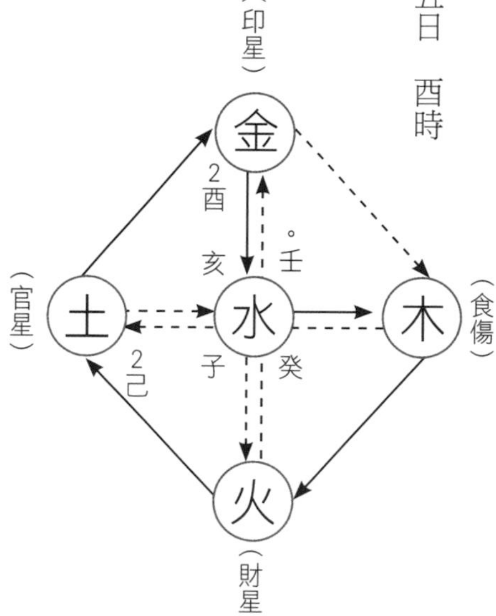

◎提示：日主壬水生於酉月，支二酉印星生助亥子水比星透癸水，以身旺論，局中缺食傷財星，但見二己土出干制壬癸水為喜用，如逢甲乙木食傷忌運，傷官見官有傷亡之虞，是身旺無財依之短命格，偏旺成枯之肇因。

◎本造為身旺無財依格。

喜用神：火（財星）、土（官煞星）。

忌　神：金（印星）、水（比星）、木（食傷星）。

例二：（男命）民國五十五年（一九六六）二月二十日　辰時

（偏印）年	丙	午	（偏印）
（食神）月	辛	卯	（七殺）
（日主）日	己	巳	（正印）
（比劫）時	戊	辰	（比劫）

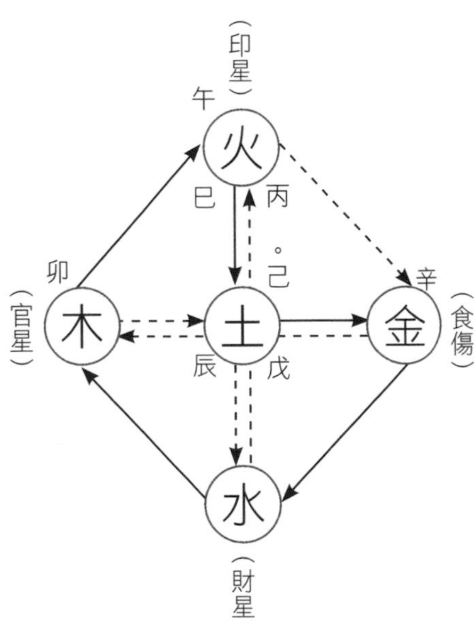

○提示：日主己土生於卯月，卯支生巳午火透丙制辛金食神，全局成為殺印相生火土兩旺，喜用神食傷星受損，又無財星之身旺無財依格。

○本造為身旺無財依格。

喜用神：金（食傷星）、水（財星）。

忌　神：木（官煞星）、火（印星）、土（比星）。

例三、（男命）民國三十五年（一九四六）五月二十二日 午時

（比肩）	年	丙	戌	（食神）
（偏印）	月	甲	午	（比劫）
（日主）	日	丙	寅	（偏印）
（偏印）	時	甲	午	（比劫）

支合火局

○**提示**：日主丙火生於午月，支寅午戌全為火局，月時透甲印生，為日主專旺炎上格，但局中不見滴水潤局，夏火炎炎，木焚土焦，成為炎上格之最壞格，也是身旺無財依格。

○本造為炎上格變身旺無財依格。

喜用神：木（印星）、火（比星）、土（食傷星）。

忌　神：金（財星）、水（官煞星）。

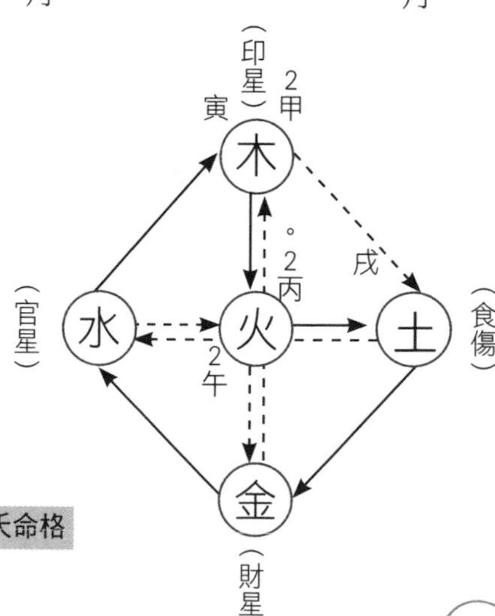

炎上夭命格

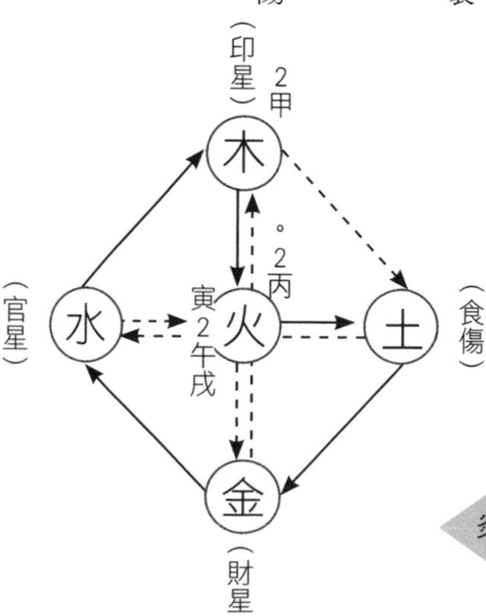

ㄷ、身旺無財依，破局為正格，用神解密舉例

例一：（男命）民國九十二年（二〇〇三）七月十九日　戌時

（食神）年	癸	未（偏印）	
（比劫）月	庚	申（比劫）	合為金局
（日主）日	辛	酉（比肩）	合為金局
（正印）時	戊	戌（正印）	合為金局

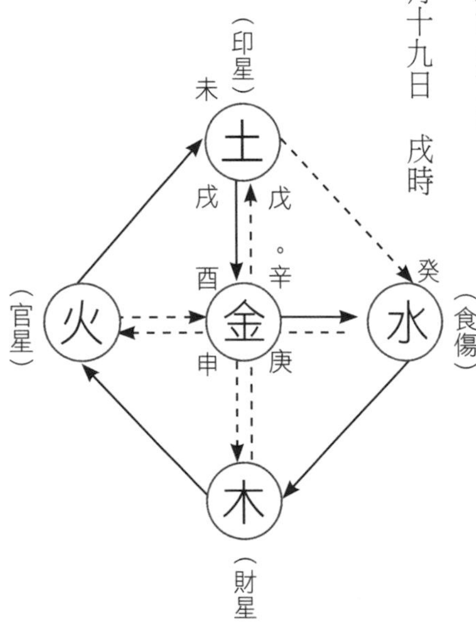

○提示：日主辛金生於申月，支申酉戌合為金局，全局土金相生而旺，最喜癸水食神出干洩秀，為食神佩印格，也是母吾同心格，而不以身旺無財格看待，更何況癸水為財源，無財而有源，比缺食傷而透財更有價值。

○本造看似身旺無財依，實為母吾同心局。

喜用神：土（印星）、金（比星）、水（食傷星）。

忌　神：木（財星）、火（官煞星）。

例二：民國七十一年（一九八二）正月初六日　巳時

（偏印）年　辛　　酉（偏印）┐
（偏印）月　辛　　丑（七殺）├ 合金局
（日主）日　癸　　丑（七殺）│
（偏財）時　丁　　巳（正財）┘

○提示：日主癸水生於丑月，支巳酉丑合為金局，年月干透二辛金，因缺食傷星，時干透丁財被劫，看似身旺無財依之命，實為日主孤立反局專旺印格。

○本造看似身旺無財依，實為反局專旺印格。

喜用神：土（官煞星）、金（印星）、水（比星）。

忌　神：木（食傷星）、火（財星）。

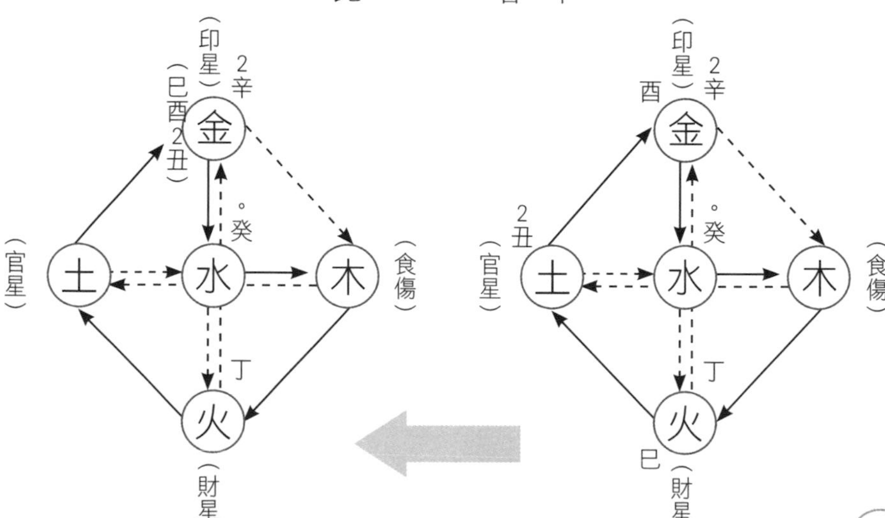

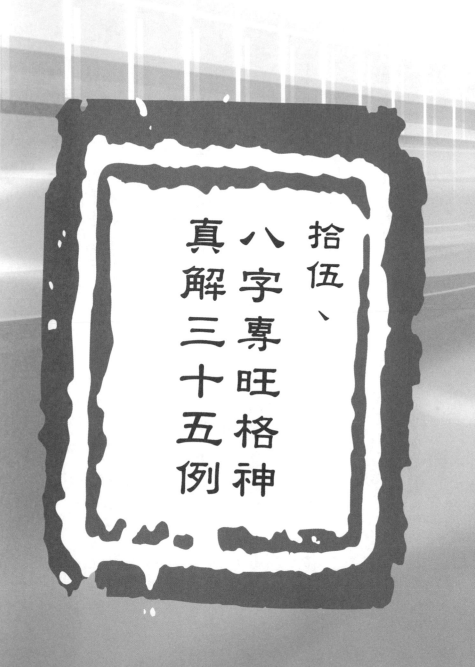

拾伍、八字專旺格神真解三十五例

一、格局轉化不成而歸位之八字真解

例一、（男命）民國六十一年（一九七二）七月初四日　辰時

（正印）	年	壬	子	（偏印）
（正財）	月	戊	申	（正官）
（日主）	日	乙	亥	（正印）
（正官）	時	庚	辰	（正財）

支結水局

一〇歲	己	酉
二〇歲	庚	戌
三〇歲	辛	亥
四〇歲	壬	子
五〇歲	癸	丑
六〇歲	甲	寅

1、日主乙木生於申月，支申子辰結為水局，格成反局專旺印格，然月干透戊土壞印而破格，則還原到原命局論，是為母慈滅子格，運則喜木火土，忌金水。

2、本造較為特殊，命式不易觀察理解，應用「矩陣圖式」，則易知易解；印星代表為母為長輩、或神佛師長、或貴人等，但為忌神而旺，則可解為母親個性強勢，身健

而掌家權，脾氣不好等，日主依賴母親，但對日主助力不大，反而唱反調，自身也較無能，戊土為正財妻星屬喜神，結婚後以妻為榮，婆媳不和，靠向妻方對付母親是為不孝子，母親始終不會認輸而吵吵鬧鬧。

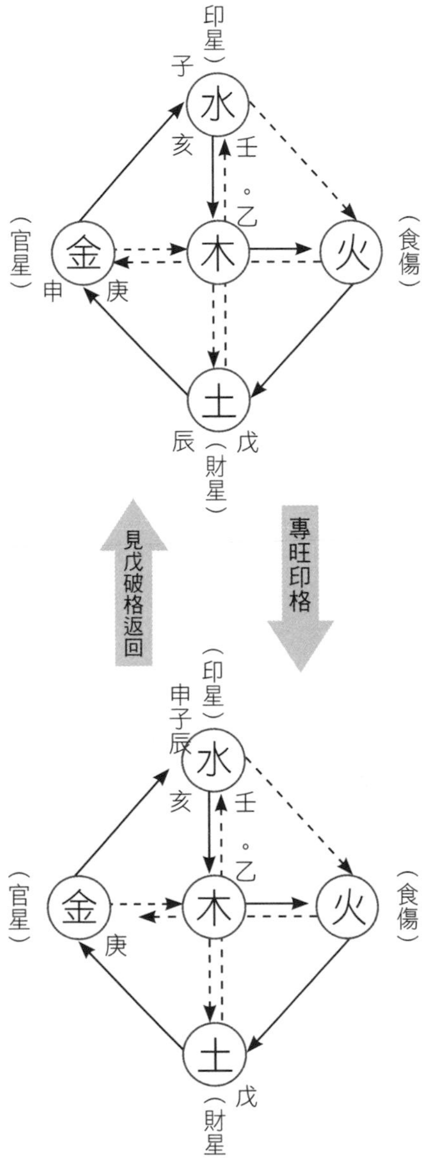

例二、（男命）民國四十一年（一九五二）六月二十八日　早子時

（七殺）	年	壬	辰（食神）	〇八歲	己酉
（食神）	月	戊	申（偏財）	一八歲	庚戌
（日主）	日	丙	申（偏財）	二八歲	辛亥
（食神）	時	戊	子（正官）	三八歲	壬子
				四八歲	癸丑
				五八歲	甲寅

支合水局（辰、申、申、子）

1、日主丙火孤立，勢必棄命從強勢才有生存空間，然土金水三強，其勢難分，幸賴支合化為水局，則日主為棄命從官煞格，已然成形忽見戊土來剋而破格，退而返回原局論。

2、本造化格無功返回原局，日主丙火從戊土之勢，是為從勢格論，為食神制煞生財格，運則喜土金水，忌木火，此之謂「食神能制煞生財，仍為財格，不失富貴」之真諦也（見原局圖）。

3、觀之大運全程多為土金水吉祥運，可謂好運到底，為富貴之造。

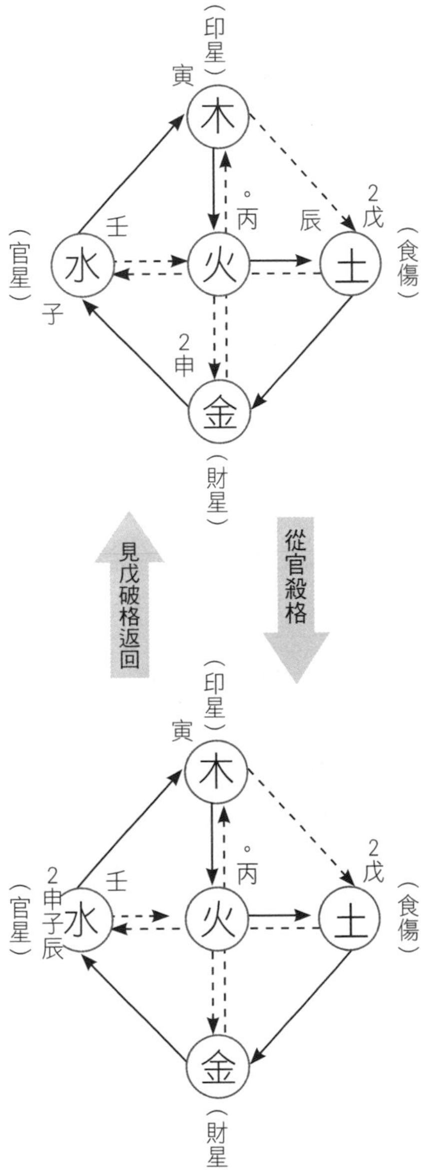

例三：（男命）民國五十七年（一九六八）閏七月二十七日　辰時

（七殺）年　戊　申（偏印）
（正印）月　辛　酉（正印）
（日主）日　壬　辰（七殺）
（食神）時　甲　辰（七殺）

酉、辰、辰合金局

〇二歲　壬　戌
一二歲　癸　亥
二二歲　甲　子
三二歲　乙　丑
四二歲　丙　寅
五二歲　丁　卯

1、日主壬水生於酉月，月柱正印格，支辰酉合金，支全結為金局，年干戊土生辛金為煞印相生，亦見辛金制甲木以衛官煞星，全局為反局專旺印格，運喜土金水，忌木火。

2、本造支結合為金局，干透辛金，格局驟然成專旺金印格，印星為母而強勢，得理不饒人，也不易妥協，體健、脾氣差，有女強人之勢，命造惟母命是從，孝順父母，專旺印格者，若行運不悖，多為富貴之造，但大運缺土金官印運程相扶持，此生乃平庸之輩。

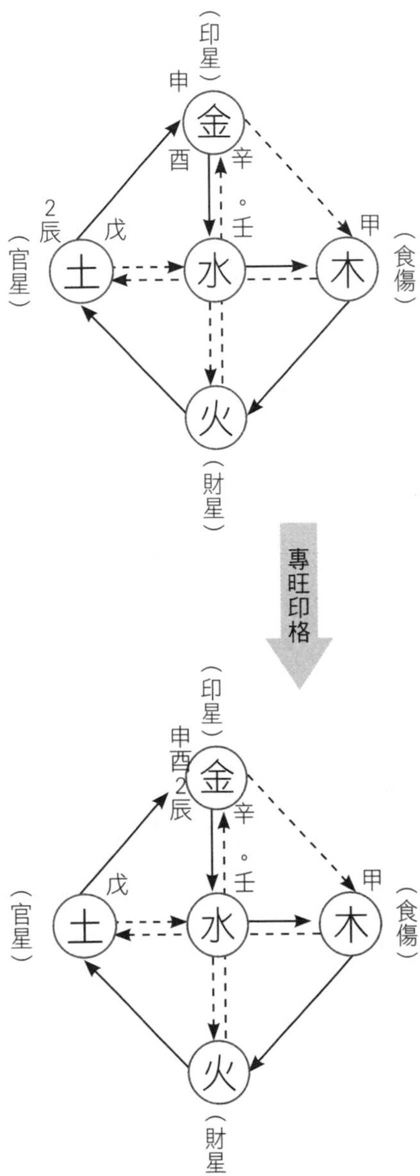

例四：（男命）民國六十五年（一九七六）八月初四日　申時

（偏財）年	丙	辰（七殺）	○五歲	丁	酉
（偏財）月	丙	申（偏印）	一五歲	戊	戌
（日主）日	壬	子（比肩）	二五歲	己	亥
（偏印）時	庚	申（偏印）	三五歲	庚	子
			四五歲	辛	丑
			五五歲	壬	寅

支合為水局

1、日主壬水生於申月，支合為水局，為潤下格，然驚見二丙火高透制庚金之嫌（壬水只能制一丙火），則潤下格破局返回原局，為一般身旺格論，喜木火，忌土金水。

2、本造水星強旺，水主智而聰明，但水之特性為隨波逐流，水性楊花，則個性為隨和缺乏主見，人云亦云，縱肌膚之親而好色慾，比星又為忌神，則固執，為大男人主義，濫交友，為朋友兩肋插刀，但無知心者，無論是潤下格或身旺格，缺食傷星洩秀，偏旺成枯，一生帶病延年，潤下格破敗，富貴兩頭空，缺乏責任心；又偏財為父，父母感情不睦，晚運淡薄。

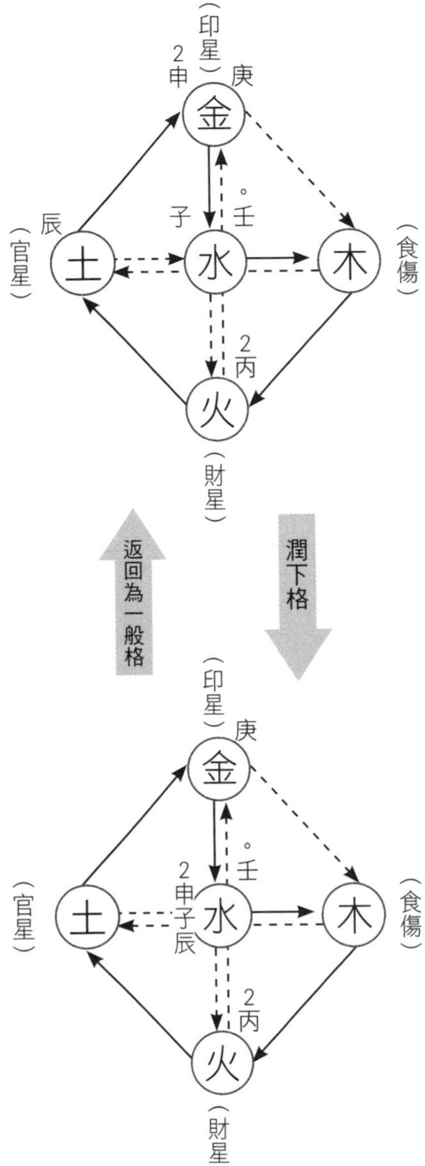

例五：（男命）民國七十二年（一九八三）四月二十六日　午時

（正官）	年	癸	亥	（七殺）
（食神）	月	戊	午	（比劫）
（日主）	日	丙	寅	（偏印）
（偏印）	時	甲	午	（比劫）

（月支午、日支寅、時支午）合火局

〇一歲	丁	巳
一一歲	丙	辰
二一歲	乙	卯
三一歲	甲	寅
四一歲	癸	丑
五一歲	壬	子

1、日主丙火生於午月，支寅午合火局，喜癸水透干潤局，然戊癸合化為火，以亥中壬水為調候用神，格成日主專旺炎上格，但見年支亥水來破格而返回原局，以身旺論，運喜土金水，忌木火。

2、本造縱使還原，丙火生於午月，戊癸合，仍以化火論，則戊土食神洩秀（洩神），及食傷生財功效盡失，八字崩盤，成了身旺無財依之夭折命格，就是只為了一個「亥」字，炎上格之格局大破矣。

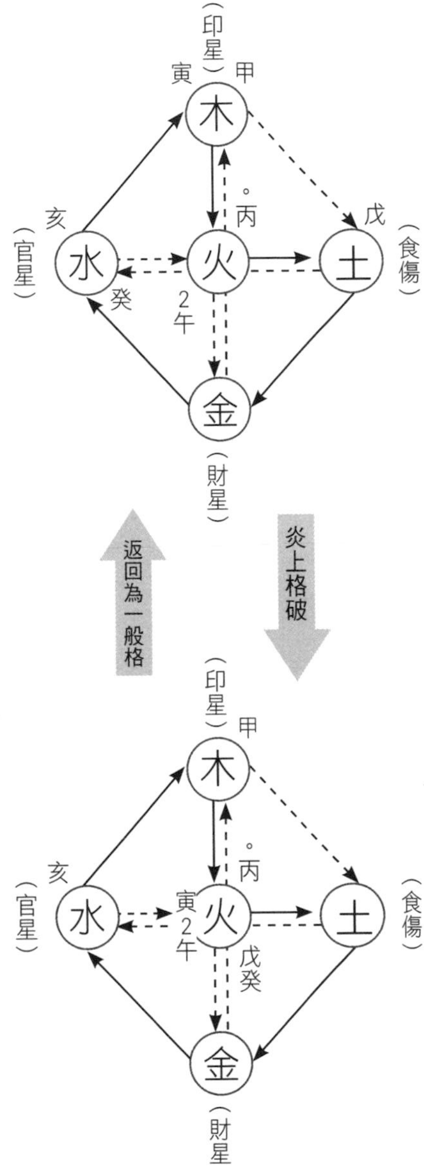

（印星）
寅
甲
木
丙
亥
戊
（官星）
水
火
土
（食傷）
癸
2
午
金
（財星）
返回為一般格
炎上格破
（印星）
甲
木
丙
亥
（官星）
水
寅
2
午
火
土
（食傷）
戊癸
金
（財星）

二、比星專旺格之八字真解

例一：（男命）民國二十三年（一九三四）正月十一日 午時

（偏印）年	甲	戌（食神）	
（比肩）月	丙	寅（偏印）	
（日主）日	丙	寅（偏印）	
（偏印）時	甲	午（比劫）	

（戌、寅、寅、午）合火局

○四歲	丁卯
一四歲	戊辰
二四歲	己巳
三四歲	庚午
四四歲	辛未
五四歲	壬申

1、日主丙火生於寅月，支寅午戌合化為火局，月干透丙火，得二甲木生助，為炎上格，運喜木火土，忌金水，但水為調候用神。

2、本造原命局木火兩旺，無財官星來剋破，是屬於印比兩勢相當而相生局，是為母吾同心格，行運亦喜木火土，忌金水；支合化為火局後，變為日主專旺炎上格，用神

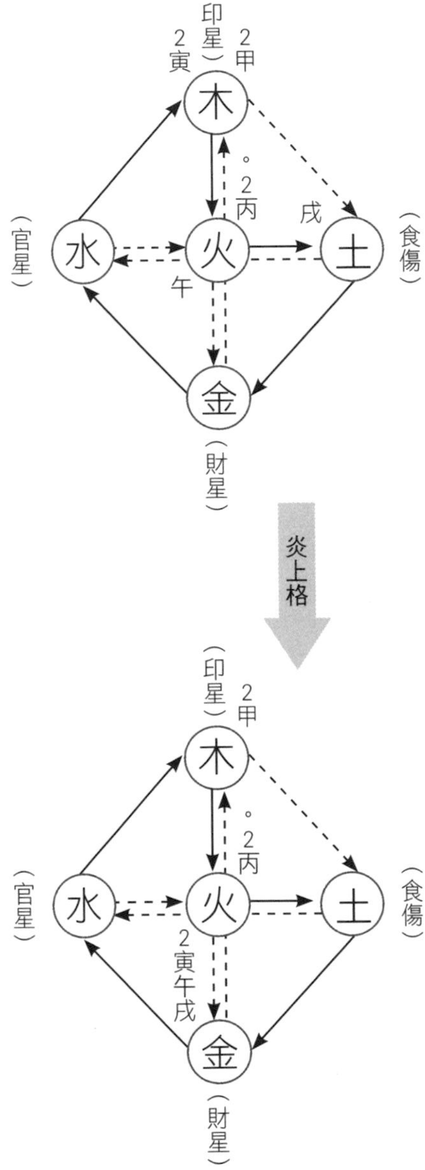

仍是喜木火土，忌金水，此變化而不失本格者也，然本造局中無滴水潤局，成炎上格後更明顯也無濕土為洩神，是屬殘障命造，或高血壓、心血管疾病者，大運初運丁卯（四至十三歲），更增火氣，容易發高燒不退，或在此運中成殘。

例二：（男命）民國五十二年（一九六三）二月初九日　戌時

（正官）年	癸	卯（正印）		一〇歲	癸	丑
（偏印）月	甲	寅（偏印）	合火局	二〇歲	壬	子
（日主）日	丙	午（比劫）		三〇歲	辛	亥
（食神）時	戊	戌（食神）		四〇歲	庚	戌
				五〇歲	己	酉
				六〇歲	戊	申

1、日主丙火生於寅月，月柱偏印格，支寅午戌合火局，年干癸水官印相生，格為日主專旺炎上格，運喜木火土，忌金、水閑神。

2、本造戊癸遙隔，雖干支火旺，也不能合化為火，如化火則為炎上之下格，為白癡命，然戊土為燥土亦難洩旺神之火，幸賴生於寅月初春，春寒料峭之季節，水氣仍旺盛，年干透癸水而無礙，則秀氣十足，聰穎有才華，運行不悖為富貴命造，但火旺嗜酒，為人快言快語，心地光明不徇私，但心臟、心血管疾病不可忽視。

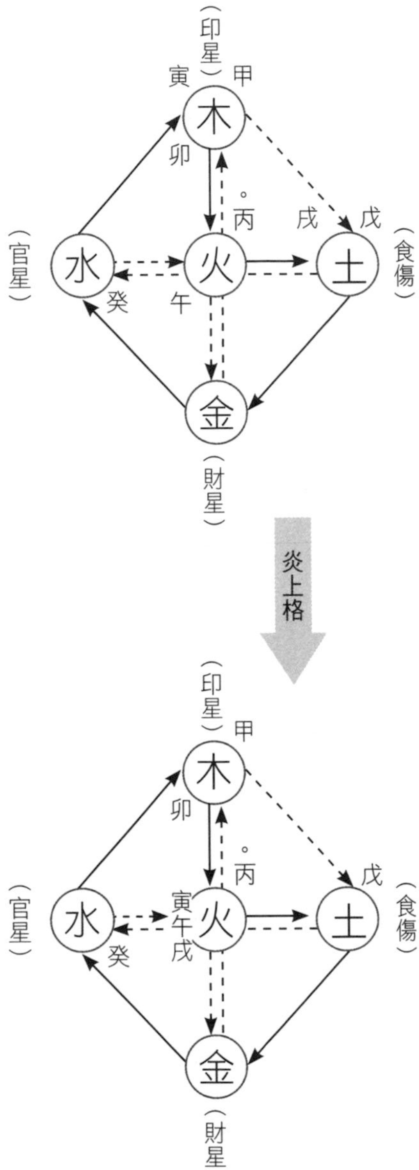
(印星)
寅
甲
木
卯
丙
戊
戊
(官星)
水
火
土
(食傷)
癸
午
金
(財星)
炎上格
(印星)
甲
木
卯
丙
戊
(官星)
水
寅
午
戊
火
土
(食傷)
癸
金
(財星)

例三：（男命）民國七十八年（一九八九）正月初十日　戌時

（傷官）	年	己	巳	（比肩）
（比肩）	月	丙	寅	（偏印）
（日主）	日	丙	午	（比劫）
（食神）	時	戊	戌	（食神）

寅午戌合火局

○四歲　乙　丑
一四歲　甲　子
二四歲　癸　亥
三四歲　壬　戌
四四歲　辛　酉
五四歲　庚　申

1、原局：日主丙火生於寅月，木火兩旺為身旺論（喜土金，忌水木火）；支合局後：支全結為火局，印星寅令被合化為比劫星，成火星獨旺之日主專旺格，雖有戊己土洩秀，然不以吾子二人同心，或為從兒論（因火旺於土），故行運以炎上格論，喜木火土，忌金水。

2、本造寅木戌土被合化為火，火勢增強，火氣變大，脾氣不可遏抑，食傷洩神不見濕土或滴水潤局，身體毛病多，比原局還差，是謂「變之不善」者也。

3、本造大運，只有初運甲乙兩干為印星木運為吉祥外，餘運至晚年都背離，專旺炎上格也是徒然。

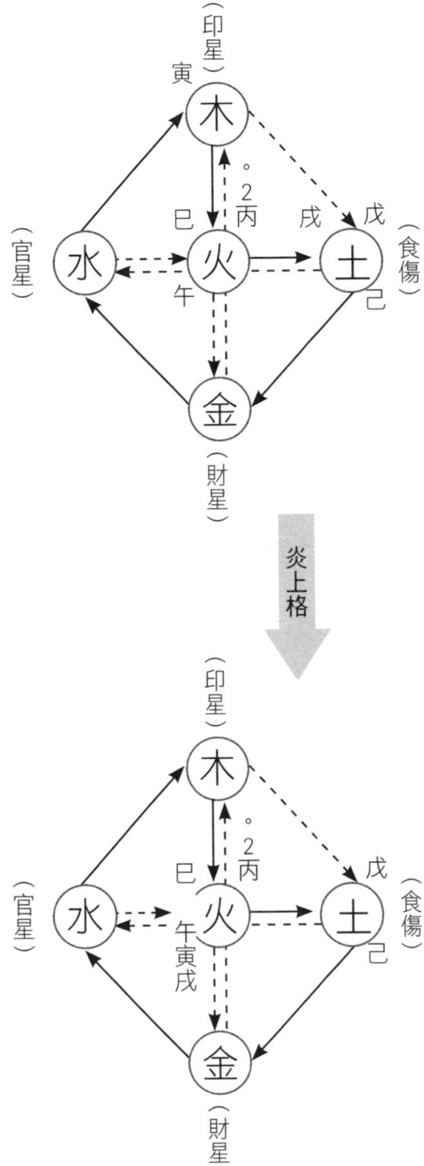

例四：（男命）民國七十年（一九八一）七月十一日 酉時

（比劫）年	辛	酉（比劫）	：刃	○二歲	乙未
（七殺）月	丙	申（比肩）	合金局	一二歲	甲午
（日主）日	庚	申（比肩）		二二歲	癸巳
（正財）時	乙	酉（比劫）	：刃	三二歲	壬辰
				四二歲	辛卯
				五二歲	庚寅

1、日主庚金生於申月，年申酉合為金局，日主乙庚則合化為金，金星最旺，然見丙火高透，丙辛合而不化，煞刃格成矣，運喜土金水，忌木火。

2、本造為煞刃格，最喜印星化煞為權（通關），原局本有乙木財星壞印，經合化為我所用後，格局轉清為武職命造，但大運缺戊己土運程扶持，缺印星運來，則人生美夢難成真。

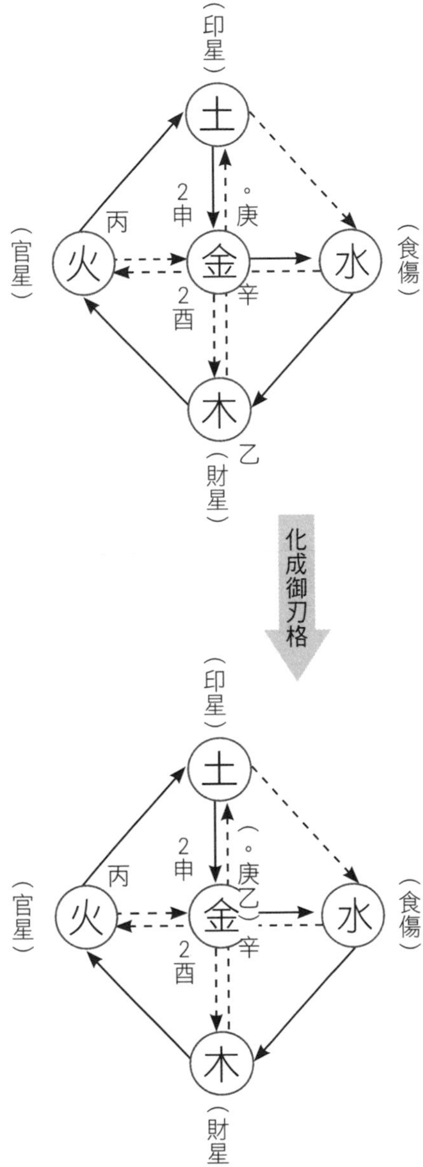
(印星)
土
2申
。庚
丙
(官星)
火
金
水
(食傷)
2酉
辛
木
乙
(財星)
化成御刃格
(印星)
土
2申
(。庚乙)
丙
(官星)
火
金
水
(食傷)
2酉
辛
木
(財星)

例五：（男命）民國六十二年（一九七三）八月二十五日　酉時

（傷官）年	癸	丑（正印）	：天乙貴人	支合金局	○六歲	庚申
（比劫）月	辛	酉（比劫）	：刃		一六歲	己未
（日主）日	庚	申（比肩）	：祿		二六歲	戊午
（正財）時	乙	酉（比劫）	：刃		三六歲	丁巳
					四六歲	丙辰
					五六歲	乙卯

1、本造日主支全合金局，月干透辛金，則乙庚自然合化為金，格成化氣專旺金革格（或稱金剛格），運喜土金水，忌木火而破格。

2、金剛格者個性強硬，講義氣，敢為友人犧牲之英雄氣概，容易行險、冒險，但就是生命不保險，幸好有水洩金剛之氣，個性變溫和兼理智，但陽刃格帶桃花，會因固執己見，產生男女感情糾紛，而見血光之災，又金水兩旺，好女色，大男人主義，視女人為尤物。

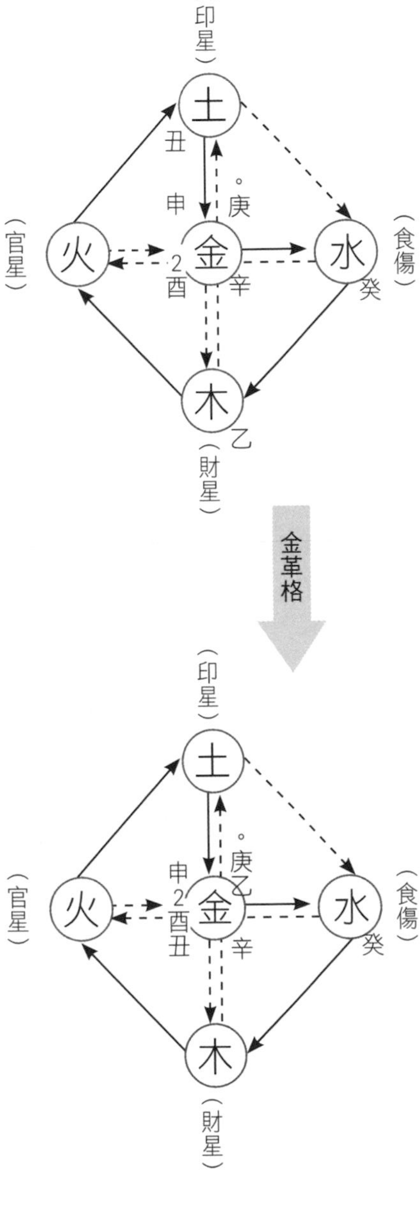

3、本造為日主專旺金剛格，如行運配合多屬富貴命格，但大運：庚申、己未、戊午、丁巳、丙辰、乙卯，前三運三十歲前，為庚申、己未、戊午屬金土吉運，但自午運三十一歲後至晚年，行丁巳、丙辰、乙卯運為火木忌神運，是以本造出生家世良好，初運及命式年月柱為喜用神，一切如意值得驕傲外，人生後半段，才是邁向光明的里程碑時候，但運不相濟，唯賴男兒當自強以自勉了。

三、印星專旺格之八字真解

例一：（男命）民國四十五年（一九五六）三月十七日　酉時

（食神）年	丙	申	（七殺）
（偏印）月	壬	辰	（偏財）
（日主）日	甲	子	（正印）
（正印）時	癸	酉	（正官）

申子辰合水局

○四歲	癸巳
一四歲	甲午
二四歲	乙未
三四歲	丙申
四四歲	丁酉
五四歲	戊戌

1、日主甲木生於辰月，干壬水制丙火，支申子辰合化為正印水星，酉支正官來生扶，格成反局專旺官印相生格，為合而有情的表現，運喜金水木，忌火土。

2、本造反局專旺官印相生格，格局中無財星壞印，又得官印相生，格局清秀，大運癸巳、甲午、乙未、丙申、丁酉、戊戌。前三運半吉凶，中運丙申、丁酉金地運吉祥，戊戌晚運，辰戌沖提而破格，破財失職之虞，此為國中校長之命造。

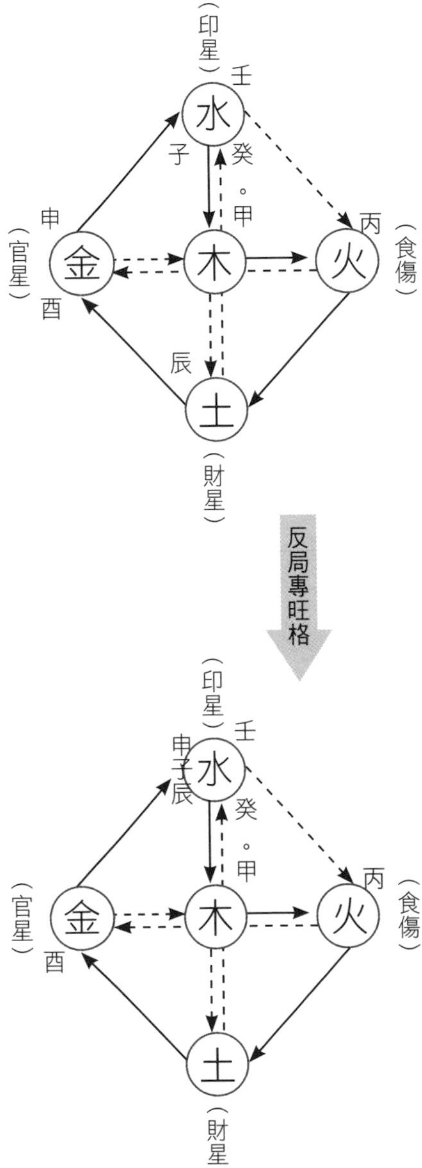

例二：（男命）民國七十三年（一九八四）閏十月初七日　未時

（正印）年　甲　子（七殺）
（偏印）月　乙　亥（正官）
（日主）日　丁　卯（偏印）　合化木局
（比肩）時　丁　未（食神）

○四歲　丙　子
一四歲　丁　丑
二四歲　戊　寅
三四歲　己　卯
四四歲　庚　辰
五四歲　辛　巳

1、日主丁火生於亥月，支亥卯未合化木局，干透甲乙，子水生之，格成反局專旺印格，運喜水木火，忌土金而破格。

2、本造原為亥令最強，然亥卯未三合化木局後，因干有甲乙木，三合則優先合化，亥子則不以合論，專旺用神則隨之改變，皆用神之變化也。

3、本造大運：初二運丙子、丁丑運（四至二十三歲），為火干水地運吉，中運戊寅、己卯運（二十四至四十三歲），為土干木地運，戊己土運被甲乙木制而變吉運，寅卯支運吉，晚運庚辰、辛巳運（四十四至六十三歲），此二十年，金干土運蹇阻，巳運沖提有災禍。

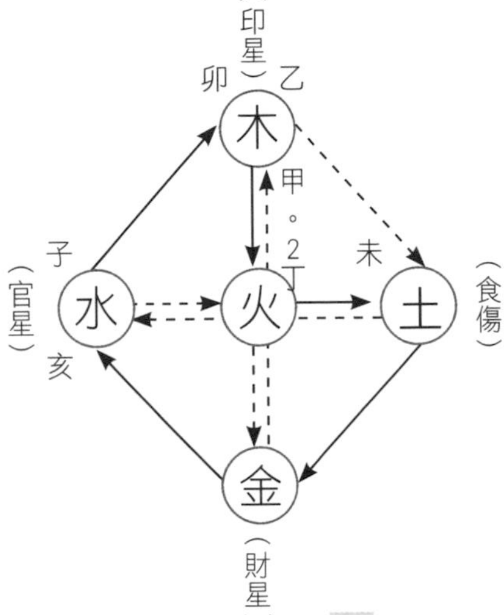

反局專印格

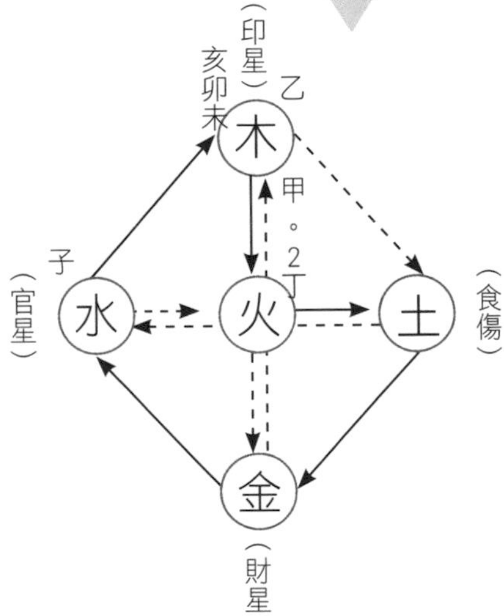

例三：（男命）民國二十一年（一九三二）三月二十八日　辰時

（偏印）	年	壬	申	（七殺）
（比肩）	月	甲	辰	（偏財）
（日主）	日	甲	子	（正印）
（偏財）	時	戊	辰	（偏財）

支合水局

○二歲	乙	巳
一二歲	丙	午
二二歲	丁	未
三二歲	戊	申
四二歲	己	酉
五二歲	庚	戌

1、日主甲木生於辰月，支申子辰合化為水局透壬水，水印星強旺，為反局專旺格，運喜金水木，忌火土。

2、本造時干透戊土以辰為根，然二甲木虛浮無力制戊土，則戊土反制壬水，專旺印格破局返回，以身弱論，仍喜金水木，忌火土，印星用神仍被財奪，此印與財相尅，兩不相謀，雜亂也，則屬平凡命造。

3、若以甲木制戊土衛旺神印星，亦須運程來配合，然行運早年背離金水吉運，於三十二歲後始行土金吉運，為大器晚成格。

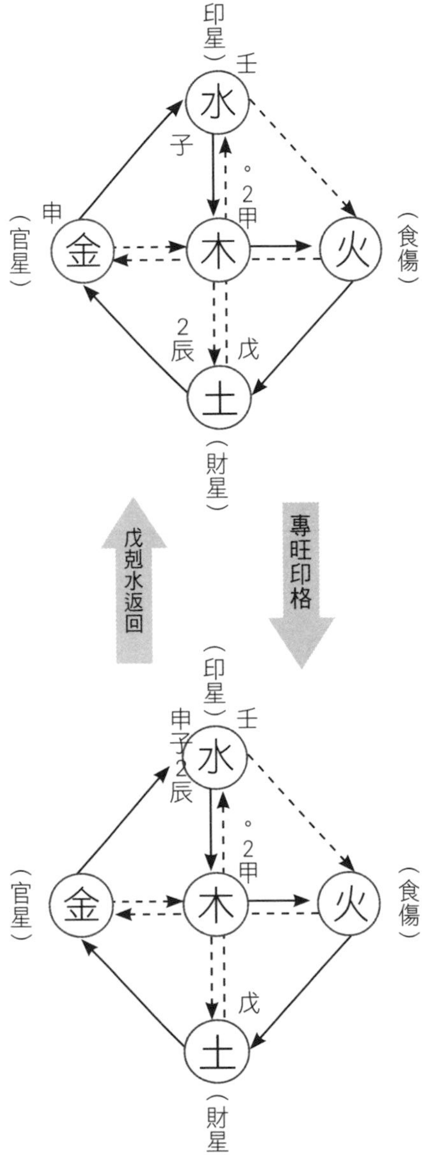

例四：（男命）民國七十年（一九八一）九月二十四日　戌時

（正印）年	辛	酉（正印）	支會金局
（七殺）月	戊	戌（七殺）	
（日主）日	壬	申（偏印）	
（偏印）時	庚	戌（七殺）	

○六歲　丁　酉
一六歲　丙　申
二六歲　乙　未
三六歲　甲　午
四六歲　癸　巳
五六歲　壬　辰

1、日主壬水生於戌月，支申酉戌會為金局，壬水孤立，格成反局專旺印格，運喜土金水，忌木火。

2、本造原局土金兩旺，為母慈滅子，缺木火運轉，生性孤僻不合群，然干透庚辛金，申酉戌順勢合會為印星獨專，格含煞印相生之局，成為官貴命造，皆由變之而善，其格愈美也，本造現為現役軍官職，待人處世，律己而嚴肅，積極勤奮，有守有為。

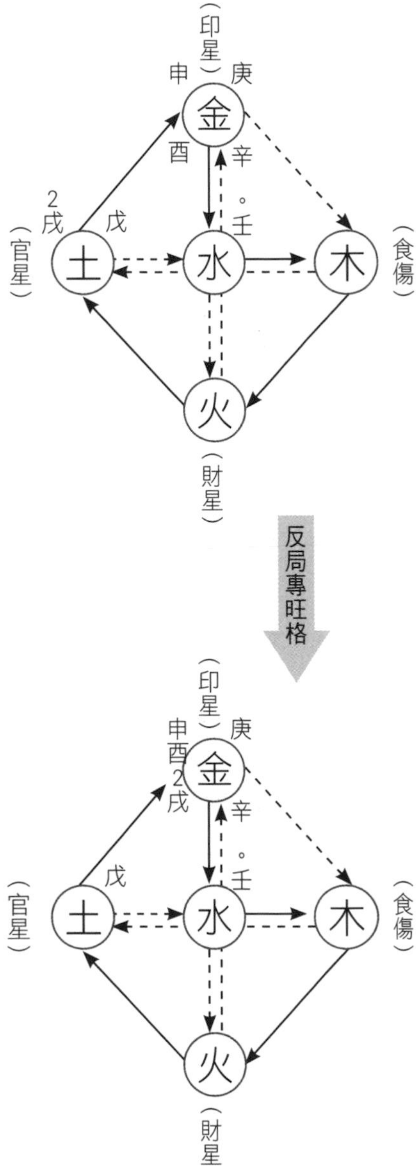
（印星）
申
庚
金
酉
辛
。壬
2
戊
戊
（官星）
土
水
木
（食傷）
火
（財星）
反局專旺格
（印星）
申
酉
2
戊
庚
金
辛
。壬
戊
（官星）
土
水
木
（食傷）
火
（財星）

四、母吾同心格之八字真解

例一：（男命）民國三十六年（一九四七）正月二十四日　酉時

（傷官）年	丁	亥（偏印）		
（偏印）月	壬	寅（比肩）：祿	合木	
（日主）日	甲	子（正印）		
（正印）時	癸	酉（正官）		

○四歲	辛	丑
一四歲	庚	子
二四歲	己	亥
三四歲	戊	戌
四四歲	丁	酉
五四歲	丙	申

1、日主甲木生於寅月為建祿格，年月支寅亥合化木，則干丁壬順勢合化為木，支官印相生，局成官印相生之母吾同心格，運喜金水木火，忌土。

2、本造用神壬水與丁做合化成木，為我所用兼護衛酉官為有情意之舉，而壬癸水通河，以亥子水為根，水印星根深引官煞就有力，是用神有情而兼有力者也，官貴為之增強，有加分正面作用，格局高雅。

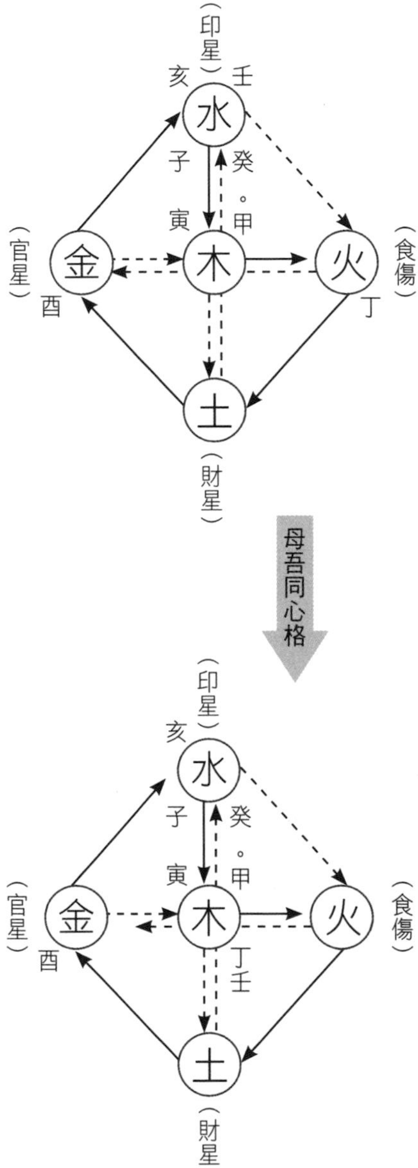

例二：（男命）民國七十年（一九八一）十一月二十五日　卯時

（正印）年　辛　酉（正印）
（偏印）月　庚　子（比劫）：刃
（日主）日　壬　申（偏印）　合水
（比劫）時　癸　卯（傷官）

〇五歲　己　亥
一五歲　戊　戌
二五歲　丁　酉
三五歲　丙　申
四五歲　乙　未
五五歲　甲　午

1、日主壬水生於子月為陽刃格，支申子合為水局，則申金不剋卯木，全局金水兩旺，金清水白，格成母吾二人同心格，運喜金水木，忌火土而破格。

2、本造為金水雙清之母吾同心格，用神最喜印比旺身之地，則印星金為進神，水比星為旺神，食傷木星為洩化神，行運及命式中不可三缺一，如此類專旺局，旺則宜洩，洩化神就成了格局中的靈魂字，本造時支卯木，就是靈魂字，有了它，就像人體有排泄系統，命式就成為富貴格，如沒有它，就是身旺無財依之夭命格，一字之差，如天堂與地獄，用神有情意，為富貴長壽命。

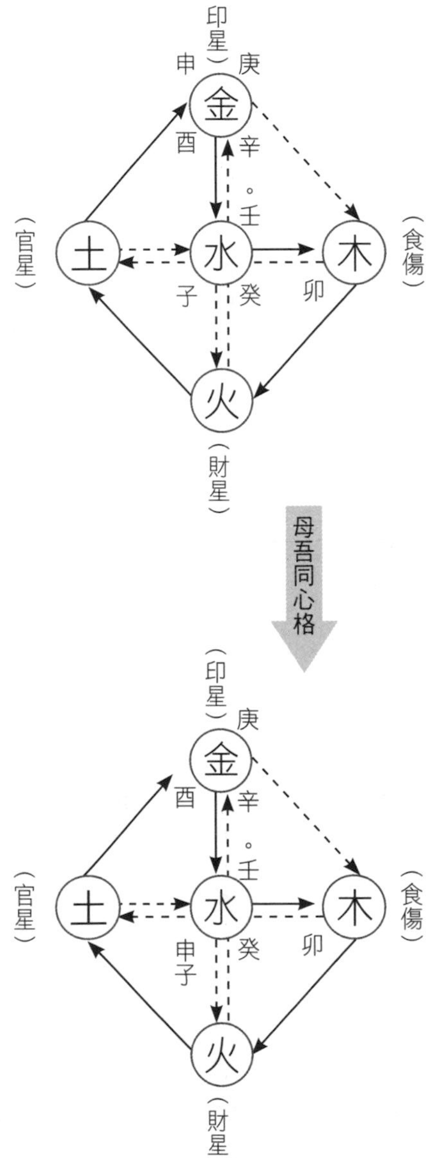

例三、（男命）民國三十七年（一九四八）七月十九日　辰時

（偏印）年	戊	子（傷官）			
（比肩）月	庚	申（比肩）：祿			
（日主）日	庚	辰（偏印）			
（比肩）時	庚	辰（偏印）			

○六歲	辛	酉
一六歲	壬	戌
二六歲	癸	亥
三六歲	甲	子
四六歲	乙	丑
五六歲	丙	寅

1、日主庚金生於申月，為建祿格，然印星戊辰土生助比星庚申金，土金兩旺，日主母吾同心格，運喜土金水，忌木火而破格。

2、本造既然成格，申子辰則不宜合化為水局，有畫蛇添足多此一舉之憾，因需子水宣洩金星濁氣不可，雖辰申含水，但田螺含水過冬不如有水涵養，官貴之氣會更顯著，身心更能舒懷，此種格局也被稱為「井欄格」者，是指「以申子辰合而水後，沖去寅午戌所合之火勢」之類，謂之井欄格，順便一提。

3、本造大運，支多行金水鄉運吉祥運，干亦金水木運，甲乙木被庚金制，由壞而變吉運，此為醫師之命造。

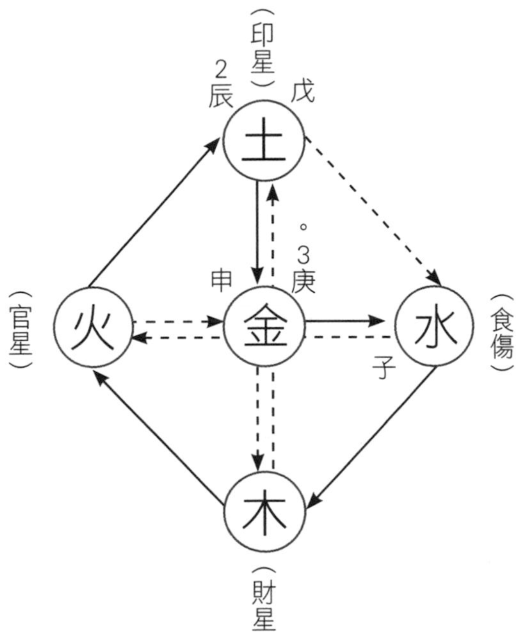

例四、（男命）民國七十七年（一九八八）三月二十八日　辰時

（比肩）年　戊　辰（比肩）
（正印）月　丁　巳（偏印）
（日主）日　戊　辰（比肩）
（偏印）時　丙　辰（比肩）

〇八歲　戊　午
一八歲　己　未
二八歲　庚　申
三八歲　辛　酉
四八歲　壬　戌
五八歲　癸　亥

1、日主戊土生於巳火月，最需有水潤局調候，雖不見壬癸水，而以辰中癸水為調候用神，因此辰字在格局中，佔很重要地位，辰為水庫，若戌火庫運來，兩者對沖的結果，水火之根都沒了，調候神當然是蕩然無存，則身體必發生大災難，從圖示可知火土兩旺，八字無沖剋現象，為火土雙清之母吾同心格，運喜火土金，忌水木。

2、本造大運：初二運戊午、己未（八至二十七歲）為火土吉祥運，反映於命式年月柱為家世祖、父輩產業豐盈，而此兩柱皆屬火土吉用喜神，則知本造出生於富裕家

庭，幼少青年時期，得到父母呵護與栽培，中運接庚申、辛酉（二十八至四十七歲），此二運為食傷金運，是洩化神運而吉祥如意，也是洩秀，展現腦力勝人一籌之際，因此心想事成，想到也做到，具行動力與實踐效能，晚運壬戌、癸亥（四十八至六十七歲），干運壬癸水財運，本屬忌運，但會被戊土剋制，由壞運轉好運，然亥運沖巳月令，為大凶運。

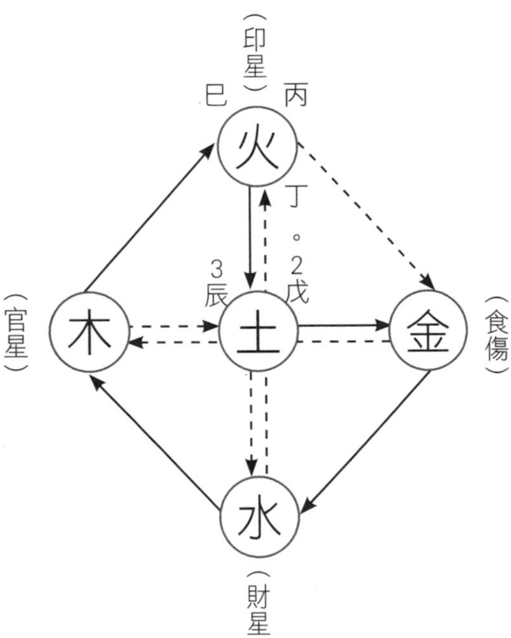

五、食傷星專旺之八字真解

例一：（男命）民國三十八年（一九四九）二月初六日　寅時

（正財）年	己	丑（正財）	
（食神）月	丙	寅（比肩）：甲丙戊：祿	
（日主）日	甲	午（傷官）	寅午寅合火
（食神）時	丙	寅（比肩）	

一〇歲	乙	丑
二〇歲	甲	子
三〇歲	癸	亥
四〇歲	壬	戌
五〇歲	辛	酉
六〇歲	庚	申

1、日主甲木生於寅月，為建祿格，然地支寅午合為火局，干透二丙火，日主甲木從丙火之勢，格成從兒格，運喜木火土，忌金水。

2、本造日主甲木為建祿格，然干透二丙火不透甲，寅為丙的長生地，則丙有喧賓奪主（甲）之勢，況乎寅午合化為火局，甲木缺印生助，日主甲變孤立，只好從食傷強勢才有生存空間，本造從兒格形成，是為真從。

3、本造大運，全程運勢缺火土食傷生財吉運，一生勞而無獲，為勞碌懷才不遇之命，很可惜。

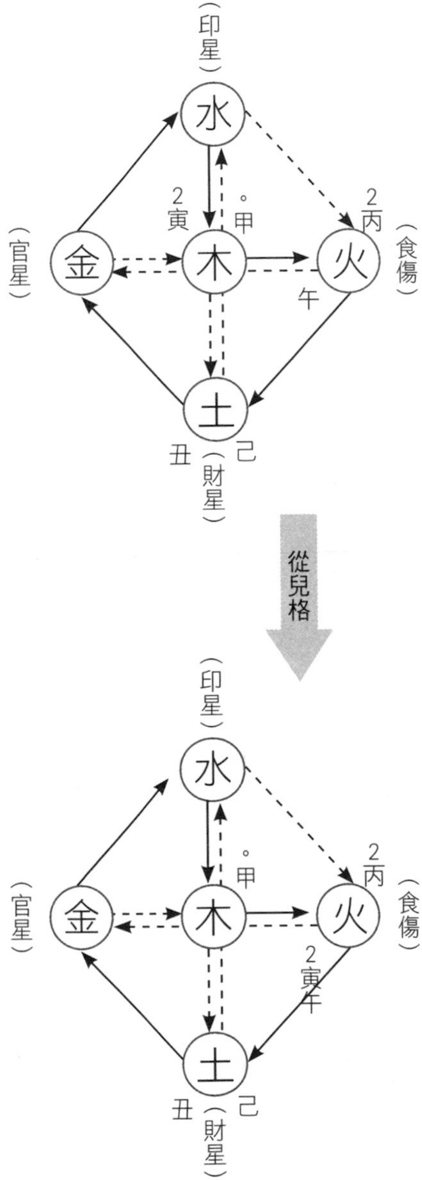

例二：（男命）民國六十四年（一九七五）六月初八日　未時

（食神）年　乙　卯（食神）
（比肩）月　癸　未（七殺）
（日主）日　癸　亥（比劫）
（七殺）時　己　未（七殺）

支合木局

○四歲　壬　午
一四歲　辛　巳
二四歲　庚　辰
三四歲　己　卯
四四歲　戊　寅
五四歲　丁　丑

1、日主癸水生於未月令，支亥卯未合為木局，令被合化為木局，年干乙木剋己土，二癸水其勢從食傷木星，為從兒格，運喜水木火，忌土金。

2、本造原局為七殺格，以食神洩秀制煞為用，然支結為木局後，未土亥水已遷移本位投向食傷星，經此轉化過程，局變為從兒格論，用神仍不失食傷洩秀生財，食神兼制煞，相剋而得其當，亦兩相得也，此謂之用神清純者。

3、本造命式從兒格，用神也清純，但運程卻不美，命好運背，缺水木火干運，為勞碌命。

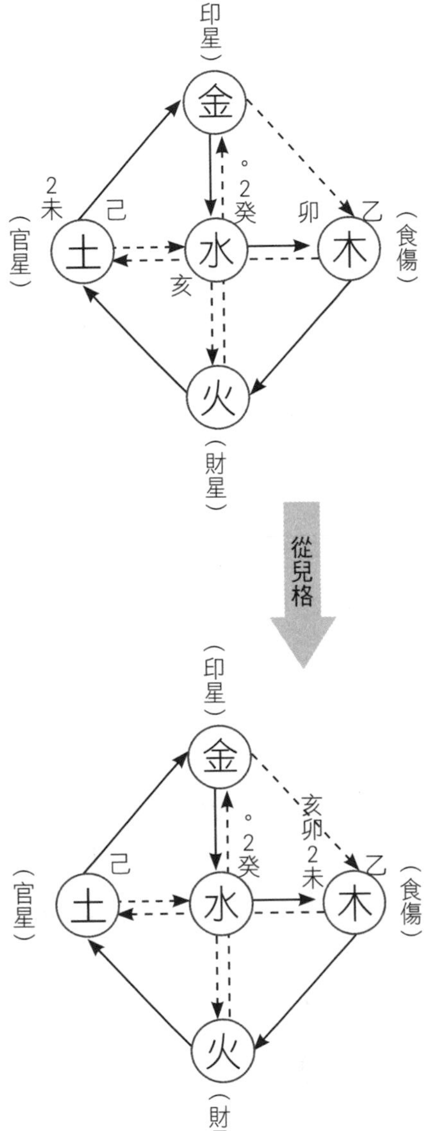

例三：（男命）民國五十四年（一九六五）正月十九日　戌時

（比肩）年	乙	巳（傷官）	〇六歲	丁	丑
（正財）月	戊	寅（比劫）	一六歲	丙	子
（日主）日	乙	巳（傷官）	二六歲	乙	亥
（傷官）時	丙	戌（正財）	三六歲	甲	戌
			四六歲	癸	酉
			五六歲	壬	申

1、日主乙木生於寅木令，透乙而不弱，然地支二巳火，時干透丙火，則食傷火星強旺，干二乙木制戊土，干支成木火相生之吾子同心格，運喜木火土，忌金水。

2、本造命局日主二乙木，以寅支為根本而不弱，但因缺印星生助而以身弱論，然火勢強旺，若以身弱論，喜印水，必無力制強火，功虧一簣，今逢支二巳火透丙，傷官火星無印星來剋，造就比食傷木火同心支格，此用神變之而善者也。

3、本造大運，前四運干為丁丙乙甲火木吉運，支為丑子亥戌水鄉蹇運，此四十年呈現五五波起伏運，晚二運干為癸壬水比星運不吉，支酉申金運亦晦運。

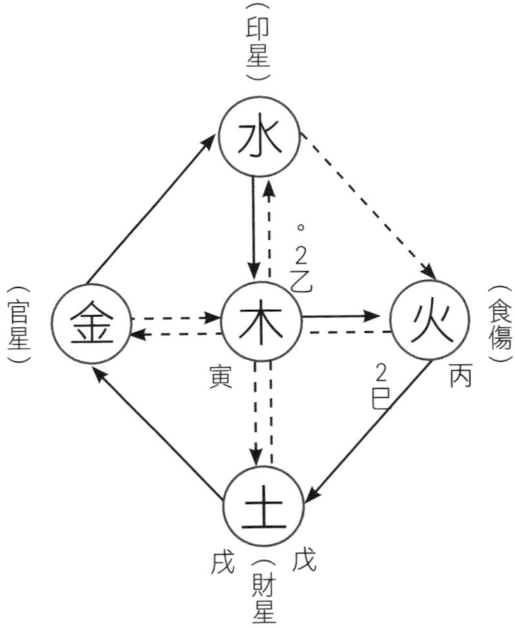

六、財星專旺之八字真解

例一：（女命）民國四十三年（一九五四）正月初四日 午時

（傷官）年	甲	午（偏財）	支合火局
（正財）月	丙	寅（傷官）	
（日主）日	癸	巳（正財）	
（正官）時	戊	午（偏財）	

一〇歲	丁	卯
二〇歲	戊	辰
三〇歲	己	巳
四〇歲	庚	午
五〇歲	辛	未
六〇歲	壬	申

1、日主癸水生於寅月，原局癸水孤立無印比之助，月令傷官格而火旺，日主宜棄命從食傷生財之勢，運則喜木火土，忌金水。

2、然本造支全是合為火局，月干透丙火，日主戊癸則合化為火成形，局成化財格，運喜木火土，忌金水，而忌見官。如此前後相比，格雖變而用神不失本格者。

3、本造大運全程支為木火鄉運吉，干運庚辛金為印星運，但被命式丙火剋除變為吉運，則整個運勢一路順暢，心想事成，應許富貴。

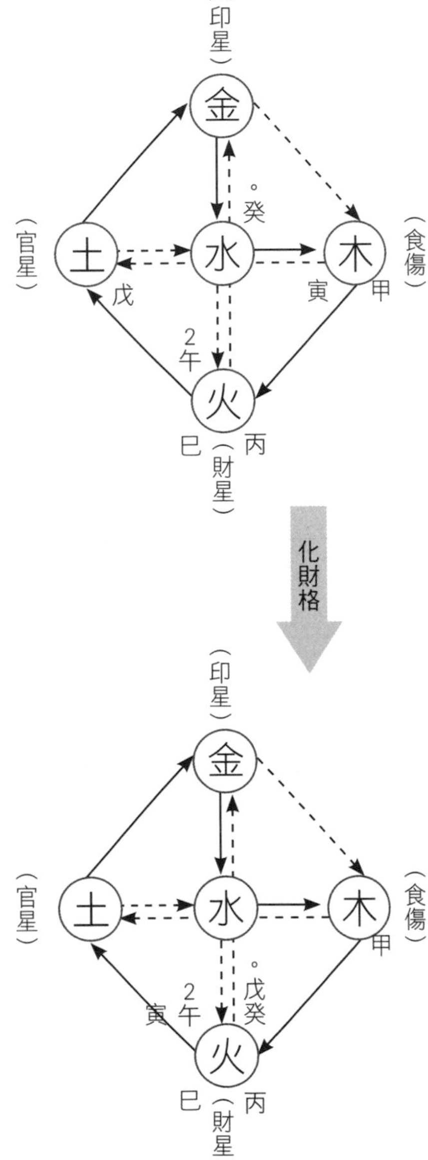

例二：（男命）民國三十八年（一九四九）十二月十四日　巳時

（正財）年	己	丑（正財）		
（傷官）月	丁	丑（正財）	合為土	
（日主）日	甲	子（正印）		
（正財）時	己	巳（食神）		

○九歲	丙	子
一九歲	乙	亥
二九歲	甲	戌
三九歲	癸	酉
四九歲	壬	申
五九歲	辛	未

1、日主甲木生於冬季丑月，喜丁火暖局，支子丑合化為土，則日主甲己化氣為土，格成化財格，運喜火土金，忌水木。

2、本造原局轉化為財格，干支上下成食傷生財而有情有力，日主由傷官導引，財氣通門戶，正財得之所以為奇，為富貴命造。

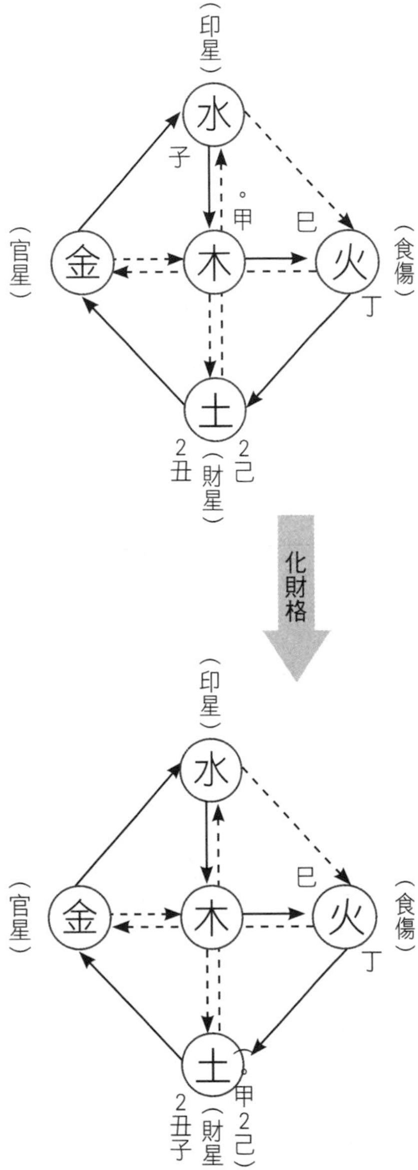
（印星）
水
子
甲
巳
（官星）
金
木
火
（食傷）
丁
土
2
丑
（財星）
2
己
化財格
（印星）
水
巳
（官星）
金
木
火
（食傷）
丁
土
甲
2
丑子
（財星）
2
己

例三：（男命）民國五十七年（一九六八）六月十八日　戌時

（偏財）年	戊	申（七殺）	〇七歲	庚	申
（正財）月	己	未（正財）：木（墓）庫	一七歲	辛	酉
（日主）日	甲	申（七殺）	二七歲	壬	戌
（比肩）時	甲	戌（偏財）	三七歲	癸	亥
			四七歲	甲	子
			五七歲	乙	丑

1、日主甲木不得令，只得時干一比肩之助，身弱論，然月令未為木庫，年干透戊土，則甲己合化為土，化氣成局，為化財格，運喜火土金，忌水木而破格。

2、本造正所謂「得一比肩，不如得支中一墓庫」寫照，未令雖為囚氣，但未為木庫卻帶動整個格局，由身弱變成化氣專旺格，可惜本造大運與命違，一生難出運，化財不得財，一介貧民。

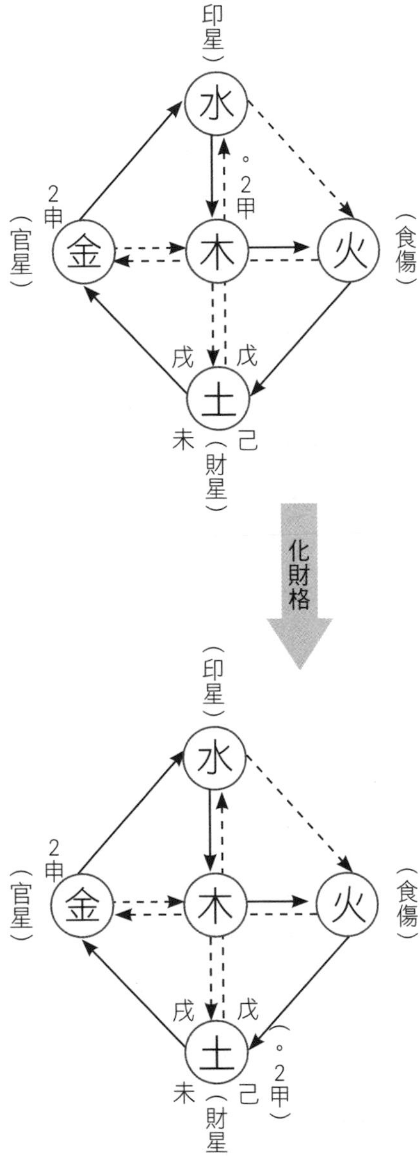

（印星）
水
2甲。
2申
（官星）
金
木
火
（食傷）
戊
戊
土
未
己
（財星）
化財格
（印星）
水
2申
（官星）
金
木
火
（食傷）
戊
戊
土
（2甲。）
未
己
（財星）

例四：（男命）民國七十二年（一九八三）七月二十日　早子時

（正財）	年	癸	亥	（偏財）
（食神）	月	庚	申	（食神）
（日主）	日	戊	子	（正財）
（偏財）	時	壬	子	（正財）

支合水局

○八歲	己	未
一八歲	戊	午
二八歲	丁	巳
三八歲	丙	辰
四八歲	乙	卯
五八歲	甲	寅

1、日主戊土生於申月，支合為水局，戊土孤立無依，為棄命從財格，運喜金水木，忌火土。

2、原命局為食神生財格，支合化水後，干又透壬癸水，全局成為財星水最為強旺，又月干庚金生癸水，戊土孤立宜從財星，為從財格，方有生存空間，用神食傷及財星無剋傷情事，可謂清純而兩相得也。

3、本造大運無法完整配合喜神運程，是以一生平凡無奇。

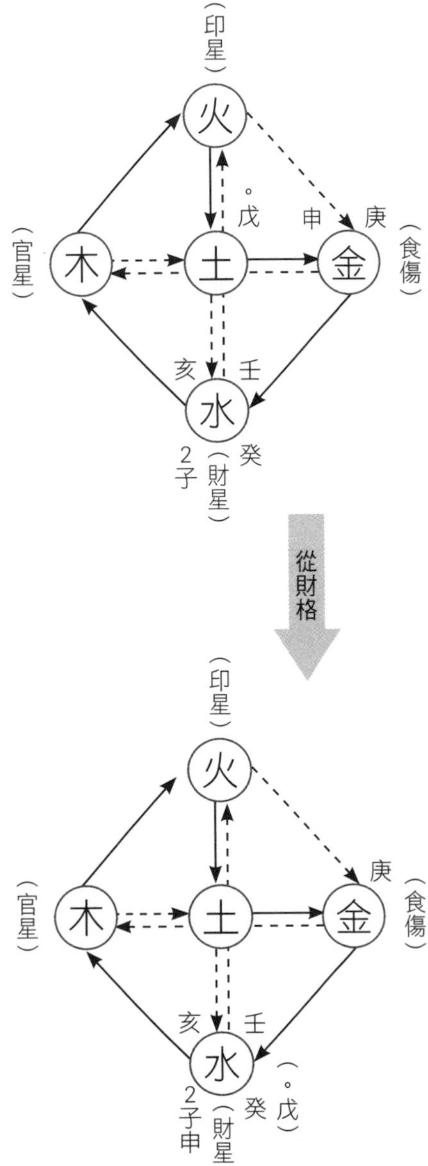

例五：（女命）民國四十三年（一九五四）正月初四日　午時

（傷官）年	甲	午（偏財）	支合火局
（正財）月	丙	寅（傷官）	
（日主）日	癸	巳（正財）	
（正官）時	戊	午（偏財）	

一〇歲	丁卯
二〇歲	戊辰
三〇歲	己巳
四〇歲	庚午
五〇歲	辛未
六〇歲	壬申

1、日主癸水生於寅月，原局癸水孤立無印比之助，月令傷官格而火旺，日主宜棄命從食傷生財之勢，運則喜木火土，忌金水，而喜見官（洩化神）。

2、然本造支全是合為火局，月干透丙火，日主戊癸則合化為火成形，局成化財格，運喜木火土，忌金水，而喜見官（洩化神）。如此前後相較，格雖變而用神不變者。

3、本造為女命，戊土正官為夫星，與日主癸水合化為財星，是為夫妻感情融洽，同心同德，恩愛有情，為財而努力營生，大運尚能配合木火鄉吉運，為小富命格。

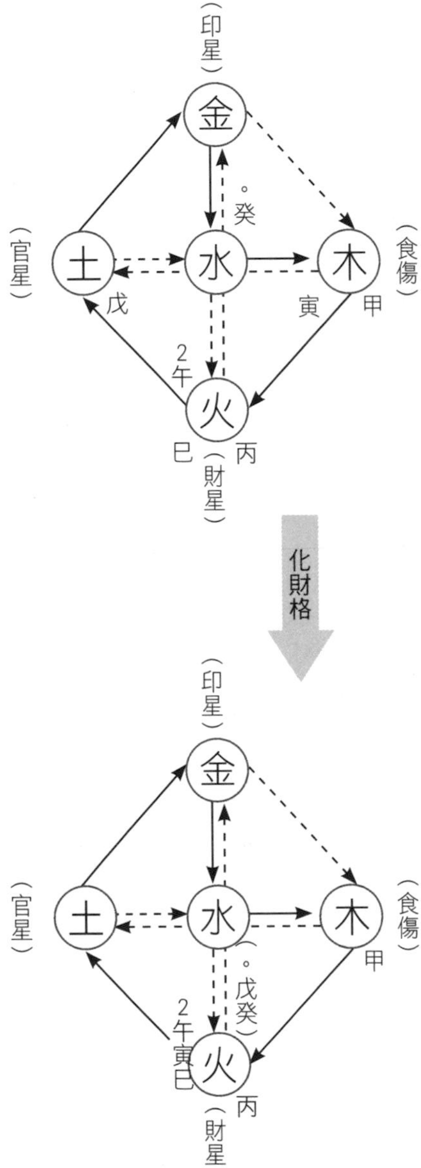

七、官煞星專旺之八字真解

例一：（男命）民國六十二年（一九七三）七月十八日　未時

（正印）年	癸	丑	（正財）
（正官）月	辛	酉	（正官）
（日主）日	甲	申	（七殺）
（正官）時	辛	未	（正財）

（申酉丑）合金局

○四歲	庚	申
一四歲	己	未
二四歲	戊	午
三四歲	丁	巳
四四歲	丙	辰
五四歲	乙	卯

1、日主甲木生於酉月，支申酉丑合化為金局，干透二辛金，金星最強旺，日主甲木孤立，棄命從官格，運喜土金水，忌木火。

2、本造雙透二辛金，支結合為金局，未土來生金，天干癸水洩旺神金星濁氣，天地土生金，金生水，同氣相連而有情，日主甲木孤立，得以順情順勢投靠財官，為從官格，否則不經此轉化，甲木孤立，必為夭折命，此地支為有情之合也，也是官貴之命。

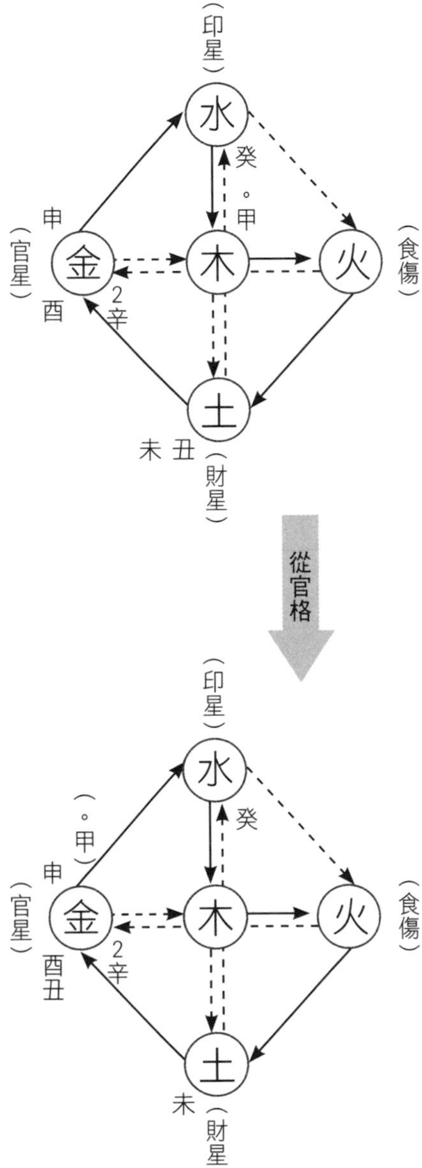

例二：（男命）民國三十二年（一九四三）二月十七日 未時

（偏印）年	癸	未	（比肩）
（七殺）月	乙	卯	（七殺）
（日主）日	己	卯	（七殺）
（食神）時	辛	未	（比肩）

合木局

○六歲	甲寅
一六歲	癸丑
二六歲	壬子
三六歲	辛亥
四六歲	庚戌
五六歲	己酉

1、日主己土生於卯月，月柱七殺格，支卯未合木局，日主己土孤立無依，棄命從煞格，運喜水木火，忌土金。

2、本造從煞格忌見食神辛金制煞而破格，幸見癸水財星引化而挽回乾坤，但要成為貴格仍要運程配合，大運壬寅、辛丑、庚子、己亥、戊戌、丁酉。中運北方水運財官並茂，應許吉祥，中運後西方背運欠吉，要大富大貴，差距仍大，為一般公務員命造。

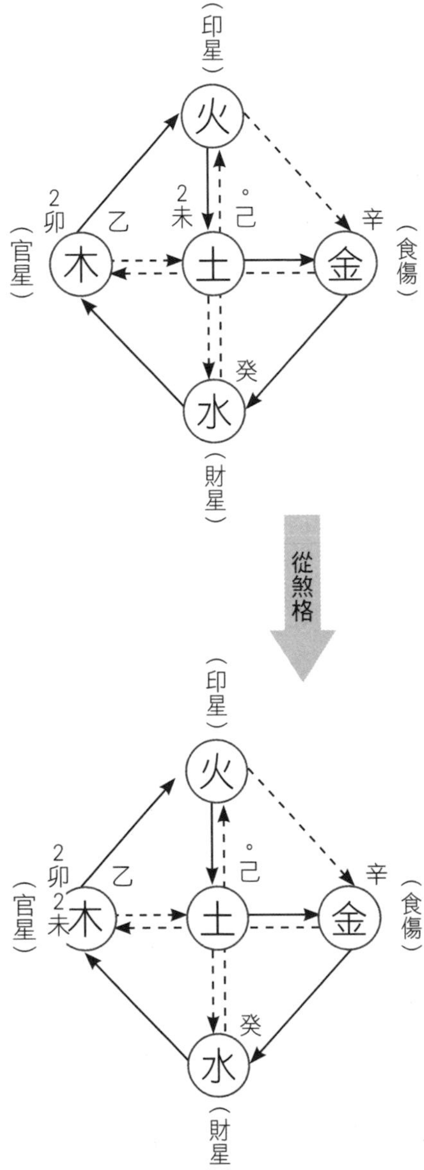
(印星)
火
2
未
°
己
2
卯
乙
(官星)
木
土
金
辛
(食傷)
癸
水
(財星)
從煞格
(印星)
火
°
己
2
卯
2
未
乙
(官星)
木
土
金
辛
(食傷)
癸
水
(財星)

例三：（男命）民國七十二年（一九八三）七月十七日　巳時

（偏印）年	癸	亥（正印）		○七歲	己	未
（正官）月	庚	申（正官）	合金	一七歲	戊	午
（日主）日	乙	酉（七殺）		二七歲	丁	巳
（七殺）時	辛	巳（食神）		三七歲	丙	辰
				四七歲	乙	卯
				五七歲	甲	寅

1、日主乙木生於申金月，支巳酉申合為金局，則日干乙庚合化為金，為化官格，運喜土金水，忌木火。

2、本造若論生兒育女，乙日為陰干，則庚金為正官，子息為女，故不能總是以庚為男，辛為女，應以煞為男，官為女而不誤，本造官煞強旺兒女成群，亦無沖剋現象且為喜用神，雖時支臨食神為忌神，然巳酉合為官星變喜用，則子女各個能成材成器，子宮子星及喜忌並參，論述有根據，本造只能知子女多，但能生幾個，能說準是猜對的，要不然是套好的騙術，比神仙還神，令人瞠目。

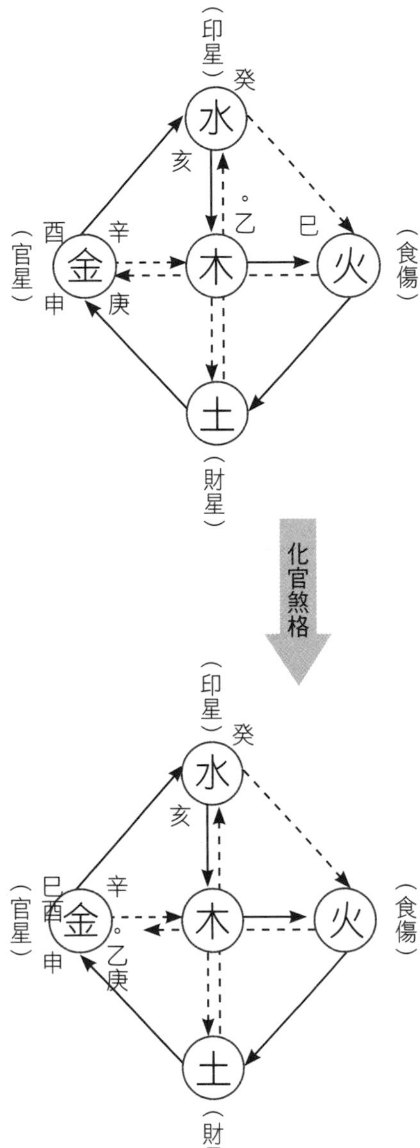

例四：（男命）民國六十九年（一九八〇）七月二十九日　辰時

（七殺）年	庚	申（七殺）	一一歲　丙戌
（比劫）月	乙	酉（正官）	二一歲　丁亥
（日主）日	甲	申（正印）	三一歲　戊子
（偏財）時	戊	辰（偏財）	四一歲　己丑
			五一歲　庚寅
			六一歲　辛卯

（年、月、日支）合金局

1、日主甲木生於酉月，支申酉合金，辰土財星來生助官煞星，土金相生，年月干乙庚合化為金成功，但甲木成為孤立無依，也順勢跟乙從勢而去，局變成從官格，運喜土金水，忌木火。

2、本造乙為劫財，逢庚合為七煞，二者相合化為我所用，皆得其用，遂成從官格為貴命格，亦以其有情也，大運：丙戌、丁亥、戊子、己丑、庚寅、辛卯。多為水鄉土金吉運，富貴之造可許。

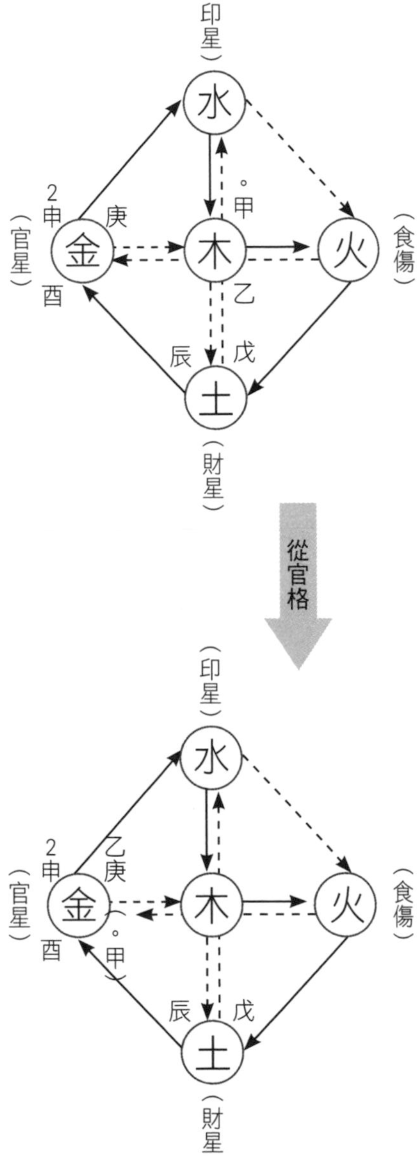
(印星)
水
2
申
庚
。甲
(官星)
金
木
火
(食傷)
酉
乙
辰
戊
土
(財星)
從官格
(印星)
水
2
申
乙
庚
(官星)
金
木
火
(食傷)
。甲
酉
辰
戊
土
(財星)

例五：（男命）民國六十年（一九七一）十一月十一日 亥時

（偏財）年	辛	亥	（正官）
（正財）月	庚	子	（七殺）
（日主）日	丁	亥	（正官）
（偏財）時	辛	亥	（正官）

支合水局

○八歲	己	亥
一八歲	戊	戌
二八歲	丁	酉
三八歲	丙	申
四八歲	乙	未
五八歲	甲	午

1、日主丁火生於子月，以丁火暖局，支亥子全合為水局，干透庚辛金生助水官煞星，日主丁火孤立，宜從財官兩勢，是為從勢格，運喜金水木，忌火土。

2、本造為從財官格，運最喜行財官印運最美，則為富貴命格，格已成形，是否有此命享福德，則須檢視大運以資配合，方能成氣候，八歲開始上運，天干為土火木運，只有晚二運甲乙為吉，早中運不吉；地支運為金火鄉運，而以中運申酉為吉神運，餘皆蹇阻，故終生辛勞，福德淺。

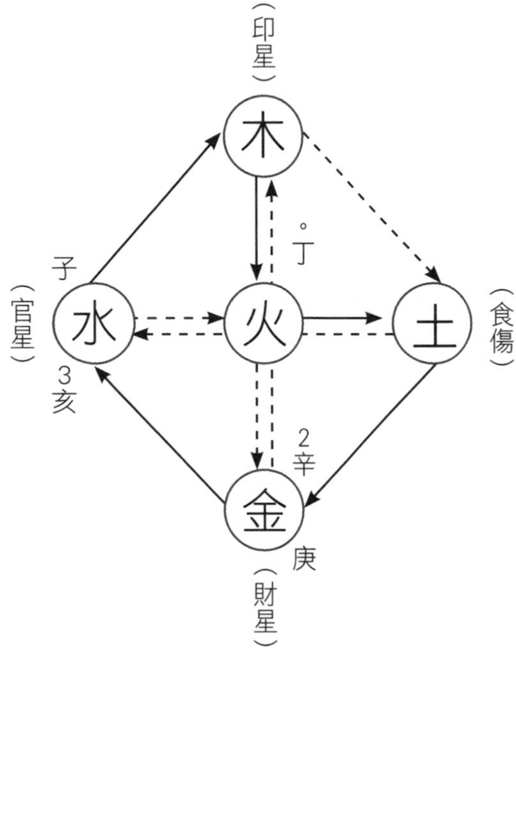
（印星）
木
丁
子
（官星）
水
火
土
（食傷）
3
亥
2
辛
金
庚
（財星）

例六：（男命）民國八十三年（一九九四）正月十五日　午時

（正財）年　甲　戌（正印）
（正官）月　丙　寅（正財）
（日主）日　辛　巳（正官）
（正財）時　甲　午（七殺）

戌寅巳午合火局

〇四歲　丁　卯
一四歲　戊　辰
二四歲　己　巳
三四歲　庚　午
四四歲　辛　未
五四歲　壬　申

1、日主辛金生於寅月，干透二甲為正財格，然支又全結合為火局，日主辛金變為孤立又無根，格成棄命從官煞格，運喜木火土（濕土），忌金水。

2、本造財官本相生為喜，從格後仍是喜財生官，用神財官兩相得而純，但因命式火獨旺，缺濕土或水調候，雖生於寅月，命局已趨於炎熱，故身體毛病多，大運：丁卯、戊辰、己巳、庚午、辛未、壬申。初運丁卯（四至十三歲），為財官吉運，接戊辰、己巳（十四至三十三歲），為洩化神土運吉，尤其辰濕土運最吉祥，後接晚三運庚午、辛未、壬申，比星運剋制命式甲寅財星，為三十年壞運。

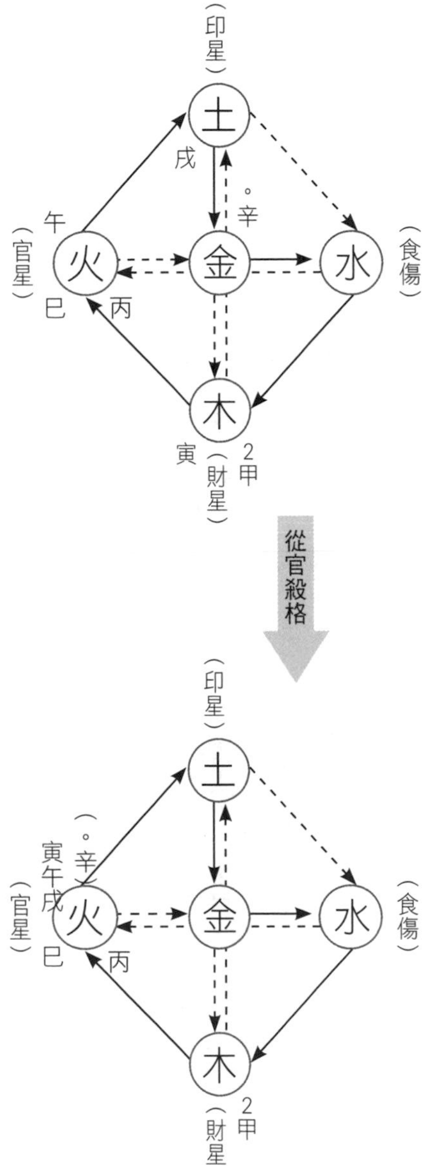

例七：（男命）民國七十三年（一九八四）七月十四日　辰時

（偏印）年	甲	子	（正官）
（七殺）月	壬	申	（偏財）
（日主）日	丙	子	（正官）
（七殺）時	壬	辰	（食神）

合化水局

一一歲	癸酉
二一歲	甲戌
三一歲	乙亥
四一歲	丙子
五一歲	丁丑
六一歲	戊寅

1、日主丙火生於申月，只得甲木生助，以身弱論（喜水木火，忌土金），支財官原是相生，干是殺印相生，然因支結合為水官殺星，又透二壬水，官煞星被增強，日主丙火無根，棄命從勢為從官殺格，運喜金水木，忌火土破局。

2、本造原命局若依五行氣流之運轉，雖身弱則是財官印一路相生之吉格，經支全轉化為水局後，局變從官殺格，水星強旺，洩神甲木扮演重要角色，此謂：變之善者也。大運：癸酉、甲戌、乙亥、丙子、丁丑、戊寅。中運干甲乙木運，接水鄉運吉，命式透七煞，可從事武職，軍警界服務最佳。

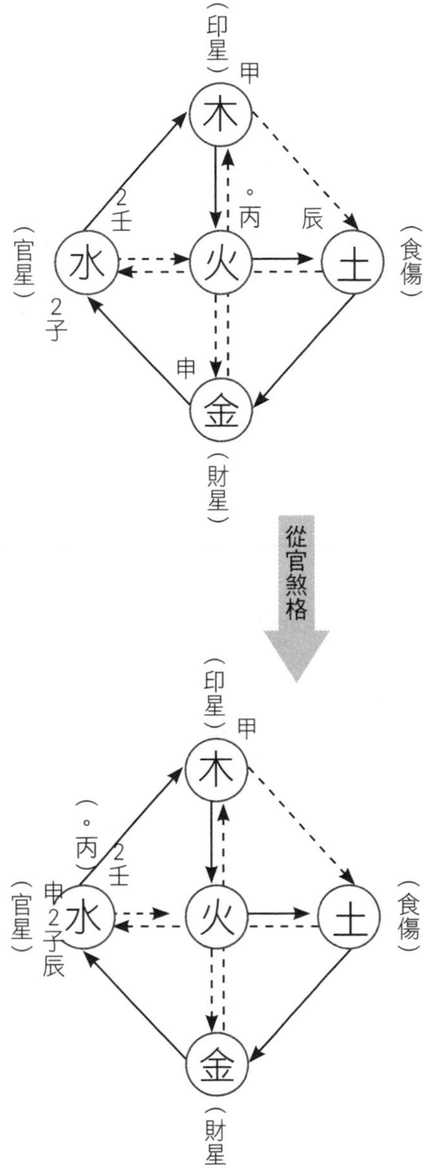

例八：（男命）民國五十五年（一九六六）正月二十二日 午時

（正官）	年	丙	午	（七殺）
（比劫）	月	庚	寅	（正財）
（日主）	日	辛	丑	（偏印）
（正財）	時	甲	午	（七殺）

寅午午合火

○四歲	丁	卯
一四歲	戊	辰
二四歲	己	巳
三四歲	庚	午
四四歲	辛	未
五四歲	壬	申

1、原局：日主辛金生於寅月，時干透甲，為正財格，財官木火兩旺，以身弱論，運喜土金水，忌木火。

2、轉化局：本造年干透丙，則支寅午合火局，干透丙制庚金，但辛金無強根（丑為餘氣而已），日主宜棄命從官殺格，運喜木火土，忌金水。

3、兩者對照：本造因格局之轉化，由財格變官殺格，然行運仍財官並用，喜木火土，此為變而不失本者。大運：丁卯、戊辰、己巳、庚午、辛未、壬申。運程多木火鄉吉運，庚運變吉，但辛運與丙月做合化水，仍是壞運，命式干透正官，以服公職求官發達最佳。

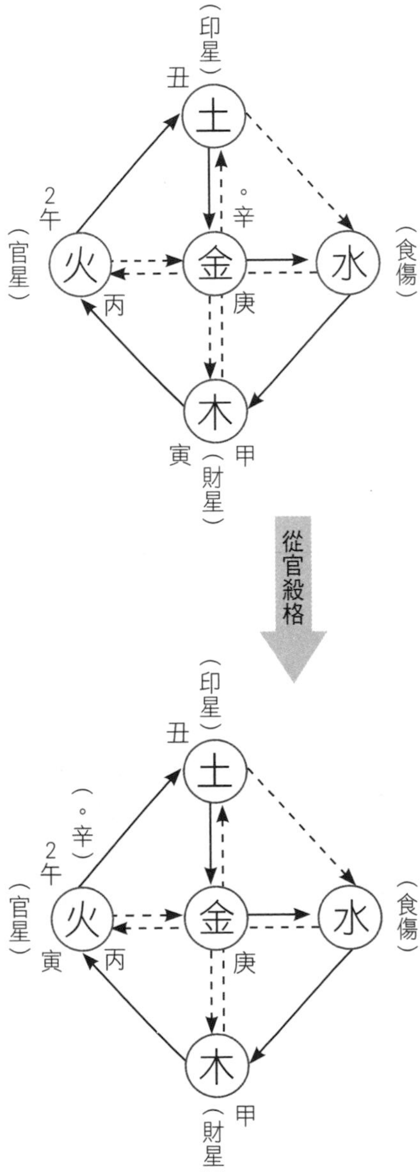

八、夾格（兩勢對峙）之八字真解

例一：（男命）民國七十六年（一九八七）八月二十日　未時

（傷官）年	丁	卯（比劫）	卯戌合火
（七殺）月	庚	戌（偏財）	
（日主）日	甲	午（傷官）	午未合火
（正官）時	辛	未（正財）	

○二歲	己酉
一二歲	戊申
二二歲	丁未
三二歲	丙午
四二歲	乙巳
五二歲	甲辰

1、日主甲木生於戌土月，火土金三旺，日主僅得卯木幫身，以身弱論，然支卯戌合火，午未也合火，又透丁火制庚辛金，甲木孤立無依，格成從兒格，運喜木火土，忌金水。

2、本造八字看似不易取用神，支是雙合火局，或午未戌單合火局，身弱或棄從，格局磁場都混亂，為火金對峙形式，幸賴丁火出干，制伏庚辛金，成為兒星傷官局，但命式過於燥熱，缺水調後，也缺濕土做為兒星旺神之洩神，故非佳格，財富有限。

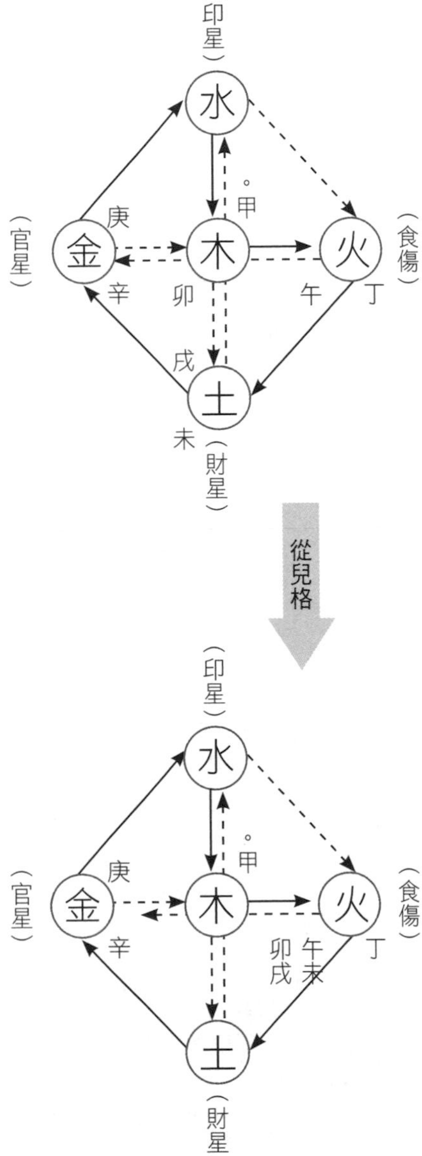

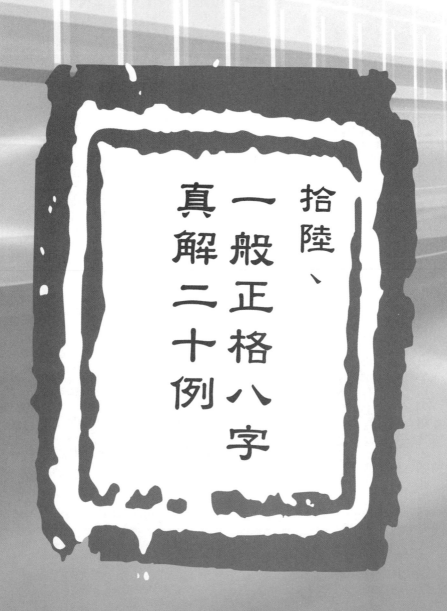

拾陸、一般正格八字真解二十例

例一：（男命）民國六十二年（一九七三）八月二十六日　丑時

（食神）	年	癸	丑	（偏印）
（比肩）	月	辛	酉	（比肩）：祿
（日主）	日	辛	酉	（比肩）
（偏印）	時	己	丑	（偏印）

合金局

〇六歲	庚	申
一六歲	己	未
二六歲	戊	午
三六歲	丁	巳
四六歲	丙	辰
五六歲	乙	卯

1、日主辛金生於酉月為建祿格，然支丑酉合為金局，月干透辛金，時干己土來生助，年干癸水來洩秀，格變為日主專旺金剛格，運喜土金水，忌木火。

2、本造丑本為雜氣，支藏己辛癸三氣，經與酉合化後變為辛金之氣，與日月干辛金上下互應，又得時干己土生化，氣聚凝結有力，然亦不能無洩旺神之食傷星，幸見癸水司天干順洩之義務，丑又為濕土混水，則秀氣十足，富貴而長壽之命格，此歸功於丑酉相合，透辛干，及癸水順洩旺神等優質八字排列組合，如此能得先天八字控管，後天競爭能力，成功機率則增強變大，八字有情者吉，如是矣。

3、大運前二運庚申、己未（六至二十五歲）、為土金吉運，中二運戊午、丁巳（二十六至四十五歲），戊土制到癸水，為半吉凶，丁火干運被癸水制，由壞變吉運，支巳午運，巳被合化為金，變吉運，午運制酉為蹇運；晚二運丙辰、乙卯（四十六至六十五歲），癸水制丙火，辛金制乙木皆為吉，支辰酉合金吉，但卯運沖提而不祥。

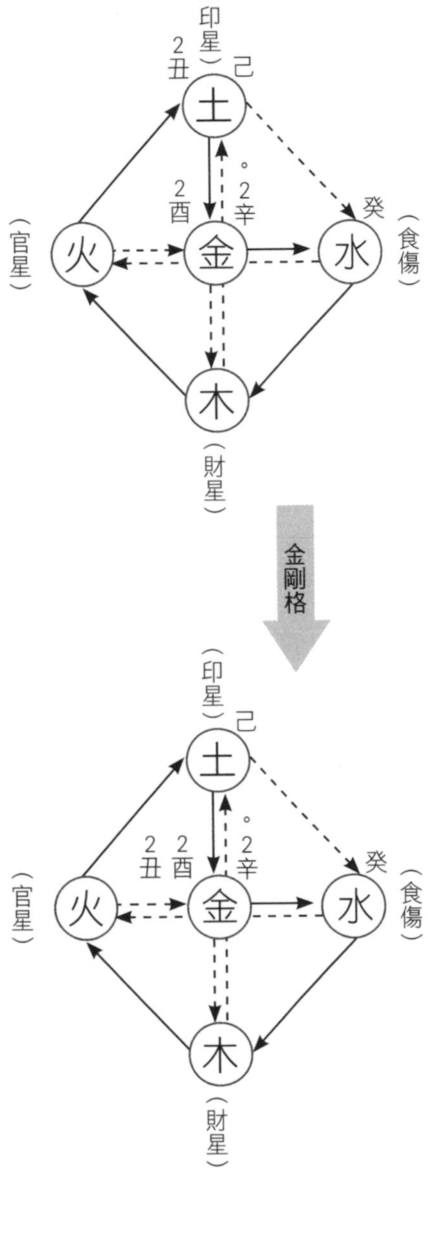

例二：（男命）民國七十一年（一九八二）三月二十八日　丑時

（偏印）年	壬	戌（偏財）	朋沖
（比肩）月	甲	辰（偏財）	
（日主）日	甲	戌（偏財）	刑
（比劫）時	乙	丑（正財）	

○六歲	乙	巳
一六歲	丙	午
二六歲	丁	未
三六歲	戊	申
四六歲	己	酉
五六歲	庚	戌

1、日主甲木生於辰月，支全辰戌丑全為土局，日主甲木雖得壬水及乙木生扶，仍以身弱論，運喜金水木，忌火土。

2、本造支全部為土星，辰戌丑皆坐正偏財星，財星皆入庫逢沖，但不影響土質，況乎庫宜沖則啟，年月支辰戌為財庫，則家世及祖父、父親為有錢財之人，而日時支丑戌相刑為有情之刑，所以不影響夫妻之感情，行運則喜官印相生，及印旺身強之地，大運前三運乙巳、丙午、丁未（六至三十五歲），此三十年，只乙木比星運吉，餘為火及燥土食傷財運，為忌運；後三運戊申、己酉、庚戌（三十六至六十五歲），土金為財官相生運，但無濟於官印相生之需，此行官煞支運為財資煞攻身反不利，只有庚運（五十六至六十歲），壬水印星才能化煞為權，為晚來喜訊。

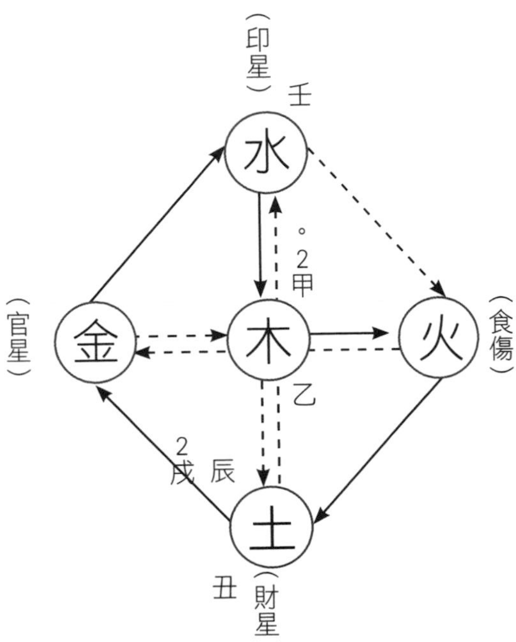

例三：（女命）民國六十年（一九七一）十一月十三日　戌時

（食神）年　辛　亥（正財）
（傷官）月　庚　子（偏財）　亥子丑合水
（日主）日　己　丑（比肩）
（七殺）時　甲　戌（比劫）：寡宿

一四歲　辛　丑
二四歲　壬　寅
三四歲　癸　卯
四四歲　甲　辰
五四歲　乙　巳
六四歲　丙　午

1、日主己土生於子月，喜戌中丁火暖局則有生氣，支亥子丑合為水局，水被增強，干透庚辛金，金水兩旺，日主以身弱論，運喜火土，忌金水木。

2、本造為女命，時支戌為寡宿星，是否意味著要成為寡婦，而孤獨過一生，雖正官夫星乙木不現也不藏，而於時干透甲木七殺，則以七殺為夫星，因無官殺混，則本造男女關係單純，用情專一，更因甲己合日主，夫妻情更篤，但也因不能合化為土成為遺憾，故夫妻只是貌合而神離，但是否會剋夫，成為寡婦呢？則是值得探討，今時柱甲戌，夫星自坐寡宿星，如比劫星強旺之男女命，男命則有剋妻之嫌，女命則有妨夫之虞，但本八字戌土比劫星並不強旺，所以自坐寡宿星應不會構成威脅，再觀天干，除甲與己日合而不化外，女命最忌諱的是逢食傷星近剋，則年時干不約而同透庚辛金剋甲木，這是殘忍的、無情的殺手，也是會剋夫的真正元兇，而不是寡宿星戌土，由此也可以推理，食傷強旺之女命，在缺乏財星引化下，則有剋夫之嫌，本造財星雖旺，是屬支星暗財，但缺干星明財化解食傷星所致。

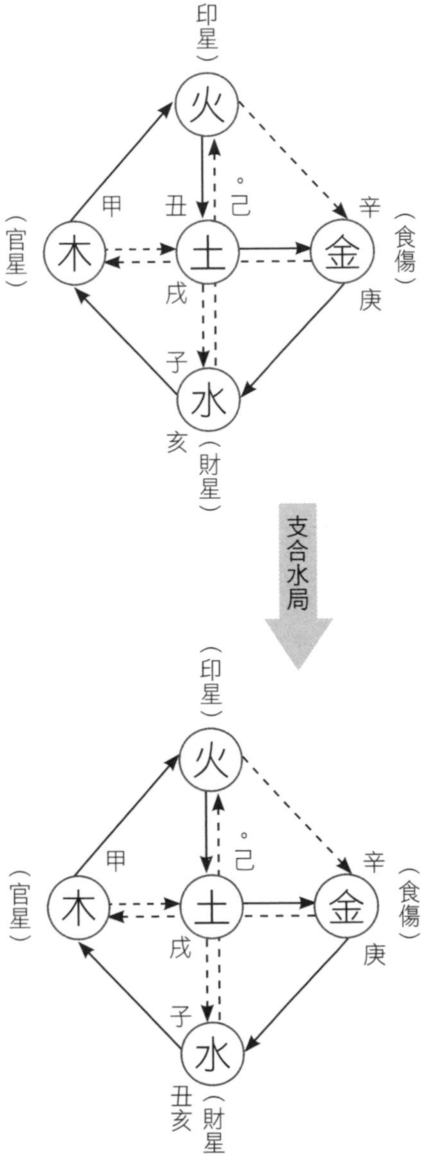

例四：（男命）民國二十五年（一九三六）五月二十三日　午時

（食神）年	丙	子（正印）	一一歲	丙	申
（比劫）月	乙	未（正財）	二一歲	丁	酉
（日主）日	甲	午（傷官）	三一歲	戊	戌
（七殺）時	庚	午（傷官）	四一歲	己	亥
			五一歲	庚	子
			六一歲	辛	丑

（子、未：剋）

1、日主甲木生於未月，月支未土剋制子水，年干丙火也剋庚金，格局於消弱之間，變成木火雙清格，亦即吾子同心格局，運喜木火土，忌金水。

2、本造時干透庚金七殺而被年干丙火回頭剋制，如為女命亦是剋夫命，未月燥土，最需年支子中癸水潤局，反而被未土制，看似一切所為是凶殘的，但格局之變化，成就了吾子雙清格，則會比原局為佳，是屬富貴格，但原局或變局都會使子水受傷，如為了保住調候用神子水，則以午未合為火局論亦可行，如此則為身弱論，行運則喜水木，忌火土金，可是一生就無官貴可言了，同一命格，但格神取法不同，論命結果就大不同，這是天經地義之事。

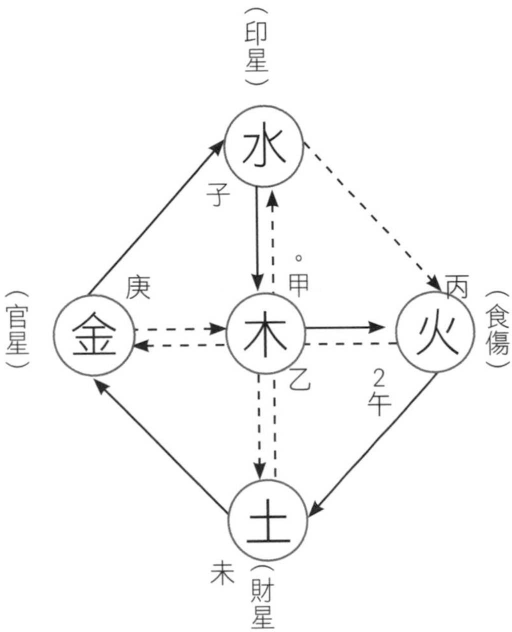

例五：（女命）民國十九年（一九三〇）十一月二十九日　酉時

（偏印）年　庚　午（正財）　〇八歲　庚　寅
（正官）月　己　丑（正官）　一八歲　辛　卯
（日主）日　壬　申（偏印）　二八歲　壬　辰
（正官）時　己　酉（正印）：外桃花　三八歲　癸　巳
　四八歲　甲　午
　五八歲　乙　未

1、日主壬水生於季冬丑月，金寒水冷土凍，喜午中藏丁暖局，支財官印一路相生，干己庚亦官印相生，土金兩旺，為反局專旺印格，運喜火土金水，忌木。

2、本造為女命，以正官星為正夫，官煞不混雜則婚姻清純，然官星疊出，又帶外桃花，金水也旺，是否為娼妓之命？要依下列命格做為判斷式：（一）正官格者，為人處世正派，正官己土得丑為根，夫星身強體健，才華能力顯現。（三）官印相生，夫很有家庭觀念，積極向上向善。（四）月時干正官夫星圍繞日主身旁，夫妻鶼鰈情深，恩愛永恆，亦步亦趨。（五）日支配偶宮無被沖剋情事，夫妻白頭偕老，夫宮坐偏印，有長者之風範。（六）雖金水旺又帶桃花，性慾較旺盛外，貌美但非人皆可夫之風塵女。（七）本造自身為富貴命格，四柱多吉星，出身家世富裕，子女賢孝等優質造化與福德。

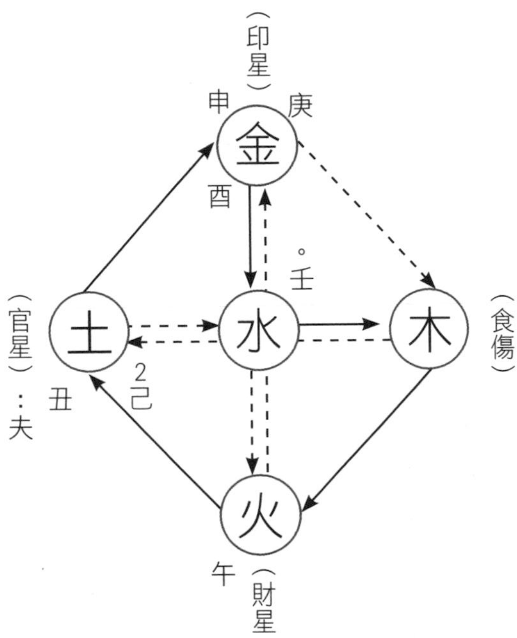

例六：（男命）民國五十年（一九六一）十一月二十五日 酉時

（食神）年	辛	丑（比肩）		○三歲	己亥
（傷官）月	庚	子（偏財）	合水局	一三歲	戊戌
（日主）日	己	亥（正財）		二三歲	丁酉
（偏財）時	癸	酉（食神）		三三歲	丙申
				四三歲	乙未
				五三歲	甲午

1、日主己土生於子月，時干透癸水，支亥子丑會水局，冬水洶湧，水冷土凍金寒，但缺火暖局為憾，又年月干透庚辛金，時支臨酉金，金水兩旺，日主孤立為從勢格，運喜金水木，忌火土。

2、本造月令子水為父母宮，得支會合為水局，與時干癸水之助，天地一氣渾然成象而有力，又年月干庚辛金為喜用神，出身家世不凡，能得祖業及父母助力甚大，亦主父母壽高雙全之兆，本身亦是長壽之命造，然大運己未、戊午、丁巳、丙辰、乙卯、甲寅，一路運悖，格雖食傷生財，也是從財格而運悖，則惘然可惜，歸咎於缺木洩旺水之氣，旺神宜洩，為命理之道，無洩化神排泄一些穢氣，焉能平安順暢乎，則本造為懷才不遇多坎坷之造。

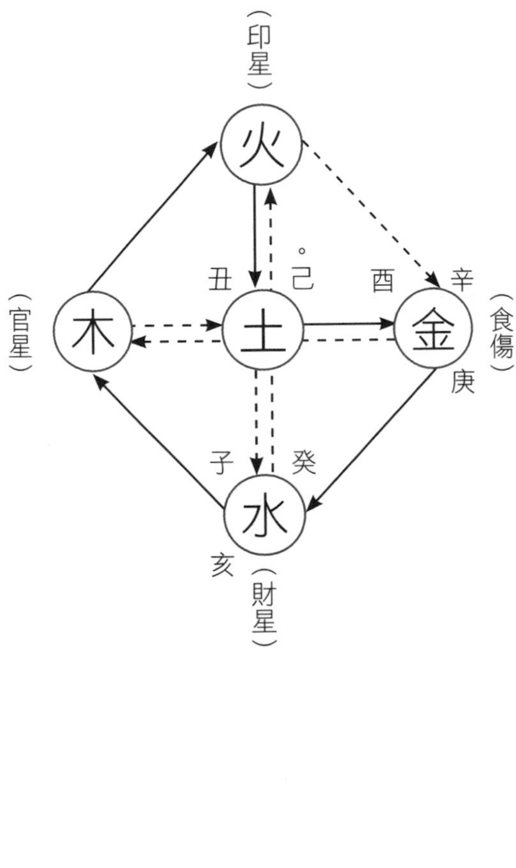

例七：（男命）民國九十八年（二〇〇九）十二月初十日　巳時

（正財）年	己	丑（正財）		〇八歲	丙	子
（傷官）月	丁	丑（正財）		一八歲	乙	亥
（日主）日	甲	戌（偏財）：妻宮		二八歲	甲	戌
（正財）時	己	巳（食神）		三八歲	癸	酉
				四八歲	壬	申
				五八歲	辛	未

1、日主甲木生於丑月，喜丁火出干暖局，年月日支丑戌為土財星，日主甲己則順勢合化為土，成為化財格，運喜火土金，忌水木。

2、本造若論妻室，日支妻宮坐偏財，偏財為妾，是鳩佔鵲巢，偏財不透，月時干透兩正財，女緣良好，月令又是正財格，正財妻星強盛，日主甲與己又合化為財星，經轉化成化氣格，是指丈夫投向正妻，夫妻攜手，兩情相悅而有情意，且感情如膠似漆，但就有不速之客，偏財妾星闖入夫妻兩人世界，而甲日主如何處理呢?視而不見?多多益善納妾?而日主的選擇是給她坐正位日支妻宮，真的是天上掉下來的禮物耶，雙妻命成形。

3、本造雖為化財格，但大運多水木忌運程，年月干徒具傷官生財，而運悖離則是勞碌命，雙妻命也變成為女人而煩惱，男女感情複雜糾葛來解釋。

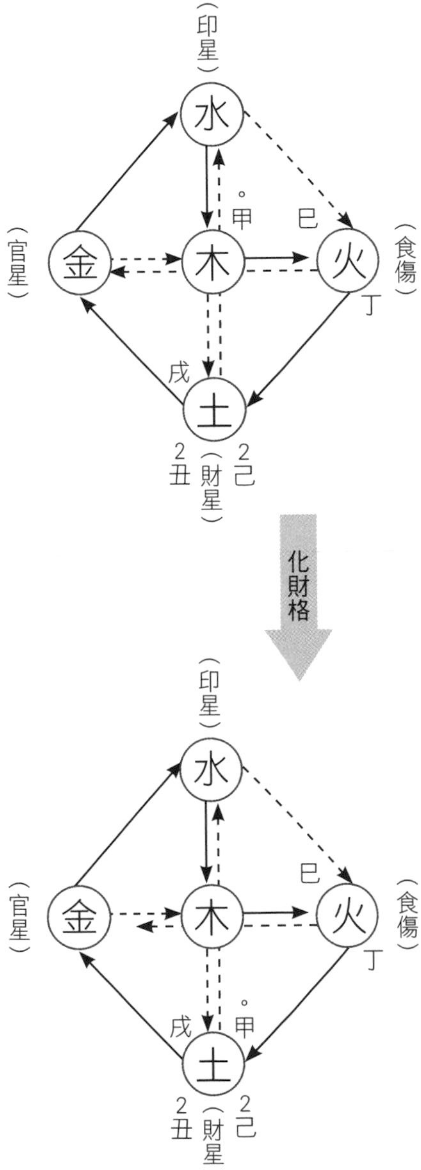

例八：（男命）民國十六年（一九二七）五月初八日　丑時

（正財）年　丁　卯（傷官）
（偏財）月　丙　午（正財）：妻星
（日主）日　壬　申（偏印）：妻宮
（正印）時　辛　丑（正官）

一二歲　乙　巳
二二歲　甲　辰
三二歲　癸　卯
四二歲　壬　寅
五二歲　辛　丑
六二歲　庚　子

1、日主壬水生於午月，喜日主壬水調候，月支午火剋申金，年月干丙丁火剋辛金，日主孤立，從食傷生財之勢，運喜木火土，忌金水。

2、本造財星無破，為正財格，正財為妻星，又為喜用神，妻各項條件良好，如家世、學歷、能力、面貌等皆優秀，然日支配偶宮，妻宮坐偏印申為忌神，則妻之優質條件必然要減分許多，且逢午火剋，但不意味會剋妻，因正財剋偏印，而反應在媳婦個性很強勢，對婆婆等不敬之態度，而母親弱勢亦有早逝之象，此例雖日支坐偏印，但妻亦主賢內助，而本造正偏財透，女緣良好，有雙妻之命，然正財得根，正妻仍優於偏妻，在外或許偷香竊玉，也不敢聲張。

3、大運，初二運乙巳、甲辰（十二至三十一歲），為食傷生財及洩化財星運為吉，中運癸卯、壬寅（三十二至五十一歲），壬癸干運晦蹇，寅卯支運吉，此二十年起浮不定，晚運辛丑、庚子（五十二至七十一歲），庚辛金被丙丁火制轉為吉運，子運沖午火大凶。

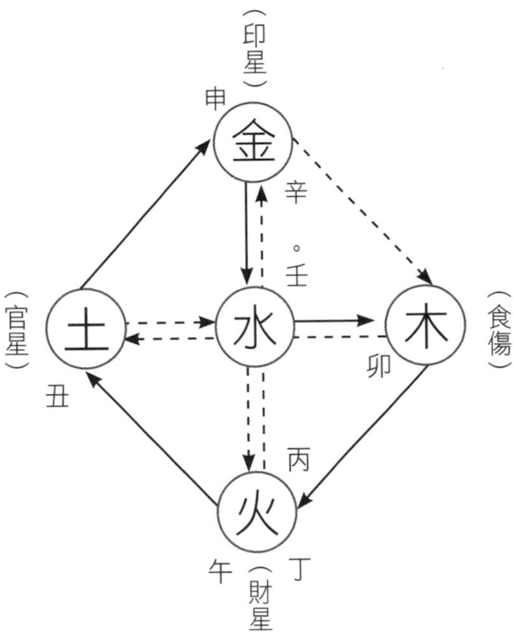

例九：（男命）民國五十七年（一九六八）正月十五日　巳時

（正官）年	戊	申（正印）	沖、反吟	一○歲　乙　卯
（正印）月	甲	寅（傷官）		二○歲　丙　辰
（日主）日	癸	丑（七殺）		三○歲　丁　巳
（偏財）時	丁	巳（正財）		四○歲　戊　午
				五○歲　己　未

1、日主癸水生於寅月，支寅申沖，月干甲木制戊土，日主癸水孤立，以從食傷財星兩勢格論，運喜木火土，忌金水。

2、本造最喜傷官生財，而成就富命人生：財旺再來生些洩化神官殺星，而成就官貴之命，行運配合命式喜忌，就可知是富而不貴，或是貴而不富，或是富貴雙全，或是懷才不遇成為勞碌命，大運乙卯、丙辰、丁巳、戊午、己未、庚申，干支一路木火土及木火鄉吉神運，是以本造可斷定是富貴相隨，但因年月柱反吟，要自力更生，離鄉背井，在奮鬥中成長。

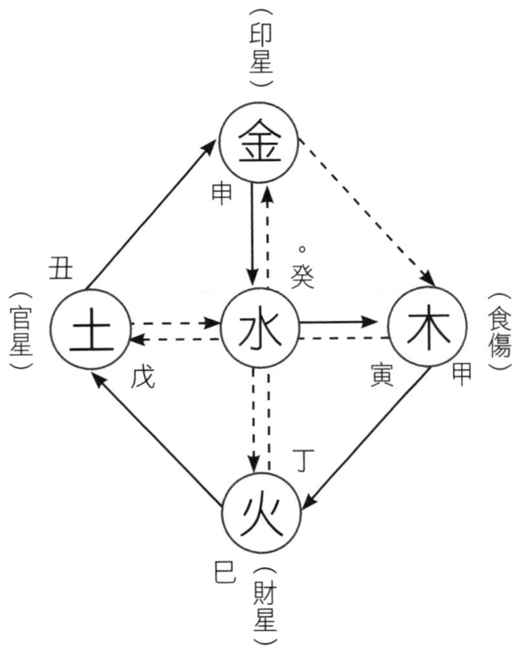
（印星）
金
申
。癸
丑
（官星）
土
水
木
（食傷）
戊
寅
甲
丁
火
巳
（財星）

例十：（男命）民國四十五年（一九五六）五月初九日　丑時

（傷官）	年	丙	申（正官）	○八歲	乙	未
（比劫）	月	甲	午（食神）	一八歲	丙	申
（日主）	日	乙	卯（比肩）	二八歲	丁	酉
（食神）	時	丁	丑（偏財）	三八歲	戊	戌
				四八歲	己	亥
				五八歲	庚	子

（申、午：剋）

1、日主乙木生於午火月，喜丑中癸水調候，支午火剋申金，干木火相生，為吾子比食同心格，運喜木火土，忌金水。

2、本造食傷強旺，個性也強，好勝好贏不服輸，也喜歡打抱不平。不喜受約束，天干食傷洩秀，口才佳，長相英俊而聰明，反應佳，恃才傲物，交友廣泛，外向，但也叛逆性強，喜唱反調，工於心計，木火兩旺，有時也表現心直口快，做事浮躁而快速，為行動派者；大運，天干乙丙丁戊己庚，木火土運皆喜運，庚運本忌，但被丙火制也變吉；支運未申酉戌為吉利好運，申酉本忌，被午火制也變吉，晚運亥子水不吉。

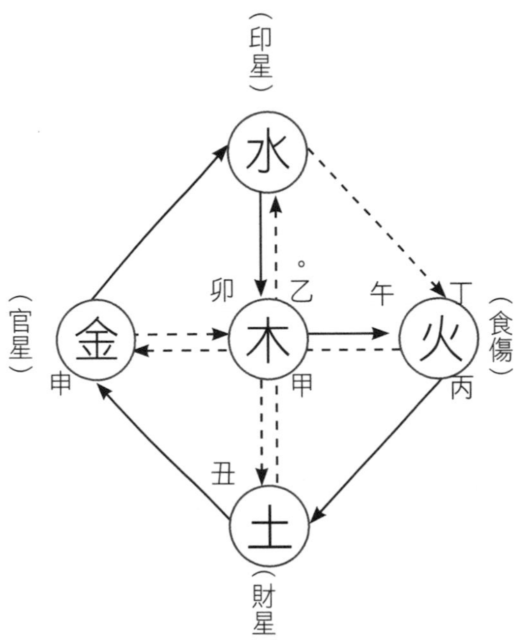

例十一：（男命）民國五十七年（一九六八）閏七月二十五日　丑時

（偏印）年　戊　申（比肩）
（比劫）月　辛　酉（比劫）：陽刃
（日主）日　庚　寅（偏財）
（正官）時　丁　丑（正印）

（酉、寅：剋）

○八歲　壬　戌
一八歲　癸　亥
二八歲　甲　子
三八歲　乙　丑
四八歲　丙　寅
五八歲　丁　卯

1、日主庚金生於酉月為陽刃格，支酉金剋寅木，時干丁火生戊土印星，土金兩旺，為身旺官印相生格，運喜火土金，忌水木。

2、本造為身旺之正官御刃格，喜正官佩印，忌財壞印及食傷剋官煞，大運壬戌、癸亥、甲子、乙丑、丙寅、丁卯。初二運壬戌、癸亥（八至二十七歲），運逢食神壬癸水被戊土制變，由凶變吉，支戌被申合化為金亦為吉，亥水運為凶，中運甲子、乙丑（二十八至三十七歲），甲乙木被庚辛金制轉為吉運，子丑支運合為土，變吉祥運，晚運丙寅、丁卯（四十八至六十七歲），丙丁火為官煞運，服公職則有升職機會，為吉運，支寅卯運不祥，尤其卯運最壞。

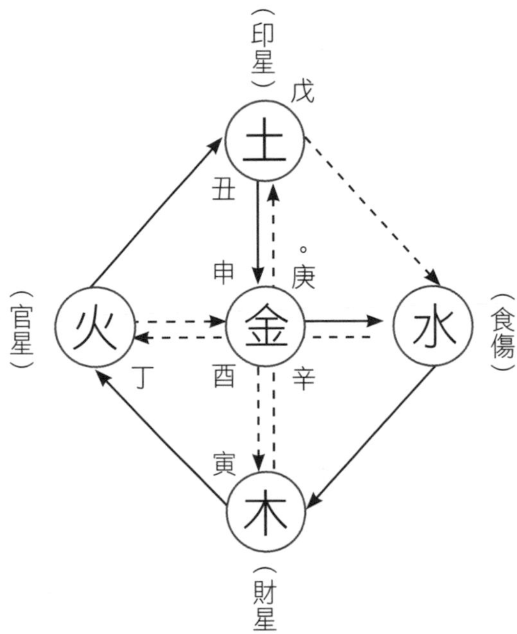

例十二：（男命）民國六十二年（一九七三）八月初一日　卯時

（正官）年　癸　丑（傷官）┐
（正財）月　辛　酉（正財）┘合金
（日主）日　丙　申（偏財）┐
（正財）時　辛　卯（正印）┘剋

〇八歲　庚申
一八歲　己未
二八歲　戊午
三八歲　丁巳
四八歲　丙辰
五八歲　乙卯

1、日主丙火生於酉月，支酉丑合為金局，申金剋卯木，日主丙辛不能合化，日主變孤立，以從財論，運喜土金水，忌木火。

2、本造有幾種看法：（一）原為正財格，因日主弱極變為從財格，喜忌神如前。（二）原局為正財格則以身弱論，行運則喜木火，忌土金水。（三）如支申酉丑金局，則申金不能剋卯木，財星被增強，但仍以身弱論，運喜木火，忌土金水。此三種格局，當以從財格為有利，比較有轉機的機會，另二式為財多身弱格，是窮困之命造，到底命運會如何走向，則以大運來檢視，大運前三運庚申、己未、戊午（八至三十七歲），為土金食傷生財及財發運，是為吉運，後三運丁巳、丙辰、乙卯（三十八至六十七歲），為火木蹇運，為此後繼無力，挫折多，中晚年堪虞。

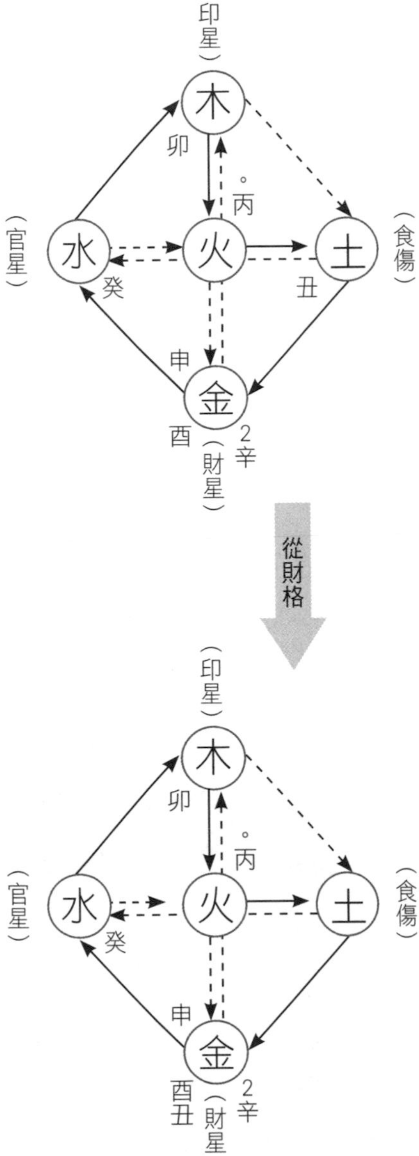

例十三：（男命）民國二十四年（一九三五）十一月二十一日 午時

（正印）	年	乙	亥（七殺）	合水（亥子）
（食神）	月	戊	子（正官）	
（日主）	日	丙	寅（偏印）	合火（寅午）
（偏印）	時	甲	午（比劫）	

○四歲	丁	亥
一四歲	丙	戌
二四歲	乙	酉
三四歲	甲	申
四四歲	癸	未
五四歲	壬	午

1、日主丙火生於子月，喜寅中丙火暖局，支亥子合水，寅午合火，月干乙木制戊土，格成反局專旺印格，運喜水木火，忌土金。

2、本造大運丁亥、丙戌、乙酉、甲申、癸未、壬午、辛巳。初二運丁亥、丙戌，干運丙丁火幫身，支運亥水煞印相生，戌燥土與寅午化為合火，都屬好運，配合年月水柱喜用神，可觀出家世環境良好，少小文化刺激多，求學績優，中運金地，干木運為吉凶參半，運程起伏不定，後三運干壬癸水為好運，支巳午地運，則逢巳亥沖，子午沖，格局幾乎崩盤，為人生最不好運程，對生命也構成威脅，此際運程為喜行火干，而不喜行火支者，其互動共振效應所產生的禍福因果，不能不明察。

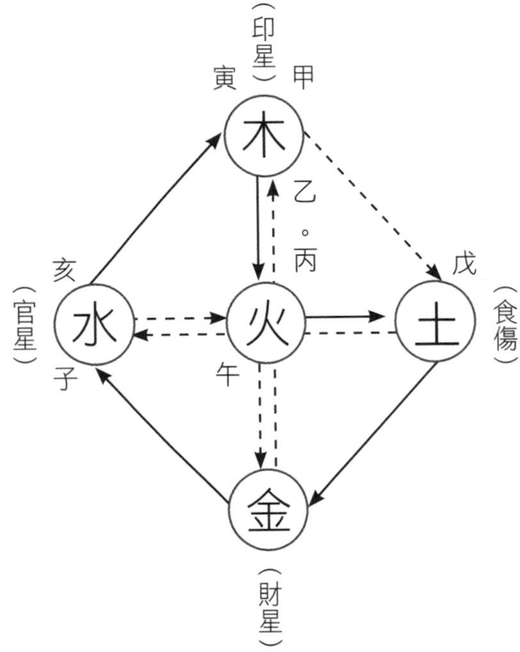

例十四：（男命）民國四十年（一九五一）八月十一日 申時

（正官）年	辛	卯（比劫）	沖（年、月）	
（食神）月	丁	酉（正官）		
（日主）日	甲	寅（比肩）	沖（日、時）	
（偏印）時	壬	申（七殺）		

○二歲	丙申
一二歲	乙未
二二歲	甲午
三二歲	癸巳
四二歲	壬辰
五二歲	辛卯

1、日主甲木生於酉月，支卯酉沖，寅申沖，根基全部動搖，辛金虛浮被丁火剋，八字剩下三個字沒有受傷，壬水甲木丁火是也，日主甲木無根以身弱論，運喜水木火，忌土金。

2、本造地支四沖，金木之根被除，地基動搖如同樓房岌岌可危，稍加外力則不堪一擊，況乎印星壬水高透，丁火一息尚存與壬水做合，格局頓時成為身弱無印依之夭命格，類此八字實無需再排大運，大運丙申、乙未、甲午、癸巳、壬辰、辛卯，庚寅。就以初運丙申（二至十一歲）而言，丙干為傷官運洩身更糟，申支再沖寅，丁壬合，沒有一項動作是有助於日身的，命之該絕乃八字無法完美結合，而最忌地支遇四沖命式，為無緣立足之命。

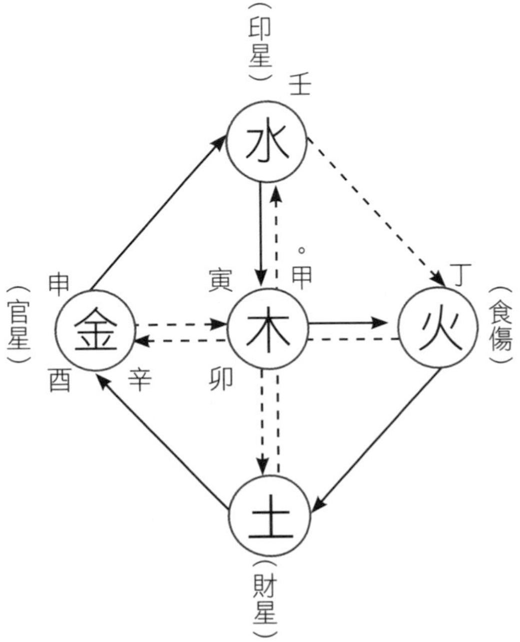

例十五：（男命）民國二十九年（一九四〇）三月十五日　巳時

（正官）年　庚　辰（正財）
（正官）月　庚　辰（正財）
（日主）日　乙　未（偏財）
（七殺）時　辛　巳（傷官）

〇五歲　辛　巳
一五歲　壬　午
二五歲　癸　未
三五歲　甲　申
四五歲　乙　酉
五五歲　丙　戌

1、日主乙木生於辰月，干支土金兩旺，日主乙庚不能合化，日主變孤立無援，棄命從財官兩勢，運喜土金水，忌木火。

2、本造支巳火傷官不透干，故不影響從勢格局之成立，大運辛巳、壬午、癸未、甲申、乙酉、丙戌。其中壬午、癸未、甲申此三運來對本命式之變化：壬癸干運本為壞運，但如逢甲申護甲子流年運來，申與本命辰或巳支結合為水局，大運壬癸水透，與三庚金成官印相生，格局變成專旺印格，則命式、大運、流年合併參照結果，格局會變，運也會變為好運；至於甲申運，與命式巳申合為水局，未土來生申金，甲干運來幫身，格局也變成專旺印格，壞運也變成好運，這是格局在行運時產生的變化，但行運與命式產生的喜忌用神結果，仍要拿捏得準，必然是論命的標竿作用，而不是看八字不需用神所能主張的。

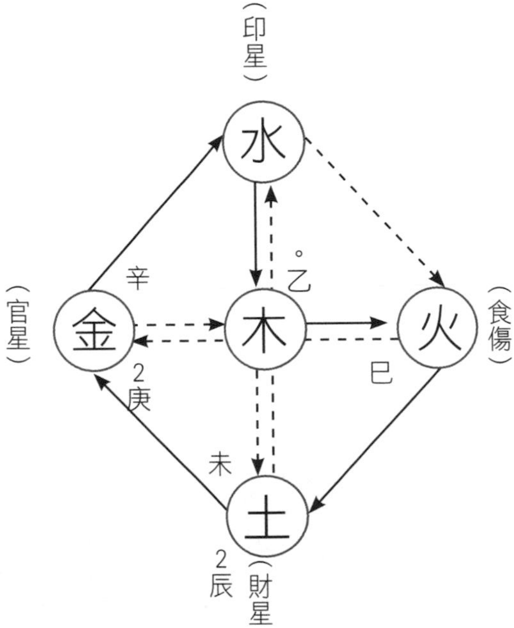

例十六：（男命）民國四十六年（一九五七）十月十五日　申時

（正財）年	丁	酉（偏印）		〇一歲	庚戌
（偏印）月	辛	亥（比肩）：祿		一一歲	己酉
（日主）日	壬	子（比劫）	合水	二一歲	戊申
（七殺）時	戊	申（正印）		三一歲	丁未
				四一歲	丙午
				五一歲	乙巳

1、日主壬水生於亥月，金寒水冷，喜丁火暖局，支申子合水局，金水兩旺為建祿格，丁壬遙合，透戊土七殺為用，運喜土金水，忌木火。

2、本造為身旺之建祿格，八字矛盾之處在於不見食傷星洩旺神比星水氣，則時干透戊土七殺為用，如此而不見食傷星來剋官煞星，一喜為有官貴之氣，一憂為行運時，忌傷官見官，而為禍百端，觀之大運庚戌、己酉、戊申、丁未、丙午、乙巳。晚運乙巳（五十一至六十歲），乙干運為食傷剋戊土七殺，喜為食傷洩秀，憂者禍端不小，中運丁未（三十一至四十歲），戊土七殺得未為根，官煞星更為有力則屬於好運，但若卯流年到來與亥令合化為木星，又加卯酉沖，也是格局變格之時，這些變化不能不知。

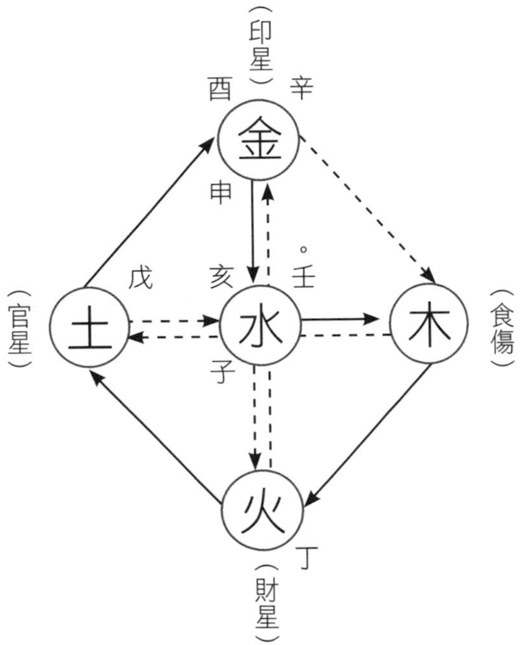

例十七：（男命）民國七十五年（一九八六）五月初一日 午時

（偏財）年	丙	寅（食神）	一一歲	乙	未
（食神）月	甲	午（正財）	二一歲	丙	申
（日主）日	壬	午（正財）	三一歲	丁	酉
（傷官）時	丙	午（正財）	四一歲	戊	戌
			五一歲	己	亥
			六一歲	庚	子

（寅午午午）合火局

1、日主壬水生於午月，喜日主壬水調候，支寅午合火局，壬水孤立無援，為從食傷財星兩勢格，運喜木火土，忌金水。

2、本造又為食傷生財格，是以喜木（進神）火（旺神），土為洩化神，大運乙未、丙申、丁酉、戊戌、己亥、庚子。初運乙未（十一至二十歲），午未合化火透乙為傷官運，為好運，此為少年時期，求學表現，成績優異；中運丙申、丁酉運（二十一至四十歲），為金鄉壞運被午火剋制，干且透丙丁火財運，整個運勢則變為好運，接戊戌、己亥運（四十一至六十歲），戊己官煞運洩旺神火氣為吉祥運，戌支運與寅午合化為火局，也轉為好運，亥支運，則日主得根祿，格局還原，使亥剋沖午火提綱，此運是逢格局被還原而不喜者，有敗財現象，至庚子運（六十一至七十歲），子運與午對沖，身體起最大變化之際，宜留意。

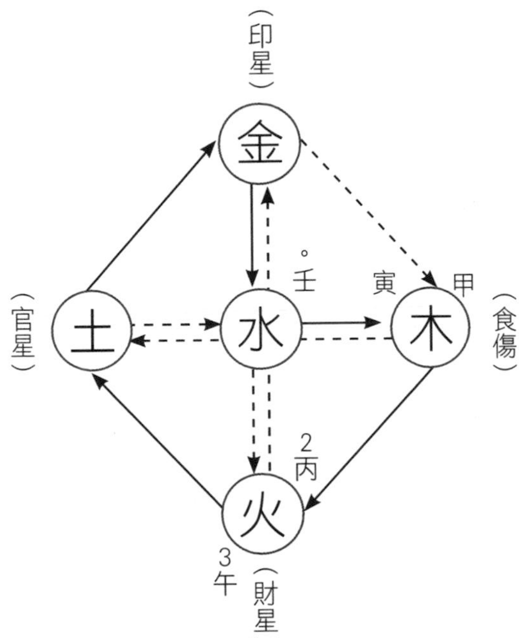

例十八：（男命）民國六十五年（一九七六）八月十三日　丑時

（正官）年　丙　辰（正印）
（正官）月　丙　申（比劫）
（日主）日　辛　酉（比肩）
（偏印）時　己　丑（偏印）

申酉丑合金

○一歲　丁　酉
一一歲　戊　戌
二一歲　己　亥
三一歲　庚　子
四一歲　辛　丑
五一歲　壬　寅

1、日主辛金生於申月，申酉丑合為金局，又丙辛合而不化，則兩丙火投向生己土印星，且辛日得官透印，又無財星壞印，也無食傷剋官煞情事，則格成官印相生母吾同心格，運喜火土金，忌水木。

2、本造如以土金兩旺，以身旺論，則運喜水木火，忌土金，但因缺食傷星生財，及財星生官星，甚至以財星資弱官煞星，木火朝陽格則難成立，大運丁酉、戊戌、己亥、庚子、辛丑、壬寅。初二運丁酉、戊戌運（一至二十歲），為金鄉火土干運，為吉祥如意好運，再參照命式年月柱，為火金屬喜神柱，則可認定母吾同心格局無誤，後三運己亥、庚子、辛丑（二十一至五十歲），為北方水鄉食傷洩秀運，雖為蹇運，但會想努力上進，求知慾強盛也是好現象，干運己庚辛，為土金印比幫身運，則屬好運，如是把它看成朝陽格，則大運全是壞運。

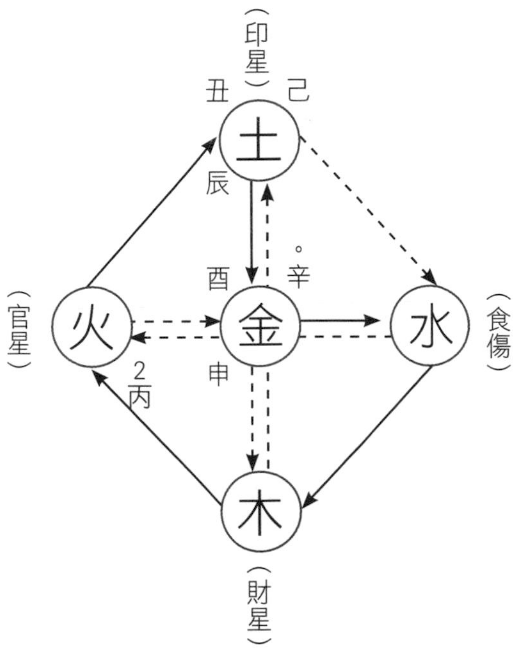

例十九：（男命）民國六十九年（一九八〇）四月初七日　卯時

（正印）年　庚　申（正印）
（偏印）月　辛　巳（正財）　刑剋合
（日主）日　癸　巳（正財）
（食神）時　乙　卯（食神）

〇六歲　壬　午
一六歲　癸　未
二六歲　甲　申
三六歲　乙　酉
四六歲　丙　戌
五六歲　丁　亥

1、日主癸水生於巳月，金旺癸水孤立，為母慈滅子格，運喜水木火，忌土金。

2、本造支巳申，有相刑相合相剋之性質，相刑（剋）為巳火剋申金，巳申所藏暗官戊土則被剋破，官印都被毀成為忌神，如巳申合為水局，則增強了日主癸水，成為母吾同心格，官印星完好無缺，兩者如何取捨，問題在巳申合或剋之間關係，而影響格局取捨，諸如此類命式，不妨再排大運壬午、癸未、甲申、乙酉、丙戌、丁亥。初二運壬午、癸未（六至二十五歲），為火地干水運，支運巳午未皆合為火財局，反剋印星，如是母慈滅子格，則屬好運，如以同心格論則為壞運，再觀命式天干金生水再生木，則乙木無傷，採用食神生財制印應是正確的，亦即屬母慈滅子格才是正當的取法，簡言之，本造巳申要看成巳火剋申金。

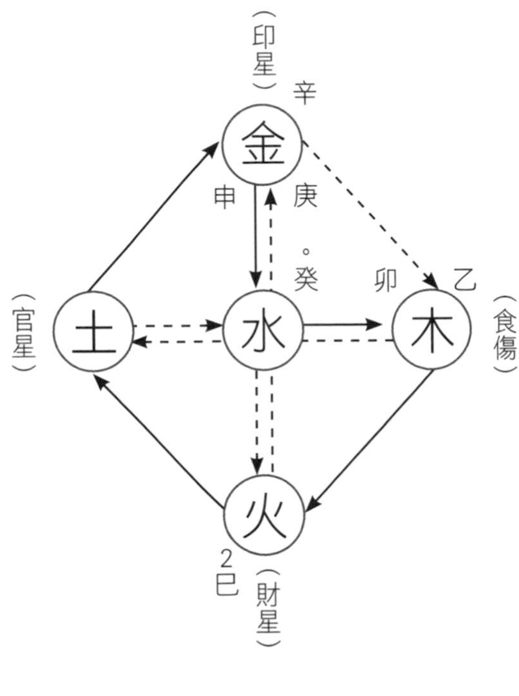

例二十：（男命）民國四十五年（一九五六）二月初四日　巳時

（正官）年	丙	申（比劫）	〇八歲	壬辰
（比肩）月	辛	卯（偏財）	一八歲	癸巳
（日主）日	辛	巳（正官）	二八歲	甲午
（食神）時	癸	巳（正官）	三八歲	乙未
			四八歲	丙申
			五八歲	丁酉

（申卯：剋）

1、日主辛金生於卯月，日主缺印生助，以身弱論，運喜土金，忌水木，火為閑神。

2、本造癸水食神洩秀，但支申金制卯財星，則食神無法生財，轉而癸水制丙火，丙辛雖合而不化，而丙火反被剋，行運則忌行食傷財官運，尤其食神制官，雖非傷官剋官嚴重，但亦有禍端，行財運則被劫；若行印星喜神運，一則制癸水，丙得生還，二則印化官煞為權幫身，而財不來壞印，若行比星喜神運，一則自我強身而不怕癸水之洩，二則也能兼制財星護衛印星，以上是八字本有定律，如定律還不易通解，則應用八字矩陣圖，就是剖析命理的最佳法寶，不需妄言妄聽，遂生異端，很可惜，本造大運缺行印星運，如見戊己土印運來通關，就有官貴命，否則平庸一生。

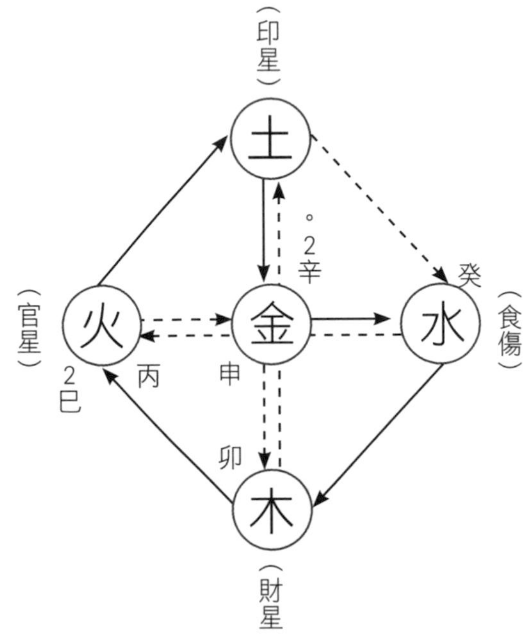

拾柒、八字探究

一、年輕醫師，不知何因燒炭自殺身亡

（男命）民國六十二年（一九七三）三月二十四日　子時

（比劫）	年	癸	丑	（正官）	
（偏財）	月	丙	辰	（七殺）	合為水局
（日主）	日	壬	辰	（七殺）	合為水局
（篇印）	時	庚	子	（比劫）	：外逃花、陽刃

○八歲	乙	卯
一八歲	甲	寅
二八歲	癸	丑
三八歲	壬	子
四八歲	辛	亥
五八歲	庚	戌

A、本造評論

1、月日時支合為水局，年支丑為濕土混水生金，只會助長水勢而無法制水，又月干透丙火被壬癸水剋制，這命造很特殊，格成時干庚金生日主壬水比星，為專旺之潤下格，如不悖運則為富貴命格，運喜金水木，忌火土。

2、本造喜用神印星、比星沒問題，但洩化神食傷星出了毛病，也就是本來二辰土藏乙木傷官洩神被合化而去，潤下格有了嚴重的瑕疵，又壬日子為桃花刃，逢子運子

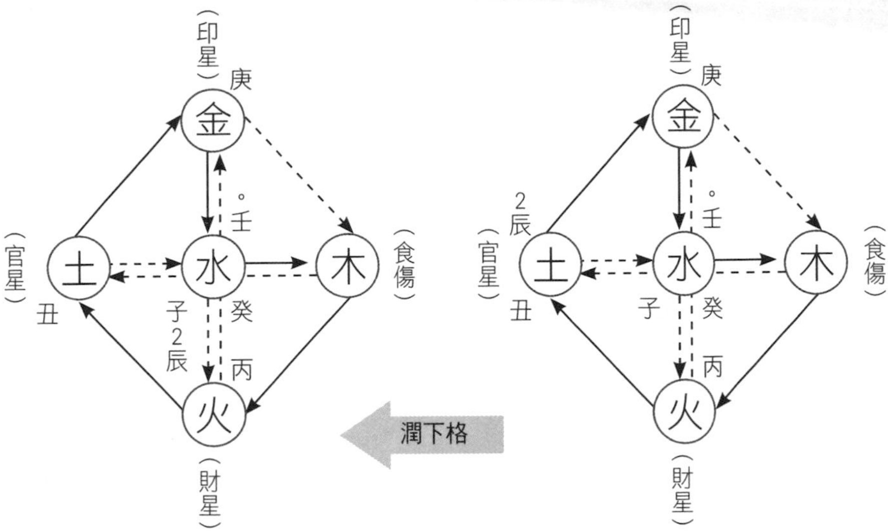

年，桃花遍開之際，且是潤下格水旺好女色，九十七年（戊子）會因感情事發生糾紛而有血光之災，甚至有短命現象，我論斷到此，被家屬打住說：對了一大半，可是富貴命怎麼又說是短命格了呢？

3、我回答說：命主是不簡單且有才能的人，短命是指富貴命格變成了身旺無財依之夭命格了，代表有意外傷亡之虞，而成了短命現象，家屬此時則說：本造是醫師，從小課業優秀、聰明，但到三十六歲還是未婚，於去年戊子流年為丑忌運中，在診所燒炭自殺身亡，也未曾留下任何遺書，家人懷疑是否做股票失利而想不開自殺，留下了一堆疑問，但我還是認為問題出在男女感情無法處理妥當，ＥＱ也出問題，可是家屬認為本造是個很古意、忠厚的人，早知道先算個八字，或許可以避免此災難，家屬失子之痛之餘已無法彌補此創傷，但死因迄今仍是個謎。

二、談清太宗（皇太極1592～1643）的命格

（男命）清太宗：壬辰年、辛亥月、辛亥日、丙申時

（傷官）	年	壬	辰	（正印）	戊癸乙
（比肩）	月	辛	亥	（傷官）	壬甲
（日主）	日	辛	亥	（傷官）	壬甲
（正官）	時	丙	申	（比劫）	庚壬戊

A、出處提示

臺閣勳名百世傳，天然清氣顯機權，兵權獬豸弁冠客，刃殺神清氣勢特。（滴天髓 明 劉伯溫 著）

B、作者語譯

當大官的內閣官員，建立了豐功偉業，而流芳百世，那是八字天生五行氣流清新而

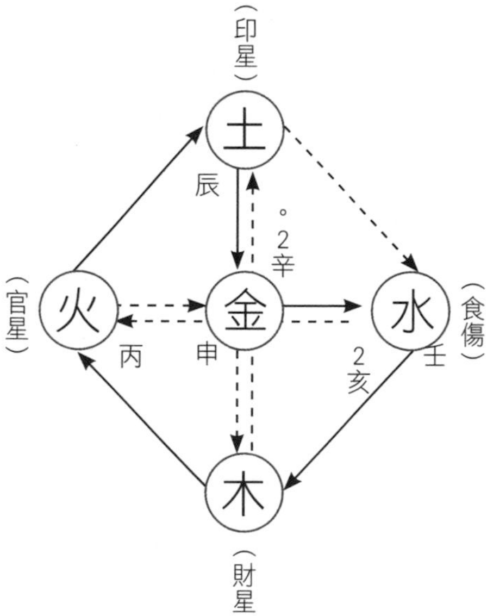

不雜亂，所顯現出來掌握權柄的玄機，至於對掌兵權的國防部長、司法院長等人，他們的八字，陽刃與官煞星會顯得精神很清秀，氣勢也會很特別。

C、本造評論

1、日主辛金生於亥月透壬水，水旺則丙辛合化為水，為化兒格，運喜金水木，忌火土混局。

2、申辰拱水，辰為水庫，萬流歸宗成化氣格而純粹，故辰為濕土混水，無礙化格之純真，是大富貴吉命，亦是皇帝命造，此命因屬化氣格，就不再以官煞星為貴，而以所化之神（食傷星）為官貴；八字日主丙辛，原是火金相剋，兩者在一起而作合化為第三物質水了，如不合化則本造是屬一般格，也是痛苦指數很高的平民百姓。

3、本造是化水格，水主智而有才華，亦屬金水傷官格局，威嚴有餘，實乃「臺閣勳名百世傳，天然清氣顯機權」之命理真髓。

4、本造大運：壬子、癸丑、甲寅、乙卯、丙辰、丁巳，可謂一路行水木鄉吉運，故在位能國泰民安。

三、趙員外的八字探討

（男命）趙員外命式

（比肩）	年	戊辰	（比肩）	戊癸乙
（七殺）	月	甲寅	（七殺）	甲丙戊
（日主）	日	戊寅	（七殺）	甲丙戊
（比肩）	時	戊午	（正印）	丁己

（寅、寅、午）合火局

A、出處提示

有煞無食制而用印富者，如戊辰、甲寅、戊寅、戊午，趙員外命是也。（清　沈孝瞻著子平真詮）

B、本造評論

1、日主戊土生於寅月，支寅午合為火局，干支土厚則木折，月干甲木無力剋戊土，局成母吾同心格，運喜火土金，忌水，木為閑神。

2、本造大運：乙卯、丙辰、丁巳、戊午、己未、庚申，初運乙卯攻身不吉，反應於命式為年月柱反吟，則家無祖業，出身貧窮，要靠自力更生，後接丙辰、丁巳、戊午、己未、庚申，一路都吉利順運，由三級貧戶一躍為富翁，但官位只是個員外，屬於不管部之閒職缺而已，是命式中印星不透干，甲煞也與印不投情有關，故只是員外之命而已（員外指編制外的員工）。

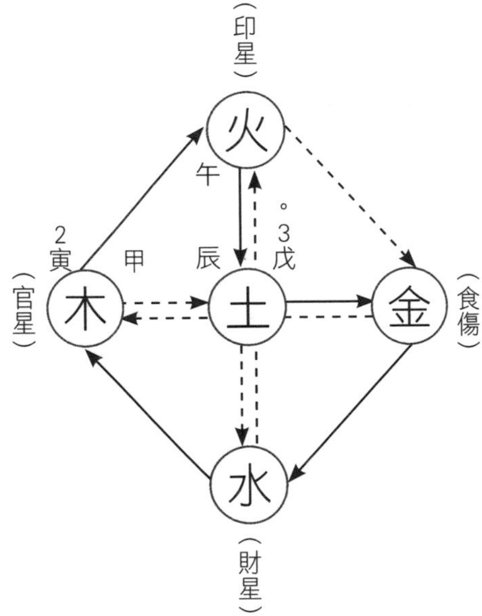

四、新生女嬰，為未來的女強人

（女嬰）民國九十八年（二〇〇九）閏五月二十一日申時

（比肩）	年	己	丑	（比肩）	己辛癸	
（食神）	月	辛	未	（比肩）	己乙丁	
（日主）	日	己	未	（比肩）	己乙丁	
（正財）	時	壬	申	（傷官）	庚壬戊	天乙貴人

（丑未）沖

〇九歲　壬　申
一九歲　癸　酉
二九歲　甲　戌
三九歲　乙　亥
四九歲　丙　子
五九歲　丁　丑

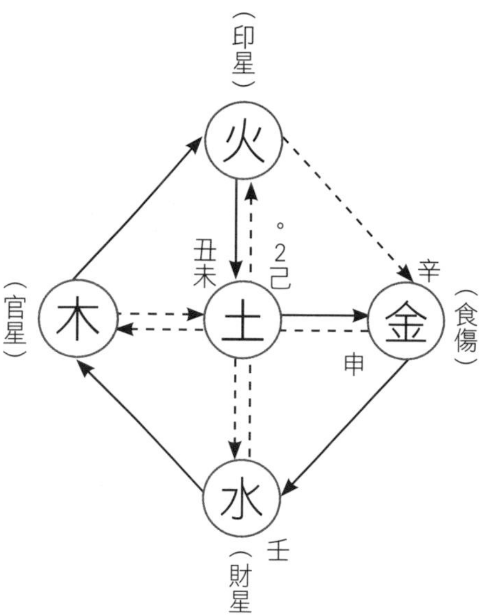

A、命造提示

父六十七年次，母六十八年次，皆畢業於台大研究所電機碩士高才生，該女嬰上有長兄九十六年次，很榮幸有機會為女嬰取名，而保留了此八字。

B、本造評論

1、本造干支全為土金水相生，雖年月支丑未沖，但不影響格成吾子二行同心局，運喜土（比星）、金（食傷星）、水（財星），忌神：木（官煞星）、火（印星）。

2、本造為身旺缺印，食傷洩秀生財格，未來求學，腦筋一級棒，為資優生，個性強，有傲氣、霸氣、好勝不服輸、反應佳、舉一而反三、口才好、善於辯論、外交及外向、文理科皆有專才、貌美兼秀氣、儀態端莊、自動自發、勤奮向上、做事積極、但土厚，強硬作風背後也包容忠懇不欺，腳踏實地，有仁愛心、慈悲惻隱之心等人格特質，但事業心重，勞碌，一生不愁錢財之虞，會賺錢也很會享受，有女強人之勢，但擇偶理想高為晚婚命。

3、本造剛出生不到十天，嬰兒期很好帶養，土旺胃腸消化良好，不會吐奶，只要肚子不餓，不會擾父母清夢，幼小就很知福惜福，一生很自愛，未來長大必有一番作為；大運壬申、癸酉、甲戌、乙亥、丙子、丁丑。食傷生財者，只要運多行金水鄉吉運，則屬富貴格命，本造已然成形矣。

五、地支合與不合，影響格局甚大

（女命）民國七十年（一九八一）二月十六日　巳時

（傷官）	年	辛	酉	（傷官）	辛
（傷官）	月	辛	卯	（正官）	乙
（日主）	日	戊	戌	（比肩）	戊丁辛
（正印）	時	丁	巳	（偏印）	丙庚戊

合火

○六歲	壬	辰
一六歲	癸	巳
二六歲	甲	午
三六歲	乙	未
四六歲	丙	申
五六歲	釘	酉

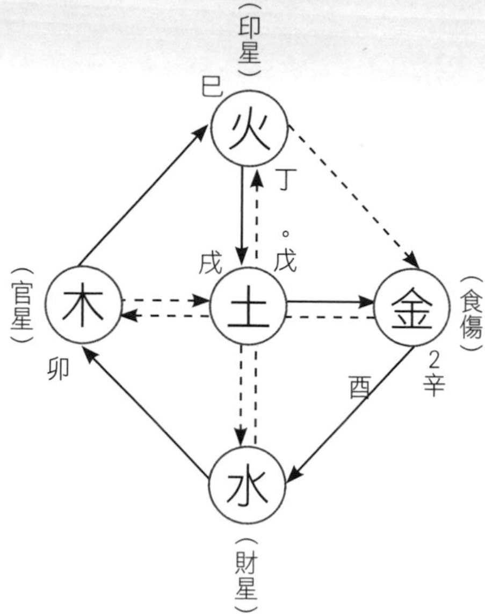

A、出處提示

今人不知命理，動以本身之合妄論得失，更有可笑者，書云：合官非為貴取，本是至論，而或以本身之合為合，甚或以他支之合為合，如辰與酉合，卯與戌合之類，皆作合官，一謬至此，子平之傳掃地矣。（子平真詮）

B、作者語譯

現代的人不懂得命理，動不動就拿本身比星的相合，就隨便談論命理得失了，更可笑的是，命書有說：官星如被合住了，就不取為是官貴格命了，這本來就是很正確的說法，但是也有人拿本身日支與官星的相合，做合官而論貴格命，甚至也有拿其他地支與官星的相合，也做合官而論貴格命，譬如辰酉合，卯戌合之類的相合，都做合官而論貴命，而不加以詳辨，這種錯誤一到了這個地步，子平八字學的傳承就斯文掃地了。

C、本造評論

1、日主戊土生於卯月而失令，日月支卯戌合化為火，則年月卯酉不沖，日主戊土變孤立，格成母慈滅子格，運喜土金水，忌木火。

2、本造卯為唯一正官夫星，雖為令星但被戌合化為火印星了，官貴不但沒有了，丈夫跟友人私奔走了，豈是合官而得官？而且化為印星屬忌神，可說丈夫始終對自己就毫無助力。

3、本造卯戌之合，也解除了卯酉之沖，酉為傷官星，年月干透二辛金傷官星，則傷官強旺，命式因缺財星引化生官星，傷官又強旺，必然會剋官，官夫星跑得快，否則是剋夫命，而傷官旺者又是金性，個性必為強硬好勝，本造則可斷言婚姻不完美，是離婚之象，是一位女強人，但何來有官貴之造耶？

六、有倒沖成格者，江湖術士擾人耳目矣

（男命）民國六十七年（一九七八）五月二十日 午時

（比肩）	年	戊午	（正印）	丁己	○五歲	己未
（比肩）	月	戊午	（正印）	丁己	一五歲	庚申
（日主）	日	戊午	（正印）	丁己	二五歲	辛酉
（比肩）	時	戊午	（正印）	丁己	三五歲	壬戌
					四五歲	癸亥
					五五歲	甲子

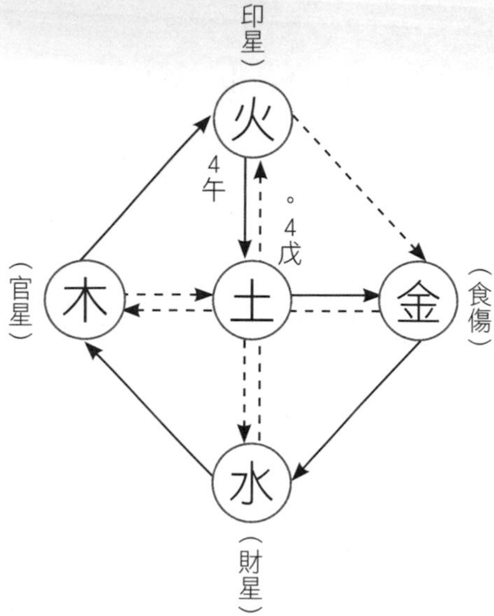

A、出處提示

有倒沖成格者，以四柱無財官而對面以沖之，要支中多，方沖得動，譬如以弱主邀強賓，主不眾則賓不從，如戊午、戊午、戊午、戊午，是沖子財也，運忌填實，餘俱可行。（子平真詮）

B、八字評論

1、日主戊土生於午月，干支火土二行成象，為母吾同心格，也是日主專旺稼穡格，運喜火土金，忌水木而破格（水為調候用神）；如按沈氏「運忌填實，餘俱可行。」是把它視為身旺論，運忌木火土填實，而喜金水。

2、本造所謂「倒沖成格」者，其意為：四柱無財官，而對面以沖之，則稱為倒沖格；即指印比二星，不被官煞星沖剋比星，不被財星沖剋印星之謂也，然以倒沖成格來形容印比同心格，文詞用語變怪則出，江湖之士擾人思緒，不如直接以「母吾同心格」喻之較為貼切，在行運喜忌神取捨上之說明，亦多牽強，在此順便說明。

3、本造同心格局，二行氣聚不鬆散，亦無沖剋現象，但生於午月缺水調候，為一大敗局，雖是稼穡格，亦缺食傷金星洩化神洩化秀氣，則難有富貴吉祥命造，審之本造火土順進，而無順洩之神，火氣暴躁，肝火積於體內，胃腸及排泄功能不順，體虛、高血壓難免，幸賴大運己未、庚申、辛酉、壬戌、癸亥、甲子，都是金水鄉吉神運途輔助，人生旅程富貴在命與運之配合達成。

七、有朝陽成格者，即以引汲之意說法而存疑

（男命）民國十七年（一九二八）八月初五日 子時

（正印）	年	戊	辰	（正印）
（比肩）	月	辛	酉	（比肩）
（日主）	日	辛	酉	（比肩）
（正印）	時	戊	子	（食神）

辰酉合金

○八歲	壬	戌
一八歲	癸	亥
二八歲	甲	子
三八歲	乙	丑
四八歲	丙	寅
五八歲	丁	卯

A、出處提示

有朝陽成格者，戊去朝丙，辛日得官，以丙戊同祿於巳，即以引汲之意，要干頭無木火，方成其格，蓋有火則無待於朝，有木財觸戊之怒，而不為我朝。（子平真詮）

B、本造評論

1、日主辛金生於酉月，土金兩旺，日主專旺金革格，運喜土金水，忌木火而破格。

2、本造依原文屬「朝陽成格者」取名，朝陽為春木向陽，象徵有活力，木火通明之意，以本造而言正好背陽背光，剋木洩木之局，又要干頭無木火，方成其格，而以假設有巳支藏丙戊，丙為七殺，戊為正印，以形成殺印相生引化取貴為宗旨，又要無甲乙財星出干，否則會剋戊土印而不美；如此用朝陽成格形容，文詞用語似乎令人誤解，擾人思緒，江湖之氣濃厚，不如以「日主專旺格」直截了當，本造為優秀之八字，因洩神有力，子水得辰庫水根，勝任洩旺神金氣，則神清氣爽，體能健壯，胃腸消化良好，金性剛強脾氣轉和，人緣良好等優質條件，為富貴命格。

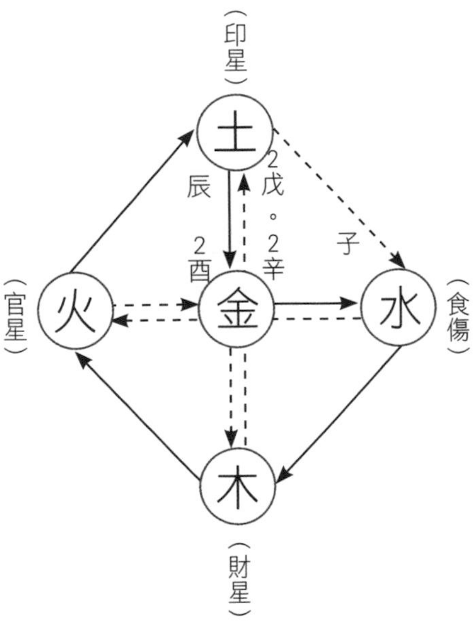

八、資優生的八字

（男命）民國七十三年（一九八四）閏十月十一日子時

（正財）	年	甲	子	（食神）	子亥合水
（偏財）	月	乙	亥	（傷官）	
（日主）	日	辛	未	（偏印）	未子剋
（正印）	時	戊	子	（食神）	

○三歲	丙	子
一三歲	丁	丑
二三歲	戊	寅
三三歲	己	卯
四三歲	庚	辰
五三歲	辛	巳

A、出處提示

至於化傷為財，大為秀氣，安得不為殿元乎。（子平真詮）

B、本造評論

1、日主辛金生於亥水月，支亥子合為水，但水不透干，且未土制時支子水，日主辛金孤立，為母慈滅子格，運喜金水木，忌火土。

2、本造為求學時期的資優生八字，支未土剋子水，傷官子水受傷，幸存亥水令，年月干透甲乙木制時干戊土來報復，格局於焉成為母慈滅子格，但何以有天生秉質為資優生？況日身孤力無援，豈能任強水之洩乎？若支亥未拱木，成為食傷生財格，則資優就能成型，而且，又有干透甲乙制戊土護衛食傷星，將亥未虛設之卯木來結合，格局是會變為從兒格，也就是資優生形態，但卯星在哪裡？是畫蛇添足，祈求運來彌補填實，來企圖解釋資優命格則很牽強，如以大運來思量，卯運（三十八至四十二歲），已成社會人而不是在校生，如再提前寅運（二十八至三十二歲），以寅制未土，使亥子食傷水復活，寅亥又合為木財星，但在年齡上仍不吻合求學時期，要否就直接以從兒格論，戊土已被制伏，把未土擱置一旁，也不影響從兒格之成立，在初二運丙子、丁丑運（三至二十二歲），丙丁火調候為吉神運，支子丑為兒神吉星運，腦筋一級棒，安得不為殿元乎，特此提供見解以資參考。

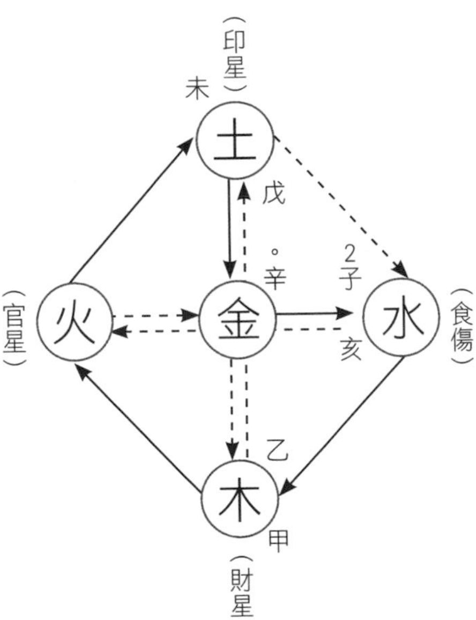

九、如此八字為官貴格難以置信

（男命）民國四十六年（一九五七）八月二十日 子時

（正印）年 丁 酉（傷官）
（比劫）月 己 酉（傷官）
（日主）日 戊 子（正財）
（偏財）時 壬 子（正財）

〇三歲 戊 申
一三歲 丁 未
二三歲 丙 午
三三歲 乙 巳
四三歲 甲 辰
五三歲 癸 卯

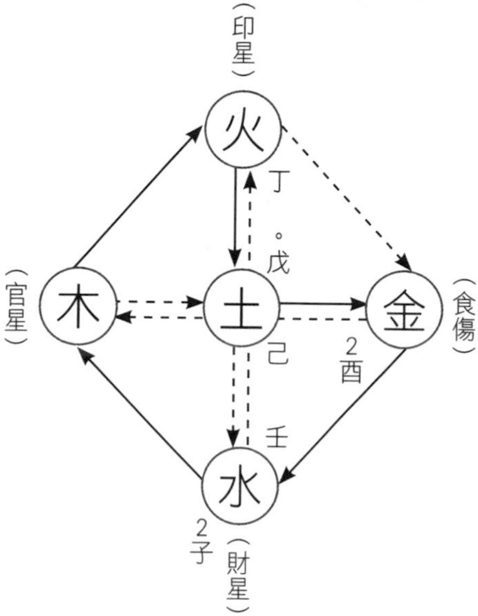

A、出處提示

財太重而帶印，而丁與壬隔以戊己，兩不相礙，且金水多而覺寒，得火融和，都統制命也。（子平真詮）

B、本造評論

1、日主戊土生於酉月，支金水兩旺，身弱論運喜火土，忌金水，木為閑神。

2、本造為官貴命造，如換成現代時辰為一九五七年八月二十日子時生，屬身弱格，缺官煞星，又缺印根，何以是統制命？此格不成，再假設丁壬遙合，丁印失效不能制食傷，日主雖無根但有己土為伴，也不能成為從傷官生財格論，更見己土制壬水，則改以土金傷官洩秀，成為吾子同心格論，但事實食傷與比星間五行氣並無交流，也不能成局，所以還是回到身弱論為正確。

3、本造命式看不出有貴氣，如成貴乃因「金水多而有寒意，丁火印照暖之功」，此言甚怪異，酉月至冬令尚間隔戌燥月，何來寒意需火暖得貴之有？倘能貴必為運所助，大運戊申、丁未、丙午、乙巳、甲辰、癸卯，初運戊申不吉，丁未、丙午、乙巳，雖行火地運吉，但壬財出干對印運丙丁火是造成威脅，由吉會變凶運，乙巳、甲辰運，支巳辰被合為金局為凶運，命式財星也不生官，也不見有釁官行為，本八字誠為敢冒險，投機事業的生意人，是富而不貴之命造。

十、女性以溫柔體貼為貴之命造

（女命）蔡貴妃命造

（正印）	年	己	未	（正印）
（七殺）	月	丙	子	（傷官）
（日主）	日	庚	子	（傷官）
（七殺）	時	丙	子	（傷官）

（年支未與月支子）剋

○九歲	丁	丑
一九歲	戊	寅
二九歲	己	卯
三九歲	庚	辰
四九歲	辛	巳
五九歲	壬	午

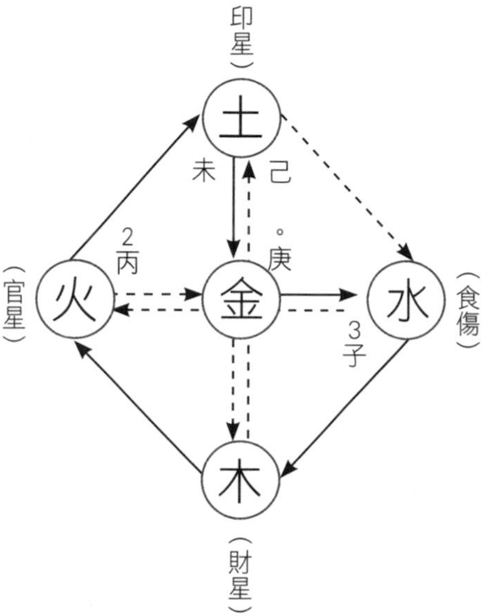

A、出處提示

有傷官用煞印者，傷多身弱，賴煞生印以幫身而制傷，如己未、丙子、庚子、丙子，蔡貴妃命也。（子平真詮）

B、本造評論

1、日主庚金生於子月，喜丙火調候，丙火生己土，為煞印相生，支為未土制子水，局成反局專旺印格，運喜火土金，忌水木。

2、本造係女命，以七煞為夫星，煞印相生為官貴格命，也是官夫人之命，更以夫為榮，或因夫而貴且得寵，三個子水傷官得令，腦筋聰明有氣質，水噹噹皮膚白皙，玲瓏嬌小而微胖，金水傷官格者，個性很在意別人對自己的成就，也喜歡表現，出風頭，談論時事，少自我約束，自私放蕩，但傷官子水被未土剋制後，在宮廷內就變成溫順體貼，內向無傲氣，重視別人的感受，得人緣合群的正面人際關係，誠為貴妃命造也。

◎作　者：曾富雄
◎賜教處：高雄市左營區忠貞街一〇九號
◎電　話：（〇七）五五八一三六八

○運用堪輿學理助孕
○祖墳造葬、尋龍點穴、進金
○入宅擇日
○結婚擇日
○安神位
2・八　字：
○詳批個人八字
○孕婦擇優質八字剖腹產
3・姓　名：
○姓名鑑定
○嬰兒命名
○成人改名
4・其他：卜卦、收驚等。

國家圖書館出版品預行編目資料

圖解八字格神大解密／曾富雄著.
第一版——臺北市：知青頻道出版；
紅螞蟻圖書發行, 2009.12
面；　公分. ——（Easy Quick；98）
ISBN 978-986-6643-97-2（平裝）

1.命書 2.生辰八字
293.12　　　　　98020301

Easy Quick 98

圖解八字格神大解密

作　　者／曾富雄
美術構成／Chris' Office
校　　對／周英嬌、楊安妮、曾富雄
發 行 人／賴秀珍
榮譽總監／張錦基
總 編 輯／何南輝
出　　版／知青頻道出版有限公司
發　　行／紅螞蟻圖書有限公司
地　　址／台北市內湖區舊宗路二段121巷28號4F
網　　站／www.e-redant.com
郵撥帳號／1604621-1　紅螞蟻圖書有限公司
電　　話／(02)2795-3656（代表號）
傳　　真／(02)2795-4100
登 記 證／局版北市業字第796號
數位閱聽／www.onlinebook.com
港澳總經銷／和平圖書有限公司
地　　址／香港柴灣嘉業街12號百樂門大廈17F
電　　話／(852)2804-6687
法律顧問／許晏賓律師
印 刷 廠／鴻運彩色印刷有限公司
出版日期／2009年12月　第一版第一刷

定價380元　港幣127元

ISBN 978-986-6643-97-2　　　Printed in Taiwan